RITUAL
AND
POWER

仪式、政治与权力

[美]大卫·科泽 —— 著
David I. Kertzer

王海洲 —— 译

江苏人民出版社

图书在版编目(CIP)数据

仪式、政治与权力/(美)大卫·科泽著;王海洲译.—南京:江苏人民出版社,2021.11(2025.2重印)
ISBN 978-7-214-26066-6

Ⅰ.①仪… Ⅱ.①大…②王… Ⅲ.①政治文化-研究 Ⅳ.①D0

中国版本图书馆 CIP 数据核字(2021)第 085007 号

Ritual, Politics, And Power by David I. Kertzer
Copyright © 1988 by Yale University
Published by arrangement with Yale University Press
Simplified Chinese translation copyright © 2015 by Jiangsu People's Publishing, Ltd.
ALL RIGHTS RESERVED
江苏省版权局著作权合同登记:图字 10-2015-437

书　　　名	仪式、政治与权力
著　　　者	[美]大卫·科泽
译　　　者	王海洲
责 任 编 辑	戴亦梁　曾　偲
责 任 校 对	王　溪　黄　山
装 帧 设 计	赵春明
责 任 监 制	王　娟　钱　晨
出 版 发 行	江苏人民出版社
地　　　址	南京市湖南路 1 号 A 楼,邮编:210009
照　　　排	江苏凤凰制版有限公司
印　　　刷	苏州市越洋印刷有限公司
开　　　本	890 毫米×1 240 毫米　1/32
印　　　张	9.75　插页 6
字　　　数	212 千字
版　　　次	2021 年 11 月第 1 版
印　　　次	2025 年 2 月第 3 次印刷
标 准 书 号	ISBN 978-7-214-26066-6
定　　　价	58.00 元(精装)

(江苏人民出版社图书凡印装错误可向承印厂调换)

献给苏珊

中文版序言

我很荣幸拙作《仪式、政治与权力》被译成中文以飨广大读者。书中所使用的一些有关中国的案例可能对于那些在中国文化上造诣深厚的读者而言有些浅陋，敬请谅解。本书最初由耶鲁大学出版社于1988年出版，距今已逾四分之一个世纪。1989年出版了意大利文版，随即在1990年出版了日文版，罗马尼亚文版出版于2002年，波兰文版出版于2010年。本书在美国已经重印了12次，在学术界仍然具有可观的引用率。

这些年来，我也多次考虑过是否对本书进行修订。正如读者所见，书中部分关于政治生活中的仪式应用的案例似乎有些过时了。当我写作本书时，苏联及其卫星国尚未解体，宗教和种族的暴力冲突也未像近年来这般一发不可收拾。仅从1980年代以来中国在经济、社会和政治等各方面的发展便可看出，我们的世界在近30年间发生了何等天翻地覆的变化。

然而经过反复思量，我意识到本书的价值并不在于如何更新其中的案例,而是应该为理解仪式在政治生活中发挥何种作用提供一定的教益。我使用的诸多案例适用于任何历史情境,我也未曾意图对当代世界的国家政治进行系统性的研究。如果要对本书进行修订,那么唯一的理由是,自本书出版以来,相关研究理论的发展对我关于政治仪式的理论分析提供了新的见解。这些年来由于教学的原因,我在课堂上和学生们反复研读本书,在我看来,本书中的理论分析仍然是有效的。

本书立足于社会人类学和政治科学的交叉路口,在过去这些年中,政治学家和人类学家都对政治仪式予以了同样的关注。当然,仪式研究历来是人类学家的兴趣所在,很多世界上最重要的人类学家都曾致力于这一领域。相反,仪式不是政治科学的传统研究课题,仪式与该学科之间的关联也未得到普遍的承认。不过,虽然人类学家对仪式青睐有加,但他们对仪式在国家层面上的政治作用不甚关心。对于人类学家来说,本书旨在阐明如何用人类学的理论工具解释国家层面的政治过程。历史学家向来关注仪式在国家政治中的作用,但他们的主要着眼点是精英们如何利用仪式来巩固权威。本书则指出,仪式对于那些寻求推翻政治统治或者促成政治变革的群体而言也同样有用。

政治学家们通常不认为仪式在政治生活中发挥着关键性的作用。在美国政治学界,对物质利益发挥何种作用的研究占据着绝对的统治地位。事实上,所有的政治行为体都是象征的产物,从政党到政府皆是如此,但这一点被忽视了:或是不予以承认,或是被认为无足轻重。我很高兴从政治学者王海洲先生那得知,他的很多中国同行都认识到理解政治生活不可忽视象征维度的重要性。

本书出版后,层出不穷的仪式研究对过去一个世纪以来中国政治的快速变迁提供了各种解释。我虽只涉猎了一些相关的英文文献,但知道有很多作品已经有了中文版。一些对毛泽东崇拜的研究文献①颇具吸引力,它们可谓对苏联时期领袖崇拜研究②的补充。与此相似的是,伴随着对俄罗斯革命中仪式如何增进政治合法性的研究③,也有作品对中华人民共和国成立初期相似的政治过程④和"文化大革命"时期仪式的作用⑤进行了分析。还有作品关注到仪式在中国的政治抗议活动⑥和北京奥运会⑦中所发挥的作用。另有学者研究更早时期中国政治生活中的仪式,如哈里森

---

① Aijmer, Göran, 1996, "Political ritual: Aspects of the Mao cult during the cultural 'revolution'," *China Information* 11:2/3:215 - 31; Leese, Daniel, 2011, *Mao Cult: Rhetoric and Ritual in China's Cultural Revolution*, Cambridge: Cambridge University Press.
② Tumarkin, Nina, 1983, *Lenin Lives! The Lenin Cult in Soviet Russia*, Cambridge: Harvard University Press; Plamper, Jan, 2012, *The Stalin Cult*, New Haven: Yale University Press.
③ Von Geldern, James, 1993, *Bolshevik Festivals 1917 - 1920*, Berkeley: University of California Press.
④ Hung, Chang-tai, 2007, "Mao's parades: State spectacles in China in the 1950s," *China Quarterly* 190:411 - 31; Pomeranz, Kenneth, 1997, "Ritual Imitation and Political Identity in North China: The Late Imperial Legacy and the Chinese National State Revisited," *Twentieth-Century China* 23:1:1 - 30.
⑤ Zuo, Jiping, 1991, "Political religion: The case of the cultural revolution in China," *Sociology of Religion* 52:1:99 - 110.
⑥ Schwartz, Ronald, 1995, *Circle of Protest: Political Ritual in the Tibetan Uprising, 1987 - 1992*, New York: Columbia University Press; Pfaff, Steven and Guobin Yang, 2001, "Double-edged rituals and the symbolic resources of collective action: Political commemorations and the mobilization of protest in 1989," *Theory and Society* 30:539 - 89.
⑦ Luo, Jialing, 2010, "'Betwixt and between': Reflections on the ritual aspects of the opening and closing ceremonies of the Beijing Olympics," *Sport in Society* 13:5:771 - 83.

和扎罗关注的是1911—1929年代[1],何伟亚关注的是清代[2]。此外,有一些学者对1000—1750年之间仪式在中国政治中的作用进行了考察[3]。

我衷心希望那些不相信仪式在政治生活中起着关键作用的人,在阅读完本书后能对仪式在政治过程中的重要性有新的认知。我也盼望书中的相关理论有助于中国的学者和政治观察家们在政治生活的理解上提出新的洞见。最后,我由衷地感谢王海洲先生对本书感兴趣,并付出大量努力将之翻译成中文。

大卫·科泽于美国布朗大学
2014年2月27日

---

[1] Harrison, Henrietta, 2000, *The Making of the Republican Citizen: Political Ceremonies and Symbols in China, 1911 - 1929*, Oxford:Oxford University Press; Zarrow, Peter, "Political Ritual in the Early Republic of China," *Constructing Nationhood in Modern East Asia* (2001):149 - 188.

[2] Hevia, James L., 2012, *Cherishing Men from Afar: Qing Guest Ritual and the Macartney Embassy of 1793*, Durham, NC:Duke University Press.

[3] McDermott, Joseph P. (ed.) 1999, *State and Court Ritual in China*, Cambridge: Cambridge University Press.

目　录

译者的话　*1*

前　言　*1*

第一章　仪式的权力　*1*
    政治、象征和仪式　*3*
    象征的权力　*4*
    政治中的象征　*7*
    界定仪式　*12*
    仪式的特性　*14*
    仪式的政治重要性　*19*

第二章　燃烧的十字架和身体争夺者　*24*
    对政治组织的归属　*25*
    组织的特殊性　*28*

  从地方到国家　33

  权力的授予和剥夺　38

  传达(communication)　45

第三章　合法性与神秘化　53

  合法性的借用　62

  物神和禁忌(Fetishes and Taboo)　68

  神秘化　70

  不平等的合法化　74

  国王的神圣权力　76

  反抗仪式　79

第四章　模糊性的价值　83

  缺乏共识的团结　95

  模糊性的价值　99

  团结和信仰　107

第五章　政治现实的仪式建构　108

  图式化思维　110

  其他认知特性　115

  仪式和认知的人类学视域　117

  政治现实的仪式表征　119

  比特堡的仪式　130

  政治信仰　134

认知失调　*137*

　　情感和认知　*139*

第六章　仪式生威：借由仪式争夺权力　*144*

　　使用仪式传递讯息　*147*

　　争夺公众支持的仪式　*150*

　　继嗣和种姓仪式　*154*

　　为通过仪式（rites of passage）而战　*161*

　　群众仪式和权力之争　*167*

第七章　冲突和危机　*175*

　　人与鸟同？冲突的仪式化　*177*

　　作为政治安全阀的仪式　*182*

　　政治危机的仪式应对　*187*

　　狂欢节政治　*202*

第八章　革命的仪式　*212*

　　法国革命　*214*

　　美国革命　*226*

　　纳粹　*230*

　　伊朗革命　*236*

　　仪式和反抗　*238*

第九章　权力的仪式　*246*

　　我们厌倦政治仪式了吗？　*251*

政治仪式的效力 *255*

仪式、象征和政治生活的本质 *257*

参考文献 *263*

译者后记 *291*

译者补记 *294*

译者的话

《仪式、政治与权力》虽然处理的是一个人类学领域中的经典主题,但在颇多领域都有建树的大卫·科泽选择了一条真正意义上的"跨学科"路径,合理运用人类学、政治学、社会学和心理学等多种学科的理论和方法,以仪式与权力的关系问题为导向,完成了一部影响深远的杰作。这本简练生动的著作能够二十多年来再版十余次,也证明了它所具有的持久魅力。当然,这从另一个方面而言,也揭示了政治仪式研究的一个尴尬之处:它仍然没有得到足够的重视。对于科泽而言,他在抨击人类学和政治学在仪式研究上的不足时,就已经预料到了这一点。值得庆幸的是,这种状况已经逐步得到改善,理论界对仪式和象征的政治意义愈发重视,各种政治实践仍然大量地借用仪式和象征。当我和科泽坐在他摆满书籍的办公室中谈到这个现象时,他对自己的"先见之明"颇为得意,也理所当然地对我延续他的道路走下去表示赞同,因为他认为自己的著作只是点燃了炸弹的引信而已。

科泽认为，没有仪式和象征，就没有国家和政治。这个简单有力的判断不仅得到了历史的验证，而且也能够经得起未来政治生活的考验，因为政治组织的建立、政治共识的达成、对政治世界的理解以及对政治权力的争夺，都离不开政治仪式的参与。对于以民主和法治为核心的现代政治生活而言，政治仪式绝不是破坏者、敌对者或不合时宜者。政治生活中的仪式层面和日常层面构成了一枚硬币的两面，它们相辅相成，难舍难分。

科泽的研究在政治人类学家看来有点"不务正业"，而在政治学家看来则有些"不够理性"。他在反思之后的回应是，这些政治人类学家应该拓展自己的业务了，而政治学家也该重新去探讨复杂的政治生活和人类理性之间的关系。在本书出版四分之一世纪之后，他仍然坚信这一点。当我们在讨论方法论的相关问题时，他说："实证方法不能解决所有问题，也不是所谓科学研究的唯一道路，应该围绕具体的问题选择合适的方法。在政治生活的很多方面都存在人心叵测的情形。"因此，本书的读者不会从中寻找到各种政治仪式的操纵技术，也难以对其所遇到的各种政治仪式的走向做出精确的预测。但是，大卫·科泽的精彩分析并不是一项不切实际、毫无作用的屠龙术，透过他的仪式之眼，我们既可以看到政治生活的一些不同寻常之处，也有助于我们进一步把握和理解政治权力的潜在动力源泉。

前　言

虽然本书考察的政治仪式横亘数百年、几乎遍及全世界，但著述的动力来自于我个人的经验：主要是基于对美国和意大利的政治观察，以及对一系列国家和地区的短暂访问，包括斯里兰卡、中国、埃塞俄比亚、肯尼亚、科特迪瓦、巴西和哥伦比亚等。即便我是个匆匆过客，也不可避免地在这些国家遇到各种政治仪式和政治象征。1983年在亚的斯亚贝巴，我过街时遇上了支持新埃塞俄比亚征兵法的游行队伍阻塞了整条街道。同年在北京，我受邀参加一个宴会，人们为在中央委员会的英明领导下前途光明而举杯祝愿。政治生活所使用的这些象征形式令我沉思不已。

当然，本书的缘起与我的祖国关联更紧。我鲜活的童年记忆大都与政治仪式相关，我相信在这一点上我与他人无异。最令我记忆深刻的是1960年约翰·肯尼迪的总统竞选，装饰一新的车队引导着候选人的座驾从长岛的主干高速公路上下来。扩音器播放着竞选主题曲《选择肯尼迪，就是选胜利……》，人们夹道欢迎，挥舞着色彩缤纷的旗帜和一人高的候选人画像。三年之后,总统的葬礼用一场戏剧性的仪式,向我也向很多人,展现了一个短暂的肯尼迪时代的终结。这场仪式令美国人前所未有地团结在一起。

在大学时代,我和同学们把大量的时间投入到民权运动、反对越南战争运动以及各种政治活动中。最难忘却的是群众游行示威——走过纽约的街头,从国会走到五角大楼并象征性地堵住大门口,还有在校园里为抗议中央情报局征募而举行的静坐活动等。在1970年代的意大利,我看到了一系列不同的但也有些熟稔的政治仪式,从共产党组织的邻里节庆——实际上是与罗马天主教教会展开的仪式之争,到与天主教民主党(Christian Democratic Party)主席阿尔多·莫罗(Aldo Moro)的被绑架和衣冠葬礼相关的一些仪式。

上述的一切催生了本书。政治仪式的无所不在引起了我的关注,学者们对它的漠视让我颇感困惑。作为一名人类学家,我自然而然地想探查一下仪式和政治之间的关系。然而迄今为止,人类学研究多关注那些居住在小型社会(small-scale society)中的"原始人"的政治组织,而并不关心政治仪式问题。历史学家们虽然在过去几十年中作出了许多很有价值的相关研究,但政治仪式往往被读者们当作传统孑遗,也未受到重视。一些政治学家对现代政治生活中理性的"政治人"模式这一经典假设提出了质疑,不过关于政治仪式的研究依旧匮乏,并且为学科的主流所忽视。

为了探究仪式的政治作用存在何种普遍原则,我对人类社会展开了广泛的考察,从新几内亚(New Guinea)的山地部落到美国俄亥俄州的建筑工人,从前殖民地时期乍得(Chad)领袖的仪式到现代总统和总理们的仪式。我追溯到中国古代王朝和罗马帝国,以及前几个世纪的欧洲君主和三文治群岛可怕的统治者。或许这种历史学和人类学的折中主义会引发一些研究特定地域和时代的专业人士的斥责,但唯有通过如此广泛的考察才能证明我的观点。也唯有对世界各地、古往今来的人类进行考察,我们才能明白是什么将我们紧密联系在一起。

本书的创作经过了痛苦而漫长的酝酿。它始于1982—1983年间,当时我在斯坦福大学的行为科学高级研究中心(the Center for Advanced Studies in the Behavior Sciences)从事研究工作,得到了中心以及麦克阿瑟基金会(John D. and Catherine T. MacArthur Foundation)和鲍登学院(Bowdoin College)教师研究基金的资助与支持。中心为我的工作提供了理想的环境,与同事们的频繁交流和绝佳的图书馆资源也对我大有助益。我特别感谢詹姆斯·费尔南德兹(James Fernandez)、伊丽莎白·爱森斯坦(Elizabeth Eisenstein)、托马斯·特巴索(Thomas Trobasso)、雪莉·欧特(Sherry Ortner)、塞缪尔·巴尼斯(Samuel Barnes)和雷·科里(Ray Kelly),他们的宝贵意见和在参考书目上提出的非常有价值的建议都给了我很大帮助。我也非常感谢中心的图书管理员玛格丽特·阿玛拉(Margaret Amara)给予的帮助。

在随后的三年中我断断续续地进行这项工作,后来通过凯特·邓普西(Kate Dempsey)和鲍登学院图书馆工作人员提供的图书服务,古根海姆基金会(John Simon Guggenheim Memorial Foundation)提供的资助以及鲍登学院提供的补贴,最终让我有时间在1986—1987年间完成手稿。当时我在意大利的博洛尼亚(Bologna),从而有机会深入了解欧洲政治,也因为远离美国,所以可以从一些别有价值的视角重新观察美国的政治生活。阿图罗·帕里西（Arturo Parisi）、马里奥·巴尔巴里（Marzio Barbagli）、马西莫·马尔科林（Massimo Marcolin）和埃吉丽亚·迪纳罗（Egeria di Nallo）提供的令人宾至如归的安排，让我度过了快乐而丰产的一年。阿图罗·帕里西和皮埃尔·切萨雷·格雷姆（Pier Cesare Bori）还在学术资源上为我提供了体贴的帮助。

艾米丽·卜谢弗（Emily Boochever）、丹尼尔·沃森（Daniel Wathen）、马龙·阿罗诺夫（Myron Aronoff）、詹姆斯·费尔南德兹、阿图罗·帕里西、伯纳多·贝尔纳迪（Bernardo Bernardi）和玛丽·郝格兰（Mary Hegland）的意见对我完成本书的最终稿大有裨益。重洋之外的朱莉·霍金斯（Julie Hodgins）和简·李（Jean Lee）在秘书事务上提供了格外出色的支持。我感谢鲍登学院的院长阿尔弗雷德·福克斯（Alfred Fuchs）多年来一直大力支持我的研究工作。我也感谢耶鲁大学出版社的高级编辑爱伦·格雷姆（Ellen Graham）给我的帮助和鼓励。

最后，我感谢苏珊（Susan）、莫莉（Molly）和赛思（Seth），因为我要写作本书，他们先是跟着我离开缅因，在加利福利亚住了一年，第二年又转至意大利。实际上在博洛尼亚时，我不得不把赛思从他的卧室里赶出去，好让我有个清净的工作环境。此外，比如莫莉打断我的工作、就她在公立学校的家庭作业中遇到的但丁或维尔加（Verga）的问题向我问询时，或是赛思问我谁是最矮的能够灌篮的篮球运动员时，我常因工作被打扰而斥责他们，我借此机会向他们道歉。我将本书献给苏珊，并为该书未能在首得惠超市（Shop-&-Save）收银台旁的货架上和《国家询问报》（*National Enquirer*）摆在一起而向她表示歉意。

第一章　仪式的权力

1810年9月15日,克里奥尔人(Creole)神甫米格尔·伊达尔戈(Miguel Hidalgo)将他的教众召集到一个乡间教堂,号召他们起来反抗西班牙对墨西哥的殖民统治,由此拉开了一场血腥起义的序幕。在随后的一个半世纪中,每年9月15日的晚上11点整——也就是伊达尔戈发出起义呼声的时刻——墨西哥的总统都会举着三色国旗,出现在墨西哥城中国家宫(the National Palace)的阳台上。面对下方广场上聚集的欢庆的人群,他呼喊着节日的口号:"独立万岁!伊达尔戈万岁!莫雷洛斯万岁!华雷斯(Juarez)万岁!墨西哥万岁!"他回荡在广场上的每一声呼喊,都会得到热情高涨的人群用雷鸣般的"万岁"声作出的呼应。接着,总统走到一旁,敲响宫殿的钟,继而国家大教堂的钟也随之响起。烟花照亮了天空;最后在空中出现了绚烂的烟花组成的国父伊达尔戈的脸庞,就像很多年前他在一个名不见经传的小教堂中喊出第一声"万岁!"一样。①

从国家政党的大会到总统的就职典礼,从国会委员会的听证会到足球场上观众大声唱国歌,仪式遍布于现代政治生活中。野心勃勃的政治领袖们使用仪式争权夺利,当权者们力保他们的权威,革命者们则拓展政治忠诚的新基础。所有这些政治人物,从暴动的领袖到维持现状者,都使用仪式来为支持他们的人创造出一种政治现实。现代国家的民众是通过参与仪式来认同那些更大的政治势力的,因为这些政治势力只能借助象征形式得以表现出来。同时,也唯有通过政治仪式,我们才能理解这个世界的情形,因为我们唯有将所生活的这个世界大大简化,才能彻底地认识它。

然而,很少有人认识到仪式在现代政治生活中的重要性。因为仪式常常被认为只是一种宗教活动,而现代西方社会已经将政治事务和宗教生活分离开,所以仪式被预设为只有在那些欠"发达"社会中还具有政治上的重要性。②

不过,工业社会真的在权力的神圣化上独具一格吗? 现代政治是官僚们理性行为的产物吗? 政治忠诚是由成本—收益分析来决定的吗? 公众们认为他们与其领袖在本质上别无二致吗? 在波利尼西亚(Polynesia),寺庙的统治者曾被视作神的子嗣,因为他们能散发出曼纳(mana)或超自然的力量。正是一张决定了他们与其臣属者之间相互关系的仪式之网,使他们具有如此权势。③ 虽然今天的

---

① Vogt and Abel (1977); Hamill (1966).
② 参见 Reynolds (1978:134)。
③ 参见 Norbeck (1977); Sahlins (1981)。关于政治和神圣的品德,也可参见 Bergesen (1977:221)。

美国和其他工业国家中不存在这种对世俗权力的超自然的合理化,但在公众看来,有权有势者仍然通过围绕着他们的仪式,控制着他们与公众之间的关系以及他们内部的关系。如希尔斯(Shils)所言,政治仪式被那些受到功利主义传统影响的知识分子们赋予了一个"恶名"。① 这些知识分子被他们为政治世界所建构的理性模型遮蔽了双眼,看不到仪式之中的政治行为和政治权力。②

在本书中,我尝试指出为何仪式在所有的政治制度中都很重要,并探讨政治生活中使用仪式的多种方式。在此过程中,我反对那种认为政治仪式只是用于服务现状的普遍观点,政治仪式对政治的重要性要远胜于此。的确,国王用仪式巩固权威,但革命者也用仪式来推翻国王。政治精英借助仪式来合法化他们的权威,反对者则用去合法化的仪式予以反击。仪式或许是保守者的命之所系,但它也是革命的活力源泉。

政治、象征和仪式

政治通过象征来表达。在直接力量的运用中总会或多或少地涉及象征,同时,虽然物质资源对政治过程至关重要,但它们的分配和使用在很大程度上受到象征手段的影响。因此,要理解政治过程,就必须理解象征是如何进入政治生活的,政治主体是如何有

---

① 参见 Shils (1966:447)。
② 关于仪式在所有政治系统中的重要性的最重要的人类学作品出自 Abner Cohen (1974,1981)之手。政治学家 Mackenzie (1967:290)声称:"显然有必要对西方世界中的政治仪式主题进行研究,但(迄今为止)还没有任何进展。"虽然从那时起出现了几项关于西方现代政治仪式的研究,但至今仍鲜有学者在一个更大的体系中对之进行分析。

意无意地操控象征的,以及这些象征方面是如何与政治权力的物质基础产生关联的。①

象征参与政治的方式多种多样,本书只关注其中的一种:仪式。人类学家在公众眼中一直是一群研究稀奇古怪的仪式或者看似毫无逻辑的行为的人。但我的目标不是探奇揭秘,而是向一些令人习以为常的观点提出挑战,这些观点对我们自身的政治制度的基础提出了一系列假设。在美国和其他工业国家中,有很多政治观察注意到了仪式行为与政治相关,但严肃的讨论并不多见。它们仅仅把仪式视为那些更加重要的、"真实"的政治行为的装饰品。但事实上,仪式在现代工业社会中是政治生活中不可或缺的一部分;很难想象缺失了仪式的政治制度会是怎样。

本书认为仪式普遍存在于政治制度中。书中使用的案例主要来自非洲、亚洲、大洋洲和美洲的无文字社会,出于彰显核心主题的需要,尤为关注欧洲和北美的国家社会如何在政治生活中运用仪式。本书一方面通过对遍及全世界的社会进行考察,以勉力提供一种全球视野;另一方面深入历史文献,对往昔社会中仪式的政治作用进行考察。我们旨在通过研究提炼出一种普遍的模式,对于现代官僚国家而言,这一模式是一笔不容忽视的遗产。

象征的权力

我主要讨论的是象征在政治生活中的重要性,可以宽泛地从

---

① 在此我使用了 Clifford Geertz (1966:5)广为使用的象征概念。这一观点认为,象征可以指"任何物体、行为、事件、品种或关系,它被当作一种观念的媒介",这种观念包含着象征的意义。

讨论象征在人类社会和人们生活中的作用开始。半个世纪之前,一位睿智的法律学者瑟曼·阿诺德(Thurman Arnold)指出,所有的人类和机构的行为都是象征性的。阿诺德力图揭示出,人们在现代社会中遵循着务实的、以目标为导向的行为方式只是一种普遍的幻象。他宣称:"通常来说,社会更喜欢袖手旁观和粉墨登场,对现实目标兴趣不大。"一些指责阿诺德的学者不能接受人们受象征形式的影响比受功利计算的影响还大。结果,"知识分子的首要兴趣是证明这些不理性的行为实际上原本就是理性的——要不然就是某种群体恶行的产物。"①

不妨让我们倒回去一点,先讨论一下个人与其文化之间的关系。现实中的人与其说诞生自物质世界,不如说是由外在于个人的文化和经验所形塑而成的。个人生而便在这种文化之中,个人的经验则将其与他人和自然的方方面面联系在一起。外在世界将无穷的刺激施加于个人之上,而个人却不可能对它们作通盘处理。因此我们必须依靠自身的认知有所取舍,并且需要利用一些简化(或分类)系统,对选择出来的那部分世界进行缩减和重新排布,由此我们才能理解它们。这种认识在很大程度上是由象征系统提供的,我们作为我们的文化中的一分子了解这些系统,它们可以兼顾到社会的创造力和个人的特征。

这些象征系统铸就了一种"反恐之盾(shield against terror)"②。它们是我们认识世界的一种方式,实际上是最基本的方式;它们让我们可以解释看到的世界,也就是解释我们是谁。这

---

① Arnold(1935:17).
② Berger(1967:22).

种象征过程令人侧目之处在于,它具有一种不证自明的性质。①一般而言,人们并不清楚是他们自己把自身建构的对现实的象征性观念赋予世界,而是相信世界是以其自身感受到的形式呈现出来的。这种看法或许有些幼稚,但它不可或缺。如果我们不承认这种观点的话,甚至早晨都无法起床。因为只有充分地认识到我们对现实的观点在一定程度上是我们建构出来的象征系统的产物,我们才能如肯尼斯·伯克(Kenneth Burke)所说的那样,"越过万物的边缘,望向最终的深渊。"②

我们借助象征直面一个混乱不堪的经验世界——它是我们的安身立命之所,自有其运行秩序。与其将我们的象征范畴视作人类的产物,不如将其客观化,借此就可以将其视作一种自然的产物,一种我们易于感知和认识的"事物"。事实上,我们在客观世界和主观世界之间所作的区分,本身就是人为构建出的象征的产物,这种象征将事实世界从观念世界中分离了出来。③

人们透过象征的镜头观察世界,并不意味着人类或者文化能够随心所欲地创造出各种象征系统,或说这些构想在物质世界中都是同样合理的。人们处理物质世界和社会世界的方式,与这个世界的实际形貌之间存在着持续的互动。当象征系统与难以管控的社会或现实力量发生龃龉时,象征系统内部就很有可能发生变化。此外,象征并不是横空出世的,象征世界不断重新界定的过程也不是偶然的。这两者在很大程度上受社会资源的分配以及与其

---

① 参见 Berger (1967:24)。
② Burke (1966:5)。
③ 参见 Cassirer (1946);Bauman (1973)。

他社会的共存关系影响。虽然象征给予人一种认识世界的方式，但终究是人决定着象征的新老更替。

政治中的象征

托马斯·卡莱尔（Thomas Carlyle）在一段诙谐的文章中提出，让我们设想这样一种情景：在英国举行的一场盛大典礼上，聚集着公爵、上校、将军以及其他身份显赫的人。想象一下，随着魔棒一挥，他们的衣服都被除去，赤身裸体地站在那儿。在这种高贵的场合中会发生什么呢？卡莱尔继续发问："难道有人能够画出一个赤裸裸的温德莱斯特公爵穿着一个光秃秃的'上议院'？可以想象，画家会像是吸了毒气一样咳嗽不断、畏畏缩缩、不敢下笔。"这些大人物们的服装是一个例子，告诉我们人类社会中的事物如何发挥作用，即它们作为象征都被赋予了某种特殊的意义。我们说一个人身上穿着权威，这在某种意义上不仅仅是种隐喻。①

我们通过象征认识到谁有权有势、谁无权无势，当权者通过操纵象征强化他们的权威。当然，无权无势者也可以通过努力穿上新的衣服，并除去有权有势者的衣服。用凯斯勒（Kessler）的话来说："象征并不是所谓的现实政治的残存维度；它更不是一面可有可无的屏幕，供真实事物在上面投射着苍白而黯淡的影像。象征是真实的政治，以一种特殊的、往往是最有力的方式表现出来。"②用象征手段创造政治现实的做法十分常见，很多政治职位的竞选

---

① 参见 Carlyle（1908:45-46,54）。
② Kessler（1978:244-45）.

者早已认识到这一点。创造一个象征,或更为常见的是将自己与一种流行的象征挂钩,是获取和维持权力的有效手段,因为权力就体现为现实的构建。①

一些政治观察家的想法远超于此,他们认为人们生活在一个"梦想世界(dream world)"中,这是一种"幻象(illusion)"世界。他们对"真实(real)"世界和象征的幻想(phantom)世界进行了对比。马克斯·勒纳(Max Lerner)在希特勒准备发动战争的阴影下,承受着向元首献媚的效忠者的威胁,写下一段激动人心的文字。他警示人们:当独裁者们的权力来自于"他们所操控着的象征时,这些象征就会反过来建基于它们所引发的一整套相关之物之上"。勒纳总结道:"这些象征的权力是无与伦比的。人能支配思想,但象征能够支配人。"②然而,当希特勒手法熟稔地操纵着象征鼓动德国人民参战时,丘吉尔、罗斯福和其他人也有力地构建出一套不同的象征来动员人们反对希特勒。③

现代战争依赖于一种国家忠诚感,但国家并无实形,只能通过象征被构想出来。正如米歇尔·沃尔泽(Michael Walzer)所言:"国家是看不见的;在它能被看见之前必须对之人格化,在它能被爱戴之前必须对之象征化,在它能被认知之前必须对之形象化。"④人们赞同这种"宏大的虚构(master fiction)",即世界被划分为一定数目的互不相容的国家;他们认为这些组成单元是事物本质的一部分,并假定国家自古以来就存在着。基于这种世界的象

---

① 参见 Nieburg (1973:54)。
② Lerner (1941:235).
③ 参见 Duncan (1962:245-46)。
④ Walzer (1967:194).

征性概念，人们相信每个人都"有"一个国籍，就像每个人都有一个性别一样。在此意义上，本尼迪克特·安德森（Benedict Anderson）将国家定义为"想象的政治共同体"。象征不是在国家的现实中摆摆样子，而是构成国家的要素。①

象征鼓动社会行为，阐明个体自身的意义。象征为人们理解政治过程提供了方法，因为政治过程在很大程度上依靠象征形式展现在人们面前。当美国人根据总统或国会的行为形成自己的意见时，主要是基于官员对象征的操控以及他们自身的具体经验，这些具体经验本身就是通过一种象征过滤器而易于感知的。正因如此，一位关注美国总统的观察家总结道："政治从本质上来说，是一种理解象征如何在社会中实际运作，以及了解如何在行动中使用象征的艺术……它是统治人民而非统治理性主义者的艺术。"在选举总统时，我们选择的是"国家的首席象征制造者……"②

在美国驻伊朗大使馆成员被囚禁期间，俄亥俄州人的爱国热情高涨，有一个例子足以证明人们是多么喜爱政治象征。当一名老板要求建筑工地上的工人把贴在安全帽上的美国国旗撕掉时，工人们坚决反对。正如一个工人所言："帽子说出了你是谁……"当然，是上面的小星条旗说出了他们是谁。③

这个关于国家忠诚的例子表明，现代政治依赖于人们对政治机构进行具化（reify）的倾向。诸如"政府"、"政党"或者"国家"这样的词并不能被视作象征结构，它们只是独立地存在于人们和他

---

① 参见 Anderson (1983:14-15). 政治生活由"宏大的虚构"所统治的观点来自于 Geertz(1977). 对这种用法的讨论，参见 Wilentz (1985)。
② Novak (1974:23), Turner(1974:55).
③ 参见 Singer (1982:76)。

们的象征世界之外。对于儿童来说,以总统(或教师)这样的个人形象来构想权威,要比以国会这种集体形象来构想权威更为容易。与此相似,成年人使用"身体"的隐喻来构想国会,这使得他们把多样性的人群当作单个整体来对待。

或许印度人在渥太华找"政府"的故事,能够更清楚地解释这种观点。一个印度人被人领着从一个办公室走到另一个办公室,他遇到的每个人都声称对政府事务负责,但他却从未遇到过"政府"本人,这令他无比沮丧,他不得不承认,这个"政府"真是藏得太好了。①

许多最有效的政治象征都具有一种明显的特性,那就是能够轻易地让人们把概念转化为具体事物。隐喻有助于界定政治世界就是一个证明。对于大多数美国人来说,横亘在欧洲的"铁幕"将另一边与"自由世界"隔离开来。同样,国旗不单是一块装饰布,还是一个国家的化身;正如国旗由国家来界定,国家同样由国旗来界定。

在有关现代国家政治的研究中,除了一部分重要作品除外,对象征在政治过程中的作用并不重视。② 在许多研究中,政治被简单解释为人们在争夺物质利益时达成的妥协。这些物质利益往往

---

① Sahlins(1981:70)详述了这个故事,引用了 Lévi-Strauss(1966:239n)的一个早期版本。Radcliffe-Brown(1940:xxiii)也关注了政治生活中的物化问题,写道:"国家权力是不存在的;事实上只有各种个体的权力:国王、大臣、法官、警察、党魁和选民。"关于儿童政治观念的发展,参见 Niemi(1973:121-22)。

② 其他的研究还包括 Murray Edelman(1964)和一些深受其作品影响的研究,如 Bennett(1980)。此外,一些政治学家,如 Aronoff(1980)和 Laitin(1986),也受到了人类学中象征研究的直接影响。然而,他们也认识到了,他们的研究一直处于政治科学和政治社会学的主流之外。用 Laition(1986:171)的话来说:"政治和文化的系统研究一直停滞不前。"

被认为具有不言而喻的重要性。在其他研究中,人们被视作公共关系市场中的交易者,或者像一块白板,只会通过社会化过程,对其父母、同事或邻居的政治观点进行再生产。

在当代西方社会中,对政治生活的象征维度缺乏系统性的研究,毫无疑问,这也与人们在检审自身的象征系统时面临的困难有关。因为人们是通过象征镜头观察世界的,对于他们而言,很难清楚地认识到那些象征是如何构成的并发挥着何种影响。①

在现代政治生活中,象征维度的研究比较落后,这归咎于现代社会科学对各种经验方法的偏重。无论是定量术语还是问卷调查和选举研究,用它们来研究象征并不能令人满意。对这些方法的强调,使得分析者们倾向于假设这样一种情形:那些政治生活中不能被简单定量化的方面是无足轻重的。为了促成这种恶性循环,以结果为导向的经验研究于是不断强化这样一种观点:现代政治取决于理性行为。② 克利福德·格尔茨(Clifford Geertz)指出了这些研究套路中的一些瑕疵:"利益论的主要缺陷在于,其心理学分析过弱而社会学分析过强。对动机缺乏有效分析导致利益论不得不在两者之间摇摆:狭隘肤浅的功利主义认为,人受到其自觉认识到的对个人利益的理性计算的驱使;眼界稍宽但同样肤浅的历史主义则语焉不详地把人的思想说成是'反映着'、'表达着'、'对应着'、'源自于'或'决定于'他们的社会义务。"③

简而言之,人并不仅仅是物质动物,同时也是象征的生产者和

---

① 参见 Cohen (1974:8;1979:87)。
② Cohen (1974:7)也赞同这一点。当然我也并不认为定量研究在政治研究中没有用武之地,因为这些研究在处理某些问题上的确具有很大的价值。
③ Geertz (1964:53).

使用者。人具有一种难以解释的习惯,有时会希望甚至乐于为那些与其物质利益相左的理由而献身,即便这些物质利益受到七嘴八舌的反对者们的支持。人们通过象征赋予他们的生活以各种意义;对政治忠诚和政治行为的所有理解都据此事实而定。①

认为象征和仪式在西方社会的政治过程中发挥着重要作用的观点,受到了大部分公众意见的反对。然而,随着社会的日益复杂化,政治生活的象征的和神秘的外壳绝非越发单薄,我以为事实恰恰相反,那外壳越来越厚。我们生活在一个大到无法直接观察的世界中,只能通过抽象的象征手段与更大的整体产生关联。实际上,我们从未遇到过统治我们的掌权者,他们已经被高度象征化了。我们仅仅依靠一个人所穿制服的颜色决定是从后面拍拍他,还是从后面射杀他,就此而言,还有哪种政治环境比我们的政治环境更加依赖于象征?米歇尔·沃尔泽发现,随着国家领域的增长和官僚集团的壮大,政治已经"从具体的活动转变为马克思曾经说过的日常生活的幻想(fantasy of everyday life)了"②。

界定仪式

在考察仪式在政治中的作用之前,应该先阐明"仪式"的意思。

---

① 参见 Turner (1974:140-41)。
② Walzer (1968:36)。把引自马克思的话和对政治研究中的物质主义路径的攻击放在一起,看似有些令人惊讶,但在此并不存在矛盾。在某种意义上,正如 Cohen (1979:11)所言,政治系统的研究"从根本上来说是马克思主义的孩子,因为正是马克思开创性地对文化和权力结构的关系进行了系统性的研究"。Gramsci 的研究也很有价值,他力图对意识形态和政治权力的物质基础之间的关系,作出更加完善的马克思主义分析。参见 Gramsci (1971),以及参见 Boggs (1976),Kertzer (1979),Fox (1985)和 Laitinl (1986),他们对 Gramsci 著名的霸权概念进行了评论。

过于严苛的定义将仪式限定在宗教领域中,将其与超自然事物联系在一起;过于宽松的定义则将一切规则化的人类行为都标记为仪式。我选择了一条中间道路。当然,在定义仪式时,我并不想去揭示什么是"真正的"仪式,因为它不是一个可被研究的实体。我们倒不如说仪式是一种分析类型,帮助我们处理混乱的人类经验,将之整理成井井有条的框架。因此,对于仪式的定义没有对错之分,只是在帮助我们理解我们所生活的世界上有多寡之别。我使用这一术语旨在围绕我的目标,阐明象征过程如何在政治生活中起作用以及为何它很重要。

直到上一代的人类学家,仍然将仪式定义为一种具有文化规范、以象征为本质属性的重复性活动,目的在于影响人类事务(或者至少让人更好地理解他们在世界中所处的位置),以及作用于超自然领域。[1] 涂尔干(Durkheim)有关仪式的定义在早期社会科学领域中最具影响力,他将仪式与宗教实践联系在一起,认为仪式将世界划分成两个阶层:神圣阶层和世俗阶层。他声称仪式是"一些行动法则,规定一个人如何令自己的行动与神圣事物的表现保持一致"[2]。

虽然在表面上涂尔干的观点将仪式行为与超自然领域联系在一起,但若细加考察则会得出不同的结论。对于涂尔干而言,对神灵的崇拜是人类崇拜自身的社会和彼此关系的象征性手段。因此在终极意义上,神圣事物与其说是超自然的存在,不如说是人们受自身情感控制的相互依赖性,是人们的社会性安排。

---

[1] 例如参见 Firth (1951:222)。
[2] Durkheim (1915:37,41).

于是，仪式的重要之处并不在于能够处理超自然事物，而在于它们提供了一种人们表达其社会独立性的有力途径。

循此观点，我将仪式定义为一种体现社会规范的、重复性的象征行为。① 实际上这也是现在很多人类学家使用的定义。② 他们中有些人尽力在宗教仪式和世俗仪式之间作出区分。③ 然而，我认为这种区分对于理解仪式在政治生活中的重要性而言，只能帮倒忙。所以我在更为一般的意义上使用仪式这一术语。④

仪式的特性

仪式行为有其自身形式上的性质。它依循高度结构化和标准化的程序，有其特定的展演场所和时间，这些程序和时空都具有特殊的象征意义。⑤ 重复性的仪式行为有时看似冗长，但这些因素

---

① Nadel (1954:99)是最早注意到仪式具有形式化和不断重复的性质，而不是将其限定为与宗教现象有关的行为的人类学家之一。
② 仪式也能被视作某种社会行为的一种特性，这些社会行为通常与重要象征元素的表达有关。就此观点而言，行为不能被分成仪式或非仪式两类，不过特殊的人类行为中的仪式和非仪式方面倒是有人(Leach 1954:12-13)考察过。另参见 Da Matta (1977:256-57)。
③ 例如，Gluckman (1965:251)划分了"仪式"和"庆典"；Binns (1980:586)也作了相似的划分。针对 Gluckman 的划分，Aronoff (1979:277-78)解释道，他只是将仪式当作一种分析以色列政治的工具，他明确指出："当我在现代政治背景中提到仪式时，我指的是世俗的、类似仪式的行为，在其中没有神秘化的观念。"
④ 关于定义问题的更多讨论，可参见 Mead (1973:87-88)，Munn (1973:580)，Lukes (1975:290)，Goody (1977)，Rappaport (1979:174-77)，Lewis (1980)，Lane (1981)；以及 Silverman (1981:164)。
⑤ 关于空间象征的政治重要性，参见 Kuper (1972:420-21)。Trexler (1973:126-27)对文艺复兴时期佛罗伦萨市政厅的神圣化的分析，也为研究这种程序提供了有价值的洞见。

也正是引导情绪、形成认知和组织社会群体的重要手段。①

我之前指出,仪式是一种裹缠在象征之网中的行为。缺乏这种象征化的规则性、重复性的行动不是仪式,只是习惯或者风俗等。② 象征化赋予行为以更多的重要意义。借助仪式,可以认识、强化甚至改变对世界的信仰。正如恩斯特·卡西尔(Ernst Cassirer)所言:"离开典礼,自然一无所出。"仪式行为不仅赋予世界以意义,它本身就是世界的一部分。③ 有人写道:"通过仪式化的行为,内在事物变为外在事物,主观世界的图景变成社会真实。"④

仪式帮助我们理解世界的方法之一就是,它将过去和现在以及现在和将来关联在一起。这有助于我们处理两个人类面临的难题:一是通过提供一种连续性,帮助我们建构对自身的信心——20年前、现在和10年之后的未来,我无甚变化;二是让我们相信,这个世界也一直未变。梅尔霍夫(Myerhoff)写道:"仪式借助永恒不变的和潜藏着的形式,把过去、现在和将来联系在一起,从而消除了历史和时间。"⑤

面对一个具有令人难以控制的不确定性的世界,是人类永恒的难题。人们尽力确定一种简单的和已知的现实,如此方能知道

---

① 参见 Leach(1966:404);Rappaport(1979:175-76)。
② Myerhoff(1977:200)也持此观点。从一个弗洛伊德主义者的视角来看,一个人即便其行为不为任何人理解,也可能做出仪式行为。当然,在此情形下,分析者会认为象征的意义来自于标准化的、重复性的行为,即便这种行为相当怪异。然而,我在本书中并不认为这种怪异的行为形式属于仪式行为。关于这种"神经质仪式"的讨论,参见 Freud(1907)。
③ 参见 Cassirer(1955:38-39)。
④ Nieburg(1973:30).
⑤ Myerhoff(1984:152).

如何措其手足，以及明了他们在世界上所处的位置。① 仪式的稳固性和永恒性，正为尝试着驯化时间和界定现实的人们提供一副安慰剂。

但是，即便仪式存在着一定的心理学甚至生理学基础，对其政治重要性的理解也要以认识到仪式如何将个人与社会联系在一起为前提。② 借由仪式，个人的主体经验和社会力量产生互动，并受到社会力量的形塑。③ 人们通常参与在各种并非为他们所设计的仪式之中。即使人们发明了新的仪式，也是在很大程度上取材于已有的象征素材库，新仪式的出现并不依凭于发明者的心血来潮，而是取决于那些参与在新仪式之中的人们所存在的社会环境。④

然而，仪式的权力则不仅仅源自其社会环境，也源自其心理学基础。实际上，这两个维度相辅相成。参与仪式之中会带来心理上的刺激，一种情绪上的激发；通过这些感觉，仪式构建我们的现实感和我们对周围世界的理解。⑤

这些心理特征在仪式的另一些特性中显露无余：频繁的戏剧

---

① 参见 Moore (1975:234)。
② 关于仪式权力的生理学基础，参见 d'Aquili and Laughlin (1979)和 Lex (1979)。
③ 参见 Rappaport (1979:188)。
④ 参见 Cohen (1974:4;1979:102–03); Bennett (1979:109n)。Ortner (1975:167)有一个相关的观点值得引录:"如果我们完全理解仪式，那么就知道不能明确地对其意义的社会维度、文化维度和心理维度做一个排序。正是仪式象征的灵活性不断地使这些维度的位置发生变动，并在用某种维度的模式解决问题时不断地借用其他维度模式的形式，由此最终显示出了这些维度之间的不可削减的依存性以及它们之间移动的方式。"
⑤ 循此思路，Lewis (1977:2)曾写道:"象征和情绪相辅相成，它们之间丰富的相互作用，在社会行为中处于核心地位。"Fernandez立足于仪式和情感激励之间的关系分析这一问题，他认为是仪式的隐喻性使人们能够在"自我感知的方式和生存世界的理想形式"上产生他们想要的变化(1971:56)。

性。实际上,阿诺德认为,人们正是通过一系列戏剧性的行为和世界产生联系:"因为一些埋藏在人性深处的神秘原因,每个人都不断地构想出一场接一场的戏,他自己就是其中的主人公。陶然于在这些戏中粉墨登场、孤芳自赏,这一点任何人概莫能外。"① 或许在 19 世纪末的一份社会主义者的当地报纸上可以看到这样的提议:有人建议在维也纳的五一劳动节游行队伍行进路线旁搭建小平台,这样游行者就可以随时站到台子上看看他所在的游行队伍有多壮观。②

仪式提供了一种方式,让人们参与到戏剧之中,并看到自己扮演的角色。仪式的戏剧性质并不只是界定角色,它还唤起情感反应。就像在剧场中,"各种灯光、舞美、姿态、行动和声音的刺激"控制人的情绪一样,诸如此类的因素帮助仪式产生强大的情感影响力。③

在政治生活中,仪式戏剧也随处可见。④ 在美国和其他一些地方,竞选者会在选举活动中举办一些这样的戏剧,而且让大众传媒将这些戏剧性的表演带入千家万户。实际上,竞选者常常和公众保持距离,大众传媒也没有刻意地安排戏剧性表演——这些表演中充满了精心编排的象征。⑤

---

① Arnold(1935:iii). 这种戏剧性的观点在 Goffman(1959)的作品中得到了更为充分的阐发。世界各地的很多仪式中都涉及面具的使用,这可以被视作戏剧性的一种表现(Tonkin 1979)。
② 参见 Mosse(1975:168)。
③ 参见 Lewis(1980:33)。
④ 在此我采用 Cohen(1981:156)对戏剧的定义,它是"有着规定空间和时间的有限行为序列,与重要社会行为的一般过程有所不同"。
⑤ 参见 Bennett(1977:227)。

象征为仪式提供了内容,因此,我们可以从象征的本质和使用象征的方法中看到仪式的本质和影响。象征有三种重要的特性:意义的凝聚性(condensation)、多义性(multivocality)和模糊性(ambiguity)。

凝聚性是指单个的象征代表和整合了丰富的多重意义。无论象征是在语言意义还是形象意义——即表现为一种物理形式,如《圣经》或旗帜——上,都包含和集合了各种观念。在潜意识层面,因此也是在更有力的层面上,这些观念不仅同时存在,而且相互作用,它们在个人头脑中聚合在一起。①

与象征在仪式中的意义凝聚性紧密相关的是其多义性,即同一种象征具有多种不同的意义。对于个人而言,凝聚性指的是这些不同意义的互动以及它们聚合成新的意义;多义性关注的是另一个方面:不同的人实际上会以不同的方式理解同一种象征。在缺乏共识的情形下运用仪式构建政治团结时,这种特性就显得尤为重要。②

从仪式的象征具有凝聚性和多义性这两种特性来看,也不难理解它常常具有模糊性:象征缺乏确切的意义。从积极的角度来看,这意味着对于那些可以用简单的表述形式清晰地表达出来的事物而言,象征并不是叙述它们的神秘方式。象征意义的复杂性和不确定性正是其力量的源泉。③

---

① Victor Turner(1967)曾在此背景中,充分地推动了对凝聚性概念的认识。
② Munn(1973:580)讨论了仪式象征的多义性。Turner(1967:50)用多义性这一术语指出了"单个象征可以代表很多种事物"这一事实。
③ 参见 Lewis(1980:9)。关于此观点,也可参见 Sperber(1975)对象征的符号学分析的攻击。

我之前强调过一个事实,那就是仪式具有规范化的形式,而且与其说它来自于个体的心理活动,不如说是由社会呈现给个体的。但这并不意味着仪式是天生因循守旧的力量。在形式、象征的意义和社会影响上,仪式都会发生变化:新的仪式出现,旧的仪式消亡。这种变化产生于个体的创造性活动。一言以概之,人们并不仅仅是仪式或象征的奴隶,他们也是仪式的支配者和创造者。正因为仪式是政治活动中的重要方式,所以人们会创造和改变它们。[1]

然而,即便仪式具有这种潜在的创新力,它也同时具有保守的倾向。正如任何一个研究西方宗教的学者都会知道的那样,仪式比文化中的许多部分都较少变数。实际上,仪式能够给予人们一种连续性感觉的能力,主要来自于在日积月累中形成的形式上的持久性。仪式的特殊规则所具有的影响力,正是其过往不断操演的结果。与以往仪式的经验相关的记忆对仪式的新规则有一种渲染力。[2] 由此,仪式兼具守旧的倾向和变革的潜力。吊诡地说,正是仪式形式的守旧性,使仪式在政治变革中潜力无限。

仪式的政治重要性

对于西方主流意识形态来说,仪式在政治生活中就算不是闲杂人等,也至多是个龙套演员。可以认为,严肃的政治分析家几乎不会将其注意力从政治生活的真正本质——利益团体、经济力量

---

[1] 关于仪式中的创新力,参见 Munn(1973:592),Moore(1977:167),以及 Moore and Myerhoff(1977:5)。
[2] 参见 Mead(1973:90-91)。

和权力关系——中转移出来,而把时间浪费在正眼看仪式上。①

但是,这种"政治人"的形象忽视了文化和所有我们之所以为人的因素,作为理性的行动者,这种"政治人"只会对其客观环境斤斤计较,并尊奉自私自利的工具理性为其行动的圭臬。虽然我们生活在物理世界中,在很大程度上受到物质力量的影响,但我们是通过我们的象征机制来感知和衡量它们。我们通过象征进行交往,而在象征意义的沟通中,仪式是最重要的途径之一。玛丽·道格拉斯(Mary Douglas)直言:"社会仪式创造出一种现实世界,缺少了这些仪式,这种现实世界是不可想象的。虽然我们有可能理解并言说一些事物,但缺乏了象征行为,社会关系便不复存在。"②

每个社会都有详述其起源和神圣化其规范的一套方法。其中有些社会是通过伟大的男人(西方社会缺乏女性的文化英雄),另一些社会则通过重要的事件,这些事件无论是否具有历史根据,都包裹在一张被赋予象征意义的网中。在美国,儿童在成长中了解到清教徒、印第安人、奴隶、种植园的生活、文化熔炉(the melting pot)、乔治·华盛顿、亚伯拉罕·林肯、丹尼尔·布恩(Daniel Boone)、约翰·肯尼迪和马丁·路德·金。实际上,儿童的社会观念就主要建立在这些象征所传递的意义之上。他们学到了什么是正确的行为规范,什么是成功的至理名言。更为重要的是,这些象征为理解国家这样的政治实体提供了道路,并为认同这些政治实体提供了方法(实际上是种强制力)。政治学家兰斯·班纳特(Lance Bennet)指出:"政治

---

① Skinner (1981:37)曾有过相似的观点。另参见 Lane (1981:2)和 Bennett (1980:170)。

② Douglas (1966:62).

家们使用神话让公众受制于有力的象征。在风平浪静的日子里,神话确保现状无虞,在风起云涌的日子里,神话则记录变化的过程。在日常政治事务中,神话主导着大多数公众政策辩论。一旦神话主题和与神话相关的语言从政策话语中被扫地出门后,也就剩不下多少实质性的内容了。大多数政治争论的分歧都集中在如何用神话去解决特殊问题上。"①仪式实践是滋养这些政治神话的主要方法。在仪式庆典中处于中心地位的象征是神话的组成部分之一,它有助于建构对政治世界和身处其中的各种政治主体的政治态度的理解。

政治秩序的这种象征意义一旦被建构起来,就会抗拒(虽然不能免于)变化。然而,存在着两种相互抵牾的观点,一方认为人是理性的行动者,另一方强调在象征和物质世界之间存在着复杂的互动。在前一观点中,个人政治意见的改变与理性的辩论和事实的编排有关。但是,对于理性辩论导致信仰变化这一观点早就有人持不同意见。中国古代的庄子在文章②中曾写道:"既使我与若辩矣,若胜我,我不若胜,若果是也?我果非也邪?我胜若,若不吾胜,我果是也?而果非也邪?"③

---

① Bennett(1980:168).
② 《庄子·内篇·齐物论第二》。——译者注
③ 引自 Pocock(1964:14)。不久前 Gramsci(1971:339)作过相似的论断:"最重要的要素无疑是,人的特性不是由理性决定而是由信念决定。但信念在谁人心中,或者它是什么?对于一个人来讲,如果他所属的群体以某种隐晦的方式思考,那么他就会按照相同的方式行动。他认为群众中那么多深思熟虑的人是不可能错的,公允地说,即便他内心中天人交战,也会愿意选择相信这一点;他认为自己是绝对不可能坚持和发展他的论点的,而他的对手也不可以,因为在他的群体中总会有人能够做到这一点,也一定能够比他的对手更雄辩;他会以某种含混不清的抑或是条理清晰的方式记得那些让他相信的东西,实际上是他听到过的清楚的解释,至此,理性便落在了他的信念之后。"

儒家学者早就理解仪式对于政府效能的重要性。他们认为，人们的行为并不是在主观上权衡利弊后的结果，而是取决于他们所参与的仪式。统治者应该避免下命令，一位儒家学者①认为，直接干政、侧重口谕的统治者常会令那些被统治者在心中暗生反意。在他看来，"因为仪式是非语言交际（non-verbal）行为，所以它们不会造成口舌之争。由此，可以利用它们促成意愿和行为的和谐，并避免唤起敌意；如果一个人发现他自己按照指定的要求参与到礼（li）[仪式]之中，就意味着他已经——可以说是在事实上——与他人和平共处了，就像舞者要按照乐队演奏的节奏起舞一样，他也尽在仪式的摆布之中。"②

仪式不仅在认知层面上对人们界定政治现实产生影响，而且在情感上也具有重要的影响力。人们从投身仪式之中获得颇多满足。统治者们数千年来（实际上是自从有统治者以来）一直努力通过设计和使用仪式，激发民众的情感以支持他们的权威，唤起大众的热情以支持他们的政策。但出于同样的原因，仪式对于革命群体同样重要，他们必须诱发强有力的情感以动员人们起身反抗。托洛茨基（Trotsky）早年在苏联时就认识到这种仪式的必要性。他对教堂在日常仪式上的统摄力尤感不安，指出"理性主义者"在满足大众需求上软弱无能。托洛茨基转而指出，我们必须认识到"人们对戏剧性活动的渴望"，那是他们"在情感宣泄上的有力的、合理的需求"。③

---

① 在波考克（Pocock）的文章中指的是荀子，下面的这段话是波考克的理解，而非荀子的原文。——译者注
② 引自 Pocock（1964:6）。
③ 引自 Binns（1980:594）。

在下面四章中，我将通过探讨政治仪式如何运作来解释仪式的重要性：仪式如何有助于建立政治组织，仪式如何用于构建政治合法性，仪式如何在缺乏政治共识的情形中创造出政治一致性，以及仪式如何形塑人们对政治世界的理解。然后我会考察政治竞争者们如何使用仪式争夺权力，仪式如何被用于缓解或加剧危机，以及仪式如何服务于革命和革命政权。最后，我提出所有这些都和政治生活的本质有关。在今天的政治生活中仪式还有多重要？

第二章 燃烧的十字架和身体争夺者

伴着一弯新月,2000名佐治亚人气喘吁吁地走向位于石山之巅的光秃秃的平地。他们满怀希望地等待着一场戏剧性仪式的上演。片刻后,穿着鲜绿色长袍的大龙(the Grand Dragon)①从山的另一侧走上来,带领着700名罩衣及地、头戴白风帽的人。更远处还有几百名穿着黑色外衣、未戴帽子的人走来,他们与此前脸上遮着白面具、身着白色长袍的人形成了鲜明的对比。新加入者步调一致、排成单列,每个人都把手臂放在前面人的肩膀上,这种情形令人想起以前锁链加身的佐治亚因犯(Georgia Chain Gangs)。耸立的十字架有300英尺高、200英尺宽,在其熊熊燃烧的可怖火焰的照耀下,新加入者在两名分持十字架和美国国旗的白衣骑士面前垂首跪下。他们一遍遍地重复着三K党的口号:"我郑重起誓,永远

---

① 三K党对其州领袖的称谓。——译者注

保护我党的一切神圣秘密,包括记号、暗语、财产以及其他所有的事务和信息……宁死不语,上帝助我。"这场仪式发生在1946年5月9日。它之前已经被推迟了好多次,该党的领袖说是因为战时物资紧张,造成了罩衣的短缺。①

无论是三K党(Ku Klux Klan)还是通用汽车公司,如果没有象征性的表述方式,任何组织都无法存在,因为组织只能通过与其相关的象征才能被"看见"。② 事实上,人们倾向于把组织当作物理性的机构,是物质世界的一个部分。仪式是建构这些观念以及将人们和组织联系在一起的重要方式。本章的主题正是回答仪式如何完成这些任务,尤其是仪式如何促成组织化的政治生活。

对政治组织的归属

组织自身只能象征性地得以呈现,所以个人对组织的忠诚也只能通过象征表现出来。我穿某种衣服、喊某个口号、唱某首歌、剪某个发型、以某种名称称呼他人,通过这些行为,我自己以及他人都认为我属于某个特殊的组织,无论是童子军、纳粹党还是基瓦尼俱乐部(Kiwanis Club)。象征通过这些仪式发挥出主要作用,

---

① 有关三K党仪式的恶意描述,参见《三K党意图东山再起》,载《生活》(*Life*)1946年5月27日,第42—44页。以及《时代》(*Time*)1946年5月20日,第20页。关于三K党的誓言,参见非美行动调查委员会(Committee on Un-American Activities)(1967)。
② 很多研究组织行为的学者的出发点是分析仪式在包括大型公司在内的所有组织中扮演的重要角色。参见 Pfeffer (1981); Deal and Kennedy (1982); Martin (1982);以及 DiMaggio and Powell (1983)。

从而使个体和组织之间的关系被客观化。①

人各有志,意味着人们塑造着自我形象。在一定程度上这可以通过对组织的象征性认同达成。这就是伯克在其著作中指出的:"所谓的'我'仅仅是一种特殊的综合体,它是与'整体的我们'产生冲突后的部分产物。"②通过成为一个更大的群体中的一员,个体在宣称其重要性时,比他直接自吹自擂更加有效,也更容易被群体接受。通过赞美这样的组织,他实际上也就是在赞美自己。③

反过来,组织也会费尽心机地利用这一点。举例而言,苏联共产党在1973年重新登记党员,发放新的党证。为了彰显这些证书的重要性,他们举办了庄重的典礼,把一号党证发给了列宁,二号党证发给了勃列日涅夫。不过列宁没有贝比·鲁斯(Babe Ruth)④那么幸运,能够活到看着自己球衣退役的日子。⑤

如果个人对组织的认同只能通过象征得以实现,那么成功的组织就会依赖于象征行为。通过这些象征,人们形成了他们的组织观念。一些学者诧异于儿童往往对抽象的组织及其象征形式不加区分。比如,虽然国旗并不简单地代表国家,但他们认为两者是一回事。⑥ 不过,当他们长大后发誓为国旗献身时,这种差别又算

---

① 参见 Cohen (1974:30)。
② Burke (1959:263).
③ 参见 Burke (1959:267)。
④ 美国职业棒球史上的传奇人物,生于1895年,于1935年退役,卒于1948年。——译者注
⑤ 参见 Lane (1981)。这种仪式的另一个预期效果无疑是,勃列日涅夫通过与列宁之间建立关系增强了其合法性。
⑥ 关于对儿童的国旗和国家观念的形成与发展的研究,参见 Weinstein (1957)。

得了什么呢？①

这些象征表现并不仅限于国旗这样无生命的事物,也可以包括作为政治组织象征的人物。近来有些前殖民统治地区在寻求建立新国家时,常常借助于创造一些具有历史地位的政治领袖,他们的肖像贴满街巷,出现在钱币和邮票上。路易十四的名言"朕即国家"(*L'etat, c'est moi*)便是这样一种著名的(虽然也可能是虚假的)宣言。对于法国民众而言,国家是一种过于抽象的实体,不能激发出统治者想要的认同和忠诚。通过将法国人格化,与一个人物联系在一起,人们便能够将法国这一概念变成可想象之物,并将其视作他们的世界中的组成部分。②

个人通过接受与政治组织相关的象征,感觉自己成为组织的一分子,而且同样重要的是,他也被组织中的其他成员视作同伴。个体通过象征被整合进组织之中,并被赋予特殊的身份。这种情形在入会仪式中最为显见,入会者在仪式中往往需要投入大量的感情。为何三K党要举办如前所述那般精心安排的仪式？毫无疑问,主要目的是重塑新入会者的认同,使其带着忠诚视自身为一名三K党成员。同时,这种仪式的组织优点还包括,它向其他成员表明,新入会者已经是团体的一部分,应该视他们为同伴。

邪恶的政治组织对入会仪式的强调只是老调重弹。在1850年代的法国,一些民主党人组建成山岳党(Montagnard),准备发动共和起义。新加入者要成为会员,要被蒙住双眼,主持人手持武

---

① 在此情境中,Ortner(1973:1340)想起了她见到过的一个广告牌,上面写着:"我们的国旗,爱它或离开它。"
② 关于这一点,参见 Agulhon(1979:30-31)。对于这种人格化,Frey(1968)描述过一个很有启发意义的土耳其事例。

器抵着他的头。他背诵着誓词:"我发誓武装自己、反抗暴政,保卫民主和社会共和制;如被选中,我发誓杀死叛徒;如我背叛或变节,让我不得好死;我发誓与兄弟们守望相助。"最后主持人宣布:"你已是一名山岳党人。"这种重生的象征确是清晰无比。①

即便在军队这种对成员资格有强制性要求的组织中,入会仪式也是极为重要的。它们的主要目标是将个体从先前的忠诚和角色中脱离出来,投入到新的忠诚和角色中去。一般来说,仪式越庄重,转换越彻底。②

组织的特殊性

组织为了吸引成员、集纳拥趸,必须具有某种呈现自我的方式,并通过神话和仪式的手段建构一种特殊的认同。组织会宣传有关其起源和目标的神话,同时成员则通过一些象征实践将其与非成员区别开来。这些神话常常宣扬组织的优越性。与这些信仰相关的是一些关于纯洁和污染的仪式、禁忌(taboos)体系以及将成员与其他人分离开的仪式性规则等。③ 这些具有组织意义的仪式的作用之一,便是向其他人显现出自身是一个团结一致的整体。用阿诺德的话来说,它是一种"一致化的力量……就像万有引力的

---

① 关于山岳党仪式,参见 Margadant (1979)和 Berenson (1984)。在这一时期与山岳党仪式相似的共和党人的秘密宣誓仪式,参见 Mcphee (1977:248 - 49)。
② 研究通过仪式的人类学文献汗牛充栋。其经典的陈述,参见 Van Gennep (1960)。对政治组织内部的通过仪式的研究,参见 Borhek and Curtis (1975)。
③ 为了得出此结论,Cohen (1974)在此意义上使用了"差别性"(*distinctiveness*)这一术语。

法则一样"①。

三 K 党在 1920 年代的全盛期拥有数百万党员。是否参与组织的仪式和使用组织的象征，是区别党员身份的标准。在 1925 年的卡罗拉多州，三 K 党不仅拥有数量庞大的男性党员，其各地支部(klaverns)还有数以千计的女性党员。是年 8 月，上万名女党员穿着白色罩袍，像军队行军一样在丹佛市郊的街道上游行。但其后不久，当地的领袖米妮·勒夫(Minnie Love)由于不满三 K 党的直接领导，劝说很多女性党员脱掉白色罩袍，换上贝斯·罗斯(Betsy Ross)②服。组织的反应也非常迅疾：党魁立刻将勒夫撤职，并取消了丹佛分部。③

组织依靠其象征性的表征来维持认同感和凝聚力。因为随着世易时移，组织的人与事都会发生变化，唯有通过象征才会永葆其特征。于是，对于组织而言，拥有一个明确的象征认同至关重要。当政治领袖成为组织整体的重要象征，其去世便会对组织构成威胁。解决之道是让领袖的生与死都和组织象征联系在一起。列宁在莫斯科的纪念堂和毛泽东在北京的纪念堂就是这种政治不朽性的强力证明，相似的例子在历史中俯拾皆是。④

对于所有类型的社会而言，组织认同的象征都非常重要。在那些缺乏书面组织章程的无文字社会中，仪式尤为重要。例如，西

---

① Arnold (1937:25).
② 美国独立战争时期的爱国人士，据说是美国第一面国旗的设计和缝制者。——译者注
③ 参见 Goldberg (1981:110)。
④ 参见 Wechsler (1985:136)对中国政府如何利用毛泽东遗体的研究。关于列宁的研究，参见 Tumarkin (1983)。对更为普遍的"个人魅力的常规化"(routinization of charisma)的研究，参见 Max Weber (1968)的经典著作。

非的塔伦西人(Tallensi)的政治组织是围绕着宗族(clans)和世系(lineages)构建起来的。这些宗族和世系以各种共同的仪式实践区别彼此：不同世系的成员崇拜各自祖先的神龛。宗族和世系间的关系靠定期举行的仪式庆典得以巩固，在庆典中不同的群体处在不同的位置上。正是通过参与共同的仪式，所有人都成为了塔伦西人，成为了"我们"中的一员。① 同样，在以前被称为东北部罗德西亚人(northeastern Rhodesia)的本巴人(Bemba)中，正是与最高领袖相关的仪式将人们聚集在一起，并通过统一的政治组织使他们能够维系其单一的社会形态。②

在新几内亚(New Guinea)存在着只有几百人构成的小型社会，提供了一些运用仪式构建政治认同的生动案例。在斯崔克蓝-博萨维(Strickland-Bosavi)地区分布着很多小型土著政体，它们彼此以男性成人仪式的不同操演方式区别开来。从外人的角度来看，这些群体的仪式中有一个显著的相似之处：他们都相信男孩只有被授精后才能成为成人。区别只是在于不同的社会采用不同的授精方式：卡鲁里人(Kaluli)使用肛交，艾拓罗人(Etoro)使用口交，奥巴巴苏鲁人(Onbabasulu)则把精液涂抹在新成员身上。每个群体都厌恶其他群体的风俗，这种厌恶感不仅强化了他们对自身群体的忠诚观念，也激起了群体间的敌意。③

在现代国家中，成文法和其他文件被当作组织特性的象征，大众媒体把这些组织认同的书面象征传播到所有人当中。某种特殊

---

① 参见 Fortes（1940,1945）。另参见 Evans-Pritchard（1964）和 Fortes and Evans-Pritchard（1940:21-22）。
② 参见 Richards（1940）。
③ 参见 Knauft（1985:327-28）;Kelly（1977）。

的政治组织具有独立的、与众不同的政治生活范畴,这种观点通常在无文字社会中并不存在。产生于社会机制之中的政治生活实质上并不具有多少政治性。在这些政治生活中,最主要的是血亲体系和仪式组织,两者都与超自然范畴的时间秩序密切相关。

对于无国家社会中的人们而言,他们的政治边界是由共同的仪式规则决定的。一套共同的仪式实践——包括从奉行某些禁忌到崇拜某种神龛——可以界定世系与宗族这类较小的政治单元。同理,大型社会结构的维系也有赖于参与一整套共同的仪式,这些仪式往往具有同宗同源的血缘意识。① 当这类社会遭遇欧洲殖民者时,可将他们联系在一起的仪式则有助于他们结成前所未见的更大的政治组织。此类社会缺乏正式的政治机构,在压力之下团结一致面对殖民拓展带来的威胁,就要依靠一些重要的仪式专家领导他们进行政治和军事斗争。②

在中央集权社会中,仪式在组织特性的供给中同样扮演着重要作用,在政权上寻求与其前任相疏离的统治者必须在仪式上以新代旧。在1000多年前的古代中国,唐王朝刚在隋朝的废墟上建立起来,就立刻认识到这一点。新朝的太史令傅奕上书,要求即刻创设新的历法、新的官服色彩、新的官僚机构名称、新的音乐和新

---

① 这种现象也存在于古代的希腊和意大利,当时在这两个国家中,辨识一个城市的市民的方式就是看他们是否一同参加向他们的保护神献祭的仪式(Fustel de Coulanges 1901:193 – 211)。
② 参见 Evans-Pritchard (1949);Turner (1957:292);Fry (1976);Cohen (1981:127 – 28);Packard (1981)。

的宫廷礼仪。①② 事实上,通过象征化时间的新方法——显见于新历法制度的创设——构建对新政权认同的现象屡见不鲜,不仅在古代中国,还包括从古罗马帝国的皇帝到墨索里尼,以及大革命时代的法国等。③ 统治者通过控制时间,将其政治活动与自然规律连为一体。

近年来,欧洲殖民地解放运动掀起了新一轮的政治仪式和象征的替换浪潮。在此方面,但不包括其他方面,战后南非的情况非常典型,在邮票、钱币和纸币上,民族英雄的形象替换了英国君主的形象。用好望角勋章替换了诸如维多利亚十字勋章这样的英国荣誉徽章,用定居日(Settlers' Day)和种族和解日(Day of the Covenant)替换了英联邦日(Empire Day)和女王生日。新国旗和新国歌带来了更多的仪式变化。没有新仪式和新象征的政治实体是不可想象的。④

在提供组织特性方面,仪式的重要性并不限于社会层面。新英格兰地区莫西干印第安人(Monhegan Indians)的例子很好地说明了这一点:他们自1930年代起就不断为自己的组织而斗争。⑤ 由于欧洲殖民和战争的影响,到19世纪传统的莫西干社会已经所剩无几。1880年,在美国议会于法律意义上宣告解散莫西干部落后,观察家认为,作为一个特殊群体的莫西干人已经濒临灭绝。然

---

① 参见 Wechsler(1985:6-7)。
②《新唐书·列传第三十二·傅吕陈》中作:"改正朔,易服色,变律令,革官名,功极作乐,治终制礼"。——译者注
③ 对变化中的中国历法的研究,参见 Wechsler(1985:212)。
④ 参见 Thompson(1985:40)。
⑤ 为了保护他们的私密性,Hicks and Kertzer(1972)使用了"莫西干"这一假名称呼这个印第安群体。出于同样的理由,也不提供他们的确切居住地。

而，莫西干人的认同并没有消亡。随着1930年代合法的部落组织的成立，莫西干人认同起死回生，走上复兴之路。

莫西干人面对的难题是如何向充满怀疑的市民展现他们的特殊性。几个世纪以来，莫西干人与周围的白人和黑人通婚，因此在大众的眼中，他们在生理上已经没有鲜明的印第安人特征。此外，他们也不再说自己的语言，在其他各方面也受他们生活于其中的美国文化的影响。正如一个莫西干人痛苦地悲叹道：除非你骑着马去工作、住在帐篷里，否则没人相信你是个印第安人。不管怎样，总要找到一种构建认同的方法。但是，成功地展现出印第安认同的举止，在邻居眼中则显得荒诞不经。

莫西干人通过具有印第安人和莫西干人特征的仪式和象征，来解决这种组织特性问题。在这些仪式中，最重要的是他们的年度仪式（powwow）。每一年，此事都会被广而告之。主人邀请其他已得到承认的印第安部落参加仪式，在大量的周边居民和游客面前，他们表演独具特色的舞蹈、身着印第安服饰游行、展示印第安人的手艺以及重述他们的历史。

这些仪式开创了特殊的组织认同，从一位莫西干酋长在年度仪式上的讲话中可以看出它们的重要性。在被问及他的巨大头饰的来源时，这位酋长立刻承认它并非莫西干风格，而是来自于平原印第安人。他是通过西尔斯商品目录（Sears catalogue）订购的。他无可奈何地哀叹道：大众想看到印第安酋长穿成这样。

从地方到国家

所有的大规模组织都面临同样的问题，即如何将地方活动整合到更高的组织层次中去。这一问题可以表述为：乡村或城镇群体的活动如何才能被视作国家层面的组织生活的体现？唯有使用一些能够建立认同关系的象征，地方对国家的认同才能得以实现。

这就是为什么米妮·勒夫将白袍换成贝斯·罗斯服装的做法，对三K党产生了威胁的原因。丹佛街头一群女性的游行和芝加哥或阿拉巴马的一队男性的游行之所以被认为是相同的活动，是因为两者都使用了共同的象征和仪式。共同的仪式不仅有助于分布广泛的人们产生对更大组织的认同感，而且让公众理解各种人群的行为，这些人群属于相同的组织或相同的政治群体。19世纪法国的山岳党作为一个秘密会社就遇到了这样的问题。因为他们是非法组织，不能公之于众，所以无法获得更高组织层面或者其他地方团体的承认。秘密会社的凝聚只能依靠仪式。没有仪式，也就没有山岳党抵抗组织。

对于缺乏正式的政治规范的社会而言，仪式是划定边界的重要方法，与之相似，仪式也是协调这些社会中不同的地方群体行动的方法。巴厘岛（Bali）的例子颇具说服力：在巴厘岛，灌溉事务的协调是一项极为重要的超越地方层面的任务。这种协调工作不是由官僚机构完成，而是依靠一种仪式义务的制度，它能够定期地把散居各处的人们聚集在一起，安排必要的劳动分工，以及协调不同地域的灌溉时间。①

尽管许多无文字社会运用仪式来协调超越地方层面的行动，但对于中央集权政府而言，使地方与上级政治组织步调一致才是

---

① 参见 Geertz（1980:76-77）。关于在小型社会中，仪式权威如何更好地转化为政治权威的好例子，参见 Packard（1981）。

重中之重。随着罗马帝国的扩张,出现了从未有过的新问题,即如何在辽阔疆域中进行政治整合:如何使小亚细亚的城镇成为帝国的一部分,而非一个自治政治组织?如何促使人们视自己为模糊不清、远在天边的罗马帝国的一分子,虽然事实上他们仅仅偶尔看到士兵和征税官,而且征税官还通常是本地人?解决方式之一是建造纪念碑,它们是提示帝国存在的永久性标记。大众参与一些忠诚仪式同样重要,这些仪式是共同体生活中的例行活动。[1]

统治者在很多时候喜欢用更具戏剧性的——也是更加有效的——皇家入城(royal entry)仪式来重塑一体性的关系。通过在全国各地举行大规模的仪式,使民众更能认同统治者的权力,同时,也彰显出地方官员对国家领袖的从属关系。

格尔茨(Geertz)描述过一场令人惊叹的国王巡游,它发生在14世纪东南亚的爪哇,进一步显示出这种政治设计是如何传播的。在长达两个半月的旅程中,这场巡游经过了210个村镇。数以百计的牛车和大象、马匹甚至进口的骆驼,使得场面极为壮观。皇室扈从、官员和随行人员身穿礼服,野兽们跟着踟蹰而行,这"就像发生了一场古代的塞车……在狭窄而车辙遍布的道路两旁,站满了瞠目结舌的农民"[2]。

欧洲君主对这种权力游行更为重视。1563年的法国,在波谲云诡的宗教和政治氛围中,13岁的查理九世(Charles IX)执掌王权。他的母亲凯瑟琳·德·美迪奇(Catherine de'Medici)担心幼

---

[1] 对罗马帝国行政区中的帝国仪式的研究,参见 Fishwick (1978)、Price (1984)和 Taylor (1931)。
[2] Geertz (1977:159).

王的权威屡弱,认为查理带着宫廷成员巡游全国殊为重要。她希望查理能够巩固统治、击溃乱党。于是,一场持续两年的王室巡游拉开了序幕,其间在上百个城镇都举行了皇家入城仪式。①

在政治基础薄弱和一直存在着领土分裂的国家,这种将边缘收拢至中央的仪式化活动尤为重要。从17世纪到19世纪,在摩洛哥(Morocco)军事君主制时期,这种做法很常见。正如格尔茨所言,末代国王每年要把一半的时间花在环游国土上,"向心存怀疑者展示他的统治权。"②

当新国家成立时,运用仪式使地方社区与国家权力中心紧密联系在一起刻不容缓。例如在坦桑尼亚(Tanzania),该国是由殖民主义者建立的政治统一体,包括了众多的文化群体,各具语言、宗教和社会组织。新国家的政府热切希望自己成为民众的代言人。这种希望通过在全国各地的城镇中建立党支部的方式得以实现。每个社区都会举行定期集会以培养一种对国家党的认同感,并由此让村民"与看不见且不可见的统一体即国家联系在一起"。这些共同的政治活动在地方层面的会议上具有标准化的程式,不仅将当地人和政府联系在一起,还为生活在这个新国家中的各地人民提供了相互认同的象征性手段。在过去,这些人都将对方视为外国人;而现在,他们忙于举行同样的仪式,他们视彼此为同胞。③

---

① 参见 Graham and Johnson (1979:3)。有大量的历史文献记载了欧洲的皇家出场仪式。其中别有趣味的是 Apostolidès (1981)对路易十四的皇家出场仪式的研究。但也可参见 Bergeron (1971)和 Strong (1973)。
② Geertz (1977:162).
③ 参见 Moore (1977:154)。

在将地方群体纳入国家整体的机制中,象征行为的同时性(simultaneity)是最有效和最普遍的一种。对此,墨西哥人庆祝伊达尔戈革命就是个很好的例子,在全国各地的广场上同时举行过程相同的仪式活动,让参与其中的人们产生一种感觉:他们是一个更大的社会组织的一员。法国大革命的领袖也发出过相似的要求,确保所有的法国人"一起同时"喊出新政权的口号,奥佐夫(Ozouf)将之称为"幻想"。不过,一种政治的共享感就存在于这种同时性中。①

使用象征和仪式将地方群体与国家政治运动维系在一起的做法,并非为官方或政府组织所独有。力图变革政治的人们也会使用象征仪式,展示他们与其认同的更大的运动之间的关系。

1960年代美国的黑人权力运动(Black Power movement)就使用共同的仪式和象征创造出了民族统一性。这场运动是一个非常有趣的案例,它揭示出四处散居、往往缺乏协调的地方活动,能够在国家性组织缺席的情况下构建国家性的政治整体。一套象征和仪式系统将这些四分五裂的地方群体维系在一起,让他们参与其中,并令公众视他们如同一支政治力量。该系统用集会、游行、示威和对抗等各种方式,将风格化的圣歌和歌曲、象征性的姿态和服装等不同的事物糅合在一起。这些一盘散沙般的地方群体,通过同时举行相同的仪式应对一些事件,比如马丁·路德·金被暗杀或修伊·牛顿(Huey Newton)②受审等,进一步体现出他们作

---

① 参见 Ozouf (1975;1976:62-63)。
② 黑豹党的创始人之一。——译者注

为一个更大集体的认同感。①

同样,在伊朗革命之后,一群村民希望得到当地精英家族的大片土地。为了实现这一目的,他们表示对土地的征用并不是出于贪婪或侵占的个人行为,而是在地方上执行国家的政策。他们并不是简单地迁移到那片土地上开始耕种,而是举行了复杂的仪式,将他们展示为霍梅尼(Khomeini)和革命委员会(Revolutionary Council)的教义的地方履行者。他们聚集在当地的一个清真寺中,升起了伊斯兰教的旗帜,唱着革命歌曲、称颂着真主阿拉,排着整齐的队伍合法地占领了那片土地。②

权力的授予和剥夺

政治组织和更为普遍的政治制度都需要某种劳动分工。在所有的国家社会中,由一个职权体系担负着这种责任。为了赋予一个人高于他人的权威,就必须依靠有效的手段来改变他人对此人的看法,以及改变此人的权力观念,即此人已经能够将意志强加给他人。权威是一种信仰,相信某人有权力对他人的行为施加影响。权威本身很抽象,人们只能通过象征和仪式来设想谁拥有权威、谁没有权威。③ 一个人从没有权威到获得权威的过程,必须通过仪式操演展现出来。这就是为什么政府经常为官员举办正式的就职

---

① 参见 Gerlach and Hine (1970:58)。
② 参见 Hooglund (1980)。
③ 参见 Cohen (1974:78)。

典礼的原因所在。① 这些仪式既将个人与其被赋予权威的角色区别开,但同时又在个人与其角色之间建构了认同。当有力的象征让普罗大众在情感上接受了加于其身的权力时,就可以说就职典礼成功地动员起了社会层面的权威。②

"在入会仪式中,"卡西尔(Cassirer)宣称,"一个人被给予了新名字,是因为他在仪式中接受了新的自我。"③一个人成为国王是因为他被视作国王。仪式的作用在于建构权力,而不仅是呈现早已存在的权力。这一点在权威遭到威胁时尤为突出。1485年,都铎家族(the Tudors)在英格兰与反对者们陷入了一场战争,胜负形势并不明朗。同年,亨利七世(Henry VII)在威斯敏斯特举行了加冕仪式,随后与伊丽莎白(Elizabeth)举行婚礼,象征着敌对的约克(York)家族和兰开斯特(Lancaster)家族联为一体,两场仪式对于亨利七世取得政治胜利至关重要。④

一个更近的例子发生在1986年的菲律宾,两场总统就职典礼在不同的地方同时举行。费迪南德·马科斯(Ferdinand Marcos)和克拉松·阿基诺(Corazon Aquino)同时举行群众仪式,宣誓就职。那么到底谁是菲律宾总统? 虽然这些仪式只是发生在马尼拉的激烈政治斗争中的一部分,但它们的重要性是不言而喻的,谁都明白,如果阿基诺在就职日当天举行了仪式而马科斯没有举行,将

---

① 这些就职典礼可以被视作更为普遍的仪式现象的一个特殊方面(van Gennep 1960;Turner 1969),它们经常被用于公开地改变社会地位。
② 参见 Fortes (1962:86)。
③ Cassirer (1955:41)。
④ 正如 Anglo (1969:11)所言:"这些庆典仪式不仅仅是政治现实的装饰品;它们实际上是把整个都铎王朝建立于一个坚实基础上的重要方式。"

会意味着什么:他早已摇摇欲坠的地位将更加难保。①

有些矛盾的是,官僚政治体系的稳定性既靠赋予特定的个人以权威,又同时依靠将他们取而代之的力量。这是一个有些吊诡的命题,尤其当统治者被视作某种神圣力量在凡间的化身时。基督教可以等待着千禧年来临时基督重降人间,但世界上的政治制度则需要更快的更替神圣力量的方式。东非的希鲁克人(Shilluk)提供了一种解决这个问题的方法。希鲁克人受国王统治,庇佑所有人的神圣力量被称作尼亚坎(Nyikang),它存在于国王的身体中。作为政治和社会秩序的原则,尼亚坎是永恒的,但希鲁克国王生命有限。虽然国王作为尼亚坎的化身难逃一死,但尼亚坎必须永存并通过某种方式传给新国王。如果没有仪式的帮助,这是不可能达成的。

当国王去世后,尼亚坎的塑像就会被从其位于北方的神龛中取出,移往南方。在塑像经过的每一个地方,人们都会对其顶礼膜拜并护送其到下一个地方,因为在王权的过渡期,是塑像储留着尼亚坎之灵。当塑像最终到达王城的郊外时,尼亚坎的北方护送"军队"会与南方的新王军队展开一场虚假的战争。最后南方军队被击败,新国王被尼亚坎俘虏,并被塑像带至王城。正如埃文斯-普里查德(Evans-Pritchard)所言:"王权俘虏了国王。"在王城里,尼亚坎之灵离开了塑像进入了新王的身体,随之新王的身体一阵颤抖,至此他便成了国王。之后,塑像被送回神龛,在那儿等待着新

---

① 参见 Seth Mydans,《增长的暴力:僵局未破——反政府势力宣布成立独立政府》,以及 Clyde Haberman,《反政府势力为阿奎罗举行总统就职典礼》,两篇文章都载于《纽约时报》(*New York Times*)1986 年 2 月 25 日,第 1、13 页。

王离世。①

为避免希鲁克人的例子被当作远方异族的奇风异俗而不受重视,我们可以想到另一个例子。法国国王拥有两具身体,还伴之以一句名言:"尊严不死。"(*Le roi ne meurt jamais*)法国像希鲁克社会一样,也用一个塑像来表现国王的永恒权力,并将之用于新老国王过渡期的仪式中。从1498年的葬礼游行开始,塑像和国王的身体被等同视之,像是它也具有生命力,为塑像举行的游行仪式花销巨大,就像是为一位活着的国王举行的。塑像和去世的君主同等大小,蜡质脸庞、双眼圆睁、尽着国王装束。就这样,国王的两具身体在游行队伍中通过巴黎,一个是凡人之躯,另一个则万世永存。②

法国像希鲁克社会一样通过这些仪式表达皇家尊严的不朽性,当然同时他们得面对国王的必死性。简而言之,塑像必须被一位活着的国王取而代之。这通过随后的加冕典礼完成。值得关注的是,就像希鲁克人的王权塑像最初击败了新王一样,法国的王权塑像也将继任者赶出了巴黎城。因为在葬礼游行中,去世国王的塑像被当作活着的国王本人,所以新王还不具有正式的地位。在同一场游行中不可能有两个身着皇家装束的国王并辔齐驱。③

实际上,真正的哀悼仪式与权力仪式之间是存有龃龉的。作

---

① 希鲁克人的王权仪式的记录摘自 Evans-Pritchard(1964:205 - 06)。可与之相较的是一系列罗德里亚(Rhodesia,津巴布韦旧称)的本巴人(Bemba)领袖的仪式,相关研究参见 Richards(1940:99)。
② 参见 Giesey(1985:48;1960:177)。国王两个身体的经典研究见于 Kantorowicz(1957)。
③ 这种不允许继任者参加其父亲葬礼游行的禁令,有时对于继任者而言很难遵从。例如在1547年弗朗西斯一世的葬礼上,亨利二世就偷偷地潜入巴黎,在游行沿线的一个房子里观看了他父亲盛大的葬礼。他警告他的同行者不要泄露他在巴黎的行踪(Giesey 1960:48)。

为皇家权力原则的化身,新王不能穿着黑色丧服出现在公众面前,这将有损于其皇家气派或皇家尊严。① 基于同样的逻辑,法国的大臣们虽然身处葬礼游行之中,也不能身穿有损于其象征性权威的丧服。如果和国王看似相同的塑像穿着国王的长袍,那么大臣们也必须穿着他们的猩红色长袍,从而与尽着黑衣的哀悼人群鲜明地区别开。②

铁打的权威位,流水的占有者,仪式能显现出这种连续性。为预防过渡阶段出现不确定的状况,仪式形式不断发展以缩短权力的真空期。如果我们比较15世纪晚期呈现国王两个身体的仪式和1715年9月1日路易十四驾崩的事件,就可以发现在法国的历史中正存在着这种加速过渡期的例证。当天,帽子上别着黑色羽毛的皇家大总管(grand chamberlain)走到已故太阳王卧室外的阳台上,大声喊道:"国王驾崩了!"然后退入房间。不一会儿,他戴着别着白色羽毛的帽子又出现在阳台上,并且大喊道:"国王路易十五万岁! 国王路易十五万岁! 国王路易十五万岁!"③

基于同样的理由,加冕典礼的灵活性也是有限的,因为它们的重要性正来自于它们展现出了新旧统治者的一致性。即使新国王和老国王的身材不同,也必须在穿着上保持一致。就此而言,很容易理解为什么法国的幼年登基的国王,要身着为强健的成人体格而设计的穿戴了。1561年,当10岁的查理九世加冕时,沉重的皇家礼

---

① 这反映出在世界各处广泛存在着皇权象征的要素。例如,在1953年,乌干达的布尼奥罗人(Bunyoro)的国王甚至不能参加其母亲的葬礼,因为国王不能与去世的人发生联系(Beattie 1960:26)。
② 参见 Giesey(1960:26)。
③ Hanley(1983:333)。

服令他举步维艰,不得不被人搀扶着行走。后来 8 岁的路易十三加冕时也不堪皇家衣着的重压,只能窘迫地被人抬上王座。①

国王的加冕仪式中有些自相矛盾之处。如果是通过他人举办的仪式当上国王,那么他就得依靠他人获得权力。但是国王的权力怎能被赋予呢?一个真正独裁的统治者是独立于其他合法性资源的,因此加冕仪式也须有所变动。在中世纪早期,西欧国王的加冕仪式从 9 世纪开始就由教会掌控,此后教会获得了极大的尊崇,国王只能依附于教会。② 另一方面,在东罗马帝国,加冕仪式本身并不能创造出国王。虽然这种仪式很重要,它将象征国王合法性的皇冠戴在国王头上,但国王的权力还是被认为直接由神圣的力量所赋予。因此,加冕仪式只是简单地承认新国王早已获得的统治权力。这一点就直接体现在仪式之中。西方的国王在加冕时需要跪着,而东罗马帝国的皇帝在整个仪式中都不需要屈膝,同时,他也不需要像西方国王那样诵读任何加冕誓言。③

这种权力独立化的仪式表达方式在俄国沙皇的加冕仪式中得到了进一步的发挥。从 1742 年伊丽莎白(Elizabeth)的加冕仪式开始,新沙皇都是自己戴上皇冠。大主教只是把皇冠递给女皇,她接过来戴在自己头上,显示出她的权力并不依赖于任何外在源泉。④

---

① 参见 Jackson(1984:46-47)。
② 在西欧,就职仪式转变成一种宗教仪式的历史,可以追溯到 869 年秃头查理(Charles the Bald)当上洛林(Lorraine)国王的加冕礼和 877 年口吃者路易(Louis the Stammerer)当上西法兰克(West Francia)国王的加冕礼(Jackson 1984:203-04)。
③ 参见 Nelson(1976:108-09)。
④ 参见 Cherniavsky(1961:90-91)。这种仪式有一个更为悠久的历史。例如,Woolley(1915:134-35)就描述过一场与之相似的发生在 14 世纪西班牙的纳瓦拉(Navarre)王国的自我加冕仪式。

如果政治职位经由仪式得到承认，那么官员权威的剥夺也可以借助仪式来实现。一个人之前是在仪式中获得官职的，那么他也必须依靠仪式与其权威分离开来。当剥夺一个人的权威不在计划之中时，就会打乱政治秩序的正常象征表现，并对权力的神圣化构成侵害；在这些时刻，就需要使用一些具有特殊威力的象征。这种剥夺权力的仪式就需要将某种强有力的情感和观念融合在一起，前者要与权力所有者违犯了共同体的主张联系在一起，后者则强调权力所有者再也不能像以前那样合法地行使对大众的权力了。

美国国会举行水门事件听证会剥夺理查德·尼克松（Richard Nixon）的权威，就是这种仪式化的现象。尼克松不仅在一场精心安排的仪式中被赋予了总统职务，而且多年来一直身处展现和合法化其权威的仪式中心。在五年中，尼克松每一次出现在公众面前都举行仪式化的入场式，伴随着激动人心的"向总统致敬"的呼喊声。听证会则使用象征性的场面、鼓动人心的政治象征和情感动员能力，有效地剥夺了尼克松的权威。如果没有这些公共仪式，所有的调查都未暴露在公众面前，如果只是国会的调查委员会主席最后发布一个最终报告，那么国家的政治状况或许会是另外一副完全不同的情形。①

这些降级仪式并不限于剥夺在位者的权威，在对过去领袖的象征权威进行去合法化的过程中也发挥着重要作用。

---

① Bennett（1979：132）认为，后来尼克松接到了其继任者发布的总统特赦令，这就剥夺了仪式戏剧性的决定能力。关于降级仪式，参见 Garfinkel（1956）。Gronbeck（1978）在政治领域方面进一步发展了 Garfinkel 的理论。

1960年代早期，苏联的去斯大林化（de-Stalinization）运动便是一个很好的案例，在这场运动中，赫鲁晓夫揭露了斯大林政权的罪恶。为了将曾经的政治权威的有力象征转变为一种滥施权威的象征，要对仪式进行一系列变革。苏联的领导人命令将斯大林的遗体从陵墓中移出，这样人们失去了日常朝圣的地方，再也无法向以前的国家英雄致敬。在全国各地，无数斯大林的半身像、雕像和肖像画被从公共建筑和大街上移除。以斯大林命名的地方，其中最有名的是斯大林格勒，也都被匆匆地更名换姓。借助这种集中消除斯大林标记的仪式系统，斯大林在死后被剥夺了权威，并且猛烈打击了与之相关的那些人。①

传达（communication）②

组织的高效性依赖于有效的内外通达，许多时候这无须借由仪式来实现。但在所有组织的传达中都存在着一种仪式元素，并且由于大部分传达内容都因循守旧，所以仪式的规范化、重复性特性就极具优势了。组织中最为常见的仪式使用是对新成员进行社会化，使之接受组织文化所需的价值观和期望。

在等级制组织的权力关系传达中，仪式别有价值。实际上，人们能够通过操纵仪式增长其权力，就像他们因为在仪式中被忽视

---

① 参见 Lane（1981：217-18）。这些去合法性仪式具有悠久的历史。例如，随着脱离了马其顿王国菲利普五世（Philip V）的统治，雅典人发布了一项命令，停止所有向菲利普五世及其祖先致敬的节日和纪念。他的名字被从碑文中挖去，而且雅典人每年都会在为他们的城邦祷告时诅咒他（Price 1984：40）。
② 当强调关系的互动时，也可以理解为"沟通"，并根据上下文译为"表达"等词，以使中文句意更为通达。——译者注

或无力掌控仪式而失去权力一样。这一点在中央集权的国家中表现得格外戏剧性。例如，在 2000 多年前的中国，农民出身的刘邦登台掌权创建了汉朝。因为他出身寒微不晓皇家之事，所以当上皇帝后立即废除了他认为琐细无用的宫廷礼仪。但是，这一做法的后果是他在朝堂上得不到臣属的尊重。这些臣属们喝得酩酊大醉、言行无忌，他们在大殿中争功妄呼、拔剑击柱。皇帝因为他和臣属之间缺乏和洽的距离感而心神不宁、忧心忡忡，于是他制定了一套新的仪式规则。这产生了戏剧性的变化。皇帝从此都是坐在步辇中上朝，由数百名掌旗官开道。百官们起身恭迎。至此，他终于成为了一位皇帝，而不是一位农民领袖。①②

仪式不仅能够传达国家或组织领袖的权威，而且对国家中的重要政治地位的索求也颇为关键。古罗马提供了一个生动的例子，在这个好战的帝国中，军事首领通过凯旋入城仪式彰显其威望和权力。这些仪式在伊特拉斯坎（Etruscan）时期就已经发展得相当完善了。在公元前 6 世纪，得胜的将军们身着紫袍、头戴金冠，面部涂红，举着鹰杖、乘坐双轮战车进入城市。罗马的统治者们知道这种凯旋式对于构建仪式主角的显赫地位有着重要的意义，因此元老院也试图掌控这种仪式。于是，他们为这种荣誉制定了一套操演规则。要想获得这种荣誉，将军必须击败外国军队并至少杀死 5000 人。在授权举行仪式之前，元老院会在城外接见仪式的

---

① 参见 Wechsler（1985：24 - 25）。
② 关于此段的历史记载，见于《史记·叔孙通传》："高帝悉去秦苛仪法，为简易。群臣饮酒争功，醉或妄呼，拔剑击柱，高帝患之……于是皇帝辇出房，百官执职传警。引诸侯王以下至吏六百石以次奉贺……于是高帝曰：'吾乃今日知为皇帝之贵也。'"——译者注

申请者以评估他是否有资格举行该仪式。

从公元前220年到前70年的150年间,这种仪式举行了100次,其影响力是极其巨大的。执政官和元老们引领着队伍入城,接着是号兵和满载着战利品的车辆,包括武器、黄金、白银、艺术品和其他财物等。紧跟着是描绘征服地区场景的展示牌队列,以及战败城市敬献的金冠。随后是一头即将献祭给朱庇特神(Jupiter)的挂满饰物的白色公牛和手持圣器的祭司们。再后面是戴着镣铐蹒跚而行的俘虏们。在他们后面是站在金碧辉煌、香烟缭绕的战车上的得胜将军。他的衣着光鲜无比,一手持月桂枝,另一手持鹰杖。一位侍奉他的奴隶将一顶金冠戴在他的头上,他的孩子们则伴随左右。他的幕僚们或走路或骑马紧随其后。最后是大群兴高采烈的士兵,他们为自己的将军大唱赞歌(或粗俗的曲子)。在罗马,有时候战俘们会被斩首、绞杀或者作为献祭被杀死。当将军到了神殿(Capitol)把月桂枝放在朱庇特神像的膝下后,元老院会在神庙中为他举行盛宴。任何参加过或者亲眼见到过这种凯旋式的人都会永铭于心。①

仪式不仅用于表现一个人的地位得到了提升,而且也用来测度各种组织内部的权力等级,不管这个组织是古代中国王朝还是纽约的律师事务所,也不管象征物是摆放在某人的坟墓中还是其办公室中。当苏联领导人聚集在莫斯科观看阅兵仪式时,他们的物理位置与其在中央权力层中的位置紧密相关,由此象征性地表明与传达出他们在权威和权力层级中的地位。这并非什么稀罕事:在人类历史长河中,一直存在着在仪式中运用位置来表达地位

---

① 此处对罗马凯旋式的描述主要基于Scullard(1981:213-17)。

的做法。①

仪式展演是比口头宣布更有力的信息传达方式。此外，在低等级官员的地位变动中，口头宣布往往比通过仪式宣布更容易引发矛盾。当官方规范认定的掌权者的权力等级与实际的权力关系状况之间出现冲突时，使用仪式传达变动信息就显得尤为重要了。

然而这并不意味着仪式对地位的表达从来不会引发冲突。掌权者绝不愿放弃任何与之地位相关的仪式特权，以免动摇他们的权威和权力根基。在政治仪式中，为了争夺离统治者更近的位置而大打出手的事时有发生。例如，1530年，教皇里奥十世（Leo X）在博洛尼亚为查理五世（Charles V）举行加冕仪式时，来自费拉拉（Ferrara）、热那亚（Genoa）和锡耶纳（Siena）的使节们拳脚相加。对此，一名作家描述道："一名热那亚人一把抓住锡耶纳大主教的头发……猛往后拉；一名锡耶纳人冲上去猛扯那名热那亚人的胡子。"因为这些斗殴者地位特殊，而且当时场合非常重要，查理国王不得不迅速作出裁定。在他的命令下，所有的闹事者都被赶了出去。②

用来传达权力关系的仪式不只存在于政治精英阶层，也存在于当权者和无权者之间。这种情形不仅发生在正式的组织中，也发生在游离于正式组织之外的人群里，仪式可用于界定他们之间的政治关系。例如，在许多乡民社会（peasant societies）中，人们依赖于庇护人的保护，而庇护人的权力和地位也依赖于他能够聚集

---

① 其实这种用仪式表演的方式去表明地位关系的现象，可以在生物遗传学意义上见于一个广阔范围内的动物行为中。例如参见 Lorenz（1964；1966），Huxley（1966），以及 Laughlin,McManus,and d'Aquili（1979）。
② 参见 Bernardi（1986:185）。

的"客户"的数量。虽然这种庇护人—客户关系在政治制度中非常关键,但它们缺乏正式的组织和清楚的法律基础。这个系统要正常运作,就必须有一种方法让人们可以将其代理权交给某个特殊的庇护人,同样,也要有一种方法让庇护人可以与预期客户面对面地表达出他接受这一角色。这些并不需要任何纸面的约定,而是通过具有文化意义的标准化仪式达成。

在很多这种类型的仪式中,客户会在特殊的庆典时刻向庇护人赠送礼物,或者使用一些特殊的致敬方式。例如在土耳其农村,两个男人相互问候时,如果两个人地位相同,那么就握握手;如果一个人向另外一个地位高的人致敬,他就弯下身子,拉起那人的手亲吻并放在自己的额头上。如果地位高的人不愿意公开地维持这种依赖关系的有效性,他就得努力地将这种从属仪式转变为平等问候的仪式。①

仪式不仅在组织或国家内部发挥着重要的传达作用,它在组织之间或国家之间也具有同样的效用。仪式比简单的字面纲领或者口头演说更能有效地、可信地传达一个组织的政治地位。可以在此意义上理解 1986 年 10 月意大利社会党和共产党之间的争论。意大利共产党作为主要发起者,计划在罗马举行一场大众和平示威游行。社会党人拒绝参与和平游行,理由是共产党在面对国际侵略问题时并没有和社会党站在同一阵营中。共产党人的狡猾主要体现在何处?援引社会党(Socialist Party)报纸一名主编的话,真相就在于共产党人从来没有反对过镇压捷克斯洛伐克或波兰的活动,没有反对过俄罗斯坦克开进匈牙利,没有反对过苏联

---

① 参见 Meeker(1972:263-64)。

入侵阿富汗,或者反对越南军队攻击柬埔寨。"我们只看到他们的口诛笔伐,但从来没有看见过他们游行示威。"① 在此,一个政党的真实意图可以从其仪式而非其公开声明中窥斑见豹。

当然,得益于一系列国际协议,在国家间的交流中仪式的使用已经极为普遍。如果一个国家的领袖抵达另一个国家时没有举行相应的仪式,如奏国歌、升国旗、分列两侧的仪仗队,那么就会造成国际关系的紧张。例如,1986年,由于时间安排上的冲突,当苏联领导人戈尔巴乔夫飞抵雷克雅未克与里根总统会晤时,冰岛总统没有到场迎接。戈尔巴乔夫为之震怒,并怪罪于苏联驻冰岛大使,当他回到莫斯科后就解除了这名大使的职务。② 或许苏联大使并不熟悉约翰·黎利(John Lyly)的诗:"国宴迎贵客,待之以佳肴,飨之以荣耀。"③

这些接待仪式不仅仅能够向到访的使节和国家领导人表达敬意,实际上,它们还经常被用来向外国人展示主办国的强大和富裕。在四个世纪之前的16世纪中期,前文提过的那位举行了两年环法巡游的凯瑟琳·德·美迪奇还举办了一系列欢迎外国权贵的盛大国宴,借助这些宴请打消那些对她治国无方的猜疑。虽然天主教徒和清教徒战斗不息、国库一贫如洗、国王乳臭未干,但唯有削减或者废止宫廷礼仪,才是真正地承认了这些状况,会向

---

① 转引自 Vittorio Mimmi,《意大利社会党和意大利共产党在和平的游行中爆发新的争论》,载《共和报》(*La Repubblica*),1986年10月15日,第7页。
② 这是当时意大利媒体对戈尔巴乔夫的动机作出的解释。无论这是不是他的真实动机都不重要,关键在于政治观察家们认为被搞砸了的仪式活动是那名大使被解职的合理解释。
③ 此处引文需要感谢 Bergeron (1971:1)。

法国的邻国们传达出一个重要的失败信号。①

殖民地政府也经常利用仪式来展现宗主国的政治力量,将高度重视仪式活动当作一种传达统治者权威和权力的方式。典型的做法是以当地仪式形式展现殖民的优越性,当然偶尔也会把土著统治者带到宗主国接受仪式教导。

1937年,非洲北罗得西亚(Northern Rhodesia)的巴罗策兰(Barotseland)领袖耶塔(Yeta)去伦敦参加国王的加冕仪式。这是耶塔第一次觐见玛丽女王。他穿过一个大厅,经过一道道高门见到了女王站在一个巨大的房间中间。当他看到女王后随即跪在女王面前并致以巴罗策兰皇室礼。虽然他从来没有见到过如此奢靡盛大的加冕仪式活动,但并不难理解它们,因为在非洲和在欧洲一样,这种统治者的仪式是国家政治生活中的重要组成部分。②

耶塔并不是第一个造访英国皇室的非洲领袖,也不是第一个屈从于殖民统治者仪式教导的人。在1919年,南非巴苏陀兰(Basutoland)的最高领袖就曾去英国觐见过国王。当他请求在回国途中顺访罗马时,遭到了英国人的拒绝。英国人担心梵蒂冈的欢迎仪式可能会更为壮观,从而让他得出教皇比国王地位更高的结论。③

在使用仪式威吓他人这一点上,阿兹特克人(Aztecs)或许很难被超越。在一些特殊时刻,如向新落成的神庙献礼时,阿兹特克领袖会邀请邻近地区的国王和显贵来观礼,这些仪式中总是包括

---

① 参见 Strong(1973:121-22)。
② 参见 Ranger(1980)。
③ 参见 Ranger(1980:354-55)。

人祭的环节。因为大多数用于祭祀的人是战俘,所以宾客们常常会看到自己的战士被开膛破肚。① 当时关于这些仪式的记录是展现阿兹特克帝国实力的最好途径,其中很多都被保存了下来。

在阿兹特克人的庆典系统中,向神灵献以人祭占据着核心地位。祭坛位于高高的石阶之上,前面摆放着一个石台。一边爬行一边哀嚎的牺牲者被一个个带上石阶。他们被缚住手脚放在石台上,仰面朝天,痛苦地拱着背部②。主祭用一把燧石刀切开牺牲者的胸膛,迅速地取出他的心脏。然后他把还在跳动的心脏捧向祭坛,鲜血滴落在地上。同时,尸体被推落下石阶,重新归最初俘获他的战士所有。这名幸运的战士带着尸体回去,用以举办宴席招待亲朋好友。而在祭坛上,主祭把鲜血沾在众神石像的嘴唇上,以示敬飨。

在都城举办的仪式对于国家而言具有特殊的重要性,因此庆典的规模极为壮观,牺牲者们排成长长的队列以向阿兹特克帝国致敬。在另外一些重要场合,高级战俘将被用于特殊的仪式目的。无名之辈的尸体从祭坛的石阶上被推滚下来,高级战俘则不会受此屈辱。他会被剥皮,然后阿兹特克帝国的皇帝蒙特祖玛(Montezuma)将披着他的人皮跳舞。如果这种庆典还不足以让受邀的宾客印象深刻,那么随后参观摆放着数以千计牺牲者头骨的架子一定会令其永志难忘。真是很难找到比这种仪式更为嗜杀的例子了。③

---

① 参见 Kurtz (1978:184)。
② 阿兹特克人的用于人祭的石台,其表面呈拱起状,令牺牲者的身体呈紧绷状态,有利于对其开膛破肚。——译者注
③ 此处我主要依赖西班牙殖民地的观察者莫托里尼亚(Motolinia)有关这些仪式的记述,它们见于 Foster (1950:63 - 64) 整理的手稿中。另可参见 Kurtz (1978), Aho (1977),以及 Conrad and Demarest (1984)。

第三章　合法性与神秘化

　　布尼奥罗(Bunyoro)是乌干达的一个农耕民族,其最高统治者是穆卡玛(Mukama),他是王国的领袖和一切权威的终极源泉。在穆卡玛死后,按照继承规则,将由他的一个儿子接管王国。但是,事先并没有任何法则决定是由哪个儿子继承王位。因为穆卡玛有很多妻子,所以子嗣众多。国王之死导致了一场混战。兄弟们成群结党互相残杀,可以说最终得胜的王子是站在兄弟们的尸体上赢得王权的。经由一系列相当成熟的仪式,残害手足的王子蜕变为一代君王。

　　布尼奥罗人会保存国王的尸体,首先去除其内脏,然后放在小火上慢慢烘干。当继位者决出后,他再取出其父的尸体,并取下颚骨。新国王会为其父建造一座衣冠冢,并将这块颚骨放在里面。虽然身体的其他部分都被丢弃了,但墓中的颚骨将永远放在那儿供人敬拜。

　　在随后的登基仪式中,新国王会沐浴更衣,剃须修甲,身体涂上特殊的油,脸上涂上白垩粉。动物被当作祭品杀死,有人会递给国王各种政治权力和军事权力的象征:长矛、弓箭和匕首。之前臣服于布尼奥罗的周边地区的代表们会献上象牙和铜手镯等象征性的贡品。最后,新国王张弓向四个方向射出四支箭,并说:"四方咸服,攻无不克。"他每年都会重复举行一些此类仪式,以避免他的权威遭到削弱。①

今天是大迁徙(Great Trek)纪念日,在1838年的今天,468名南非白人(Afrikaner, *voortrekker*)在他们的仆从和60名非洲盟军的伴同下,赶着四轮马车陷进了一个包围圈,但最终击败了一支庞大的祖鲁(Zulu)军队。这场战斗是白人在纳塔尔建立统治的重要转折点。一个世纪之后,虽然仍旧在英国殖民统治之下,但南非白人的民族主义者预见终有一日南非将独立自治,于是他们重现了这一事件。他们制作了八辆牛车,都以大迁徙中的英雄命名,选择了不同的行进路线,席卷了全国的白人定居点。这些牛车在每个南非白人的村庄都受到了热情的迎接,并最终会师于一个可以俯瞰比勒陀利亚的山顶上。

1938年12月16日,正是那场圣战的100年纪念日,10万南非白人——占南非白人总数的十分之一——聚集在一起庆祝先民纪念馆(Voortrekker Monument)奠基。男人们蓄着胡须,女人们穿着传统的先民服装。一位记者如此描述道:"男人们和女人们凝望着笨重的马车,默默地致敬,这些马车

---

① 我对此仪式的描述主要基于 Beattie(1960:27-29)。

是一个国家的摇篮……兰特①(Rand)上的南非白人迈上了通往新国家象征的朝圣之旅。"从在被打败的祖鲁指挥官的大本营旧址里点火开始,男孩们举着火炬接力穿过乡村。当他们到达比勒陀利亚后,女人们围拢上来,靠近火炬,点燃手帕和帽子的边缘,留作这场活动永远的纪念。在庆典结束时,大家唱起南非白人的国歌《南非的呐喊》(*Die Stem van Suid Afrika*)②,歌声响彻大地。正如一位南非白人政治领袖所言:"大迁徙将其精神传递给人民。它是我们国家的摇篮。它永远是我们前进道路上的烽火,是我们漫漫长夜中的灯塔。"③

对于很多观察者而言,仪式的政治作用主要是赋予已经存在的制度掌权者以合法性。这一主题具有悠久的历史,但直到20世纪初,涂尔干才在其著作中用现代社会科学方法对其进行研究。涂尔干指出,人们使用仪式把他们的世俗社会—政治秩序投射到一个宇宙论的层面上。借由仪式,人们将"约定个体和群体间'应有'关系的社会认可体系"象征化了。④

任何地方的人都会神圣化其社会—政治环境。我们并不愿承认我们的社会仅仅是文化历史、环境适应和政治斗争的偶然性结果。相反,我们为我们的政治秩序赋予了宇宙论的意义,相信我们

---

① 兰特是南非货币,于1961年2月正式发行,当时的图案上有一名南非白人男子的头像,现已被替换。——译者注
② 前南非国歌,前半段用南非荷兰语唱,后半段用英语唱。——译者注
③ 此语出自"纯粹的"国民党("Purified" National Party)领袖丹尼尔·马兰(Daniel Malan),引自 Thompson (1985:40)。我关于此活动的描述主要基于 Thompson (1985:39-40,144-45)。
④ 参见 Durkheim (1915)。提到涂尔干之处的引文来自于 Leach (1954:15)。

的社会在某种意义上是天命所为,具有某种更高的目标。① 人类学家长久以来一直反对西方种族中心主义,后者认为他们的社会总是高人一等,承担着神圣的职责。然而,任何地方的人——从狩猎和采集社会到现代民族国家——同作如此念想。他们臆想自己的社会体现出了最好的和最高的自然秩序,他们参与表达和更新这一观念的公共仪式。美国国会每次开会前都会祈祷得到神的指引,2000年前罗马元老院开会前也有相似的活动。实际上,罗马元老院和美国国会的议事大厅皆是一种神庙。②

在运用仪式渲染自己的政治制度是多么神圣时,人们终究也会合法化政治领袖的权力。贝特尔海姆(Bettelheim)证明了人类具有一种共同的趋向,即都会赋予政治征服者以某种半人半神的特性。他将此归因于人们害怕统治者会用可怕的力量对付他们。人们使用仪式表达出他们的希望,并相信统治者超出了诸事无常的凡人范畴。领袖的权力对于民众的威胁越大,"就越需要通过民众对其德性的信服来消减这种威胁。"③

仪式赋予统治者的荣耀常常会延续到其死后,这在很多情形下有利于提高随后的统治者和政权的合法性。正如流行的苏联口号所称:"列宁活在过去、活在现在,也将活在未来。"虽然他的身体已经被存放在水晶棺里60年了,但他的确一直活着。坐落在红场上的列宁墓是莫斯科和国家的象征中心,来自苏联各地的人们排

---

[1] 参见 Balandier (1970:99–101)。Hunt (1977:143)正采用了这种涂尔干式的观点,他指出:"只要社会倾向于将其自身的状态当作宇宙秩序的状态进行神化、神圣化和偶像化,世俗仪式就总会带有神圣的色彩,而神圣的象征就深深地扎根于其中……"
[2] 关于罗马和雅典的元老们的仪式,参见 Fustel de Coulanges (1901:216–17)。
[3] Bettelheim (1960:86).

成长长的队伍不断向他表达敬意。遵循无数人在这个世界上面临险境时的惯例,尤里·加加林(Yuri Gagarin)在升空前造访了列宁墓,为他的太空之旅鼓气,他在回来后又去向他的永垂不朽的领袖报到。在红场上庆贺重要的国家节日时,领导人们对着无声的列宁和生气勃勃的人们演讲,节日的情感被推至顶峰。对这些致敬仪式不屑一顾的人,将遭致政治精英和普罗大众最极端的处置。列宁的身体是苏联政权的象征,不尊重和他相关的仪式是一种亵渎行为。[①]

这是否意味着等级社会的政治稳定依赖于大众对制度及其掌权者的合法性的信仰?涂尔干又指出,因为人们借助仪式崇拜他们的社会,而政治合法性是所有稳定的社会的一种特征,由此,仪式在培养和表现这种社会共识中扮演着重要角色。

涂尔干的观点是,仪式在合法化政治制度和政治权力所有者的过程中发挥着重要作用,这种观点的一个推论是,仪式会对任何偶然存在的政治制度都简单地起到强化作用。前者可以理解,后者却不应接受。实际上,如果接受了后者,那么就意味着仪式只能(以及错误地)被当作一种天性保守的政治力量,对政治冲突或政治变化毫无作用。

就政治合法性的社会共识观而言,最著名的替代方案源于马克思主义理论,或者更为宽泛地说,源于以等级制社会中存在根深蒂固的利益冲突为基本观点的理论。不过在这个阵营中,关于政治合法性的性质和重要性有着截然不同的意见。根据马克思主义的理论观点,统治阶级的观念成为整个社会占统治地位的观念,为

[①] 这种与列宁相关的仪式的记述来自于 Lane(1981:210-13)。

存在的权力分歧提供了一种意识形态上的正当性辩护。在某种意义上,这种观点和涂尔干的观点相当接近:两者都假设社会成员共享一种政治世界观,而仪式被用于表达和不断提振这种世界观。两者的不同之处在于,马克思的观点认为,变化的因素存在于经济和物质基础之上。这些基础的变化——例如当新的生产模式出现时——最终带来政治制度以及相应的意识形态和仪式系统的变化。

持对立理论的学者对统治阶级的意识形态所具有的统一化功能并不重视,他们重视的是权力关系本身,通过权力关系才能获得大众对政治制度的承认。就此观点而言,人们之所以安于当工人或没有权力的市民,不是因为他们相信制度伦理道德,而是因为他们在实践中别无选择。他们要得到工作以养活自己和家庭,因为工作掌握在经济精英(即众所周知的生产工具的所有者)手中,所以他们如果要活下去就必须顺从精英的要求。至于他们是否喜欢这种制度,在政治影响上无足轻重。[1]

在此需要对这种情况作进一步解释。人们相信他们的行为是正确的,所以并不需要拘限自己的行为。人们通常选择某种行为方式,是因为看到了其他选择会导致更差的后果。然而,对于复杂社会中的大多数人拥护政治制度但怀疑其合法性的观点,我们应保持一种审慎的态度。首先,有证据显示,在绝大多数相对稳定的政治制度中,广泛存在着共享的、具有合法性的意识形态。被认为不具有合法性的制度往往不稳定。因此,对于有权有势者来说,要尽力为制度增添合法性,这也是为了巩固自己在现有制度中的特

---

[1] 参见 Abercrombie and Turner (1978)。

权地位。仪式是他们所选用的方法之一。

无论是纵览历史还是观察当今世界,最醒目的不是被压迫者奋起反击旧制度,而是这些被压迫者对其赖以生存的社会的高度服从。正如皮文(Piven)写道:"纵使命运多舛,人们仍然默默忍受,听任社会日常生活的安排,他们相信这些安排既不可抗拒又怀有正义。"的确,人们拥护他们所栖身的社会对他们的安排,因为这些对他们而言往往是"唯一可能的现实"①。当然,那些从不平等中攫取了大量利益的人,则全力支持人们信仰这种社会安排的合法性或至少是不可抗拒性。这在现代民族国家和所有存在权力等级的社会中皆是如此。就如莫里斯·布洛赫(Maurice Bloch)所言:"正是通过设置权力情境的过程,从本质上显现出传统权威所主宰的世界的真容。"②

仪式是一种有效的合法性手段,原因之一在于,它能将关于宇宙的特殊形象和对于这种形象的强烈情感融合在一起。仪式是由一些特殊的象征构成的,这些象征能够将世界是如何建构的观念具象化。同时,通过使人们投身到规则化的也常常是高度情感化的社会行动中,仪式彰显出这些象征的意义并深化与这些象征之间的密切关系。正如维克多·特纳(Victor Turner)所言,仪式"的确是一种将义务转化为尊崇的周期性机制"。在仪式中,"占主导地位的象征将社会的伦理和法制规范与强烈的情感刺激紧密联系在一起。"特纳继续写道:"在仪式的行为情境中,社会的兴奋情绪和音乐、歌唱、舞蹈、美酒、香薰、奇装异服以及各种仪式象征等

---

① Piven (1976:302).
② Bloch (1974:79).

直接的生理刺激一起,影响着意义两极的特质互换。一方面规范和价值观中渗透着情感,另一方面粗俗的、原始的情感通过与社会价值之间的联系而变得高贵起来。讨人厌的道德约束由此转化为'对美德的爱慕'。"①

这为观察仪式的政治作用提供了一个很好的视角,但其全部含义仍未得到充分的认识。仪式行为并非简单地使社会性的安排得到确认,也不仅仅用于合法化那些在社会中具有统摄性的政治活动。正如特纳所言,仪式是一种将社会现实的象征和仪式操演所能激起的强烈情感凝合在一起的有力方式。但这些仪式象征有可能不是社会稳定的象征,而是诸如革命这样的社会变革的象征。

如果政治领袖想让公众承认他是正义、公平和公众利益的保护者,他可以通过举办一场戏剧性的表演给公众留下一个深刻而持久的印象,而非单靠口口相传。他的表演中将充满各种合适的象征,并有一群配角们共同参演。权力的所有者或者想要获取权力者都通过这种方式将政治形势的观念传播给普罗大众。戏剧不但构建了特定的形势观,而且产生了一种情感反应,从而将是非判断与这种观念的原则联系在一起。由此,这不再是一场有教育意义的展演,而是一场道德大戏。②

非洲殖民史中的一段轶事形象地展现出当权者是如何有意识地使用仪式加深印象和合法化政权的。1924 年,当赫伯特·斯坦利爵士(Sir Herbert Stanley)成为北罗得西亚第一任英国总督时,他面

---

① Turner (1967:30). 关于政治系统需要不断通过象征手段进行合法化的研究,参见 Smith (1978)。
② 参见 Hall (1972;1979)有关政治印象管理的研究。

对的是一个动荡不安的局势。他将之归罪于之前具有控制权的大不列颠南非公司(British South Africa Company)在当地的剥削。简而言之,当地人对英国统治者没有好感。斯坦利的计划是用皇家家长制统治制度来改善当地人的感受:英国统治权威的基础是光荣、宽宏的英国政府,而不是殖民者的军事力量。

斯坦利的设想源于未来的英国国王威尔士亲王(Prince of Wales)即将视察殖民地的计划。如果组织得当,这次视察将有利于构建帝国的伟力和慈爱的王父这两种形象。别无选择的斯坦利写信建议亲王:"恳请殿下在和当地人会面时身着制服,那将会比身穿卡其布军服更加令人印象深刻。"他怕亲王不太理解他的意思,继续写道:"容我斗胆提醒,殖民地警察大多服过兵役,他们以他们的奖章为荣,也对戴着奖章和饰物的人格外关注。因此,如果殿下愿意在检阅警察队伍时戴着大量的奖章和纹饰,那定会起到非凡的效果。"

王室对此类事务经验丰富,根本无需斯坦利的提醒。亲王在第一次出席与当地首领的见面会时,穿着金碧辉煌的威尔士禁卫军制服,别着大量夺人眼目的奖章。根据一份殖民地的报告,一位当地领袖参加完仪式后说,亲王"身着制服光彩照人,令人不敢直视"。他是否真的这样说过无从确证,但是殖民官认为欢庆亲王到访的庆典起到了预期效果。①

并非所有建构政治合法性的仪式都是刻意而为。其实,应该在我们的政治宇宙观中为主导我们生活的那些无意识力量留一席之地。通常人们为了政治目的而有意识地运用仪式,但他们有时

---

① 参见 Ranger(1980:350-55)。

也会在并不清楚政治影响为何的情况下,发明、改造或者复兴一些仪式形式。①

或许可以举个例子更清楚地说明这一点。要合法化一种政治决定(往往是政治制度),最常见的方式是举行一场正式的会议来讨论决定。因为从理论上讲,所有的与会者都有权发表意见,于是这种会议给人的印象就是决定是大家(或者至少是和他们差不多的人)合议的结果。虽然我们知道,在很多情况下随后的政治过程和会议内容的关联不大,甚至毫无关系。此外,在这些会议上,强有力的象征力量可以严格地遏制各种批评和异见的出现。

迪尔(Deal)和肯尼迪(Kennedy)在对公司生活仪式的研究中指出,这种会议"为管理者提供了通过举办活动生动呈现文化信仰和价值观念的机会"②。与此相似,埃德尔曼(Edelman)在政治学领域中声称:"正式的政府程序……是些繁文缛节,但对权力架构中普遍认同的产生至关重要。"③不过,当公司和政府中的当权者有意识地举行这种会议以合法化他们的决定和权力时,并不一定秉持有意识的合法化动机。占统治地位的意识形态植根于民主治理、民众参与或共同公司责任中,举行会议的掌权者和普通群众都信仰这种意识形态。

合法性的借用

仪式最为重要的特征之一是其规范化(standardization)。它

---

① 参见 Cohen (1974:53)。
② Deal and Kennedy (1982:72).
③ Edelman (1977:161).

和重复性一同赋予了仪式以稳定性。进而,稳定性将仪式与强烈的情感联系在一起:这种情感产生于仪式循环往复的举行之中。但当我们考虑仪式在政治变革中的作用时,这会不会引发矛盾?如果仪式天生就是一种象征活动的保守形式,那它不是会阻碍政治变化吗?奇妙的是,仪式之所以在政治变革中发挥重要作用,正是因为它的保守性。新的政治制度通过对旧的仪式形式改辕易辙,从旧的政治制度中借得合法性。

每种文化都储备着有力的象征,新的政治力量通常都会为了自己的利益宣称这些象征为他们所有。仪式为这种象征的征用提供了重要的机制,由此甚至会引发激烈的争斗。例如在1972年的意大利选举中,有五个不同的政党都以锤子和镰刀为徽章。这令意大利共产党忧心忡忡,因为他们正在寻求成为一个世纪以来社会主义和共产主义运动的唯一继承人。这种象征之争意义重大,因为在投票中人们没有任何文字说明,只通过徽章来辨明党派。为了应对这一威胁,共产党举行了一系列仪式,从在公开游行中展示他们的旗帜到用红绸和锤子镰刀图案等装饰集会现场,这一切都是为了将共产主义的传统象征与他们的党联系在一起。在此,政治力量通过仪式与有力的象征产生关联,从而获得了普遍的合法性。这种现象存在于从国际运动到民族国家和政党,再到地方政治派系的所有政治层面中。

在古代康提(Kandyan)王国,即今天的斯里兰卡,有一个广泛的象征系统将统治者与超自然力量联系在一起。其中最具威力的象征是佛牙舍利(Sacred Tooth Relic),它被安放在高山上的一座寺庙里。该象征物拥有不可比拟的重要性,它能为古代王国的政治统治者提供合法性。当然,近来的政治制度已经完全改弦易张,政治领袖也由选举产生,然而,虽然权威的意识形态基础是新的,但赋予权威以合法性的仪式仍是旧的。无论哪一届新政府宣誓就职,新领袖的第一要务就是去佛牙寺;随后的仪式将通过大众媒体向全国播放。①

新政权也能透过符号展现出它比前任更具优越性,或通过复兴更为古老的政治象征建立自身的认同和合法性。路易斯·菲利普(Louis Philippe)在1830年登上法国王座时,为了表达出他的政治理念并与此前的波旁王朝划清界限,遂将革命时期的三色旗当作国旗,以《马赛进行曲》(Marseillaise)为国歌。这两者曾在拿破仑下台后被夺权的波旁王朝所禁用。如同波旁王朝用这种方式去除拿破仑和革命政权的合法性一样,路易斯·菲利普期望从继承这些具有合法性的象征权力中获益。就像布尼奥罗的新国王从征用其父王的下颚骨获取合法性一样,路易斯·菲利普也希望从拿破仑的残留之物中获得一些合法性。实际上,在一场庄严的仪式中,地处偏远的拿破仑墓被掘开,他的尸骸被运至巴黎塞纳河边的一个壮观的地下室中。不过国家的领袖自此声名狼藉,被称作盗墓者。②

法国关于合法性的象征之战一直延续到20世纪,彼时正值纳粹占领时期,贝当元帅勉强维持着傀儡政府摇摇欲坠的国家权威。庆祝攻占巴士底狱纪念日(Bastille Day)是贝当不可忽视的政治仪式。对于很多法国人来说,这个节日具有情感力量,且由于它与革命之间的关系,也为当政者提供了一种横扫所有政治反对派的机

---

① 参见 Seneviratne (1978:120 - 22)。
② 参见 Hayes (1960:66)。

制。贝当既可以废止庆祝活动,也可以用它们为新政权服务。事实上,他双管齐下,在维希组织了庄严的庆典,但同时禁止大众举行庆祝仪式。

在1940年到1942年间,贝当政权连续三年举行了攻占巴士底狱日庆典活动,以纪念战争死难者,每次都包括阅兵和大规模群众集会。与此同时,抵抗力量的领导人戴高乐也在伦敦举行活动庆祝这一节日。在法国,未被允许的仪式鼓动着抵抗运动。在被占领的地方,抵抗组织的成员们在夜里偷偷地爬上战争死难者纪念碑,插上三色旗。在1942年的攻占巴士底狱日,大量的群众非法聚集在马赛街头,挥舞着三色旗,高唱《马赛进行曲》,有两名妇女被枪杀。贝当争夺合法性的仪式成为了他政治失败的另一个战场。虽然他努力想争取它们为己所用,但这些仪式牢牢地与抵抗运动和反法西斯斗争联系在一起。①

运用仪式的连续性来建构政治合法性的尝试,对正在经历方针上巨变的政党而言,也非常重要。意大利共产党在第二次世界大战后令人瞩目地废除列宁主义政策时,就面临这一情境。此前,该党采用的是革命干部政党("全员皆兵")模式,现在要转变为一个群众会员组织。同时,无产阶级专政和终结"资本主义"议会民主的目标也被放弃了;参与多党竞举制不仅是获得权力的方法,而且是一种构建政府的理念。

巨大的断裂对任何政治组织的统合都是威胁。在面对这种威胁时,必须用有效的象征手段对变化以及导致变化的掌权者进行合法化。当一位新的政党领袖想作出某些改变时,可能会通过去

---

① 参见 Sanson(1976:126-37)。

除某些旧合法性象征物的效力来完成,例如斯大林的遗体被粗暴地撤出红场。但是,即便在这种情形中,象征的连续性仍然非常重要:列宁的遗体安然无恙。当政权未变,只是政策发生巨大转变时,领导人会避免攻击与以往政策相关的旧有象征;他们反而会征用这些象征以服务于新的政治目的。对那些象征的挑战便是质疑他们自己的权威基础。

在意大利共产党的案例中,政治连续性的象征和仪式表达的名单很长。我在此只是提及其中的一小部分。政党的象征没有发生变化,从一直使用的红旗和锤子镰刀图案到党员间称呼对方必须使用的"兄弟(compagno)"一词。具有革命目标的象征表达也几乎未变,虽然在实际上革命的目标和方法都已经被背弃了。例如,在共产党集会中仍然会唱一些和以前相同的歌曲。的确是歌曲越革命,对情绪的影响越大。节奏欢快的《红旗》(Bandiera Rossa)的名气最大:"前进,人民,去暴动,红旗,红旗;前进,人民,去暴动,红旗将胜利;前进,人民,团结起来,革命,革命……"[①]

许多最有力的合法性象征源于宗教。所以我们毫不惊奇,新的政治力量总会热切地在早已存在的宗教仪式和象征中翻找那些对自己的仪式形式有所助益的东西。在当今伊斯兰世界的很多地方都存在着这种现象,如雨后春笋般涌现出来的各种政治力量都利用宗教仪式来帮助自己获取合法性支持。[②]

然而,使用宗教仪式获取政治合法性的做法,并不仅限于政治群体和宗教目标一致的情形。仪式的力量超越了它的意识形态内

---

① 参见 Kertzer (1980)。
② Kessler (1978)讨论了一个在马来西亚利用伊斯兰教仪式的例子。

容。欧洲教会在过去的几个世纪中领教了这一点,它在与"异教徒"的仪式形式的较量中铩羽而归。这更加证明了征用旧仪式有利可图,可以帮助新组织达成其目的。与之类似的是,即便一个新政权与之前占统治地位的宗教是死敌,它征用与教会相关的仪式也总好过摧毁它们。这不仅仅是一种权宜之计,也是难以废除这些大众仪式形式的无奈之举。它也反映出那些仪式对合法化新制度及其领袖确有其价值。

对此,苏联的情形是一个很好的案例。若干世纪以来,俄罗斯人民一直把新年当作欢庆的节日来庆贺。在古代俄罗斯,这是一种不涉及宗教信仰的节日,但当俄罗斯在10世纪成为基督教国家后,教会将这种大众庆典和圣诞节合为一体。在布尔什维克掌权后,为了推行其无神论政策,他们立刻废除了新年/圣诞节的庆祝活动。但苏联领导人很快意识到他们错了。仪式的废除对新政权的巩固毫无益处,相反还招致了民众的怨恨。为了扭转这个局面,苏联领导人改变政策,宣布由国家来主办这个仪式。他们尽可能地剔除与基督教相关的内容,但异教性的内容基本未动。异教主义的复活并不可怕,重燃对教会的忠诚才是威胁。重新引入了霜爷爷(Grandfather Frost)和雪姑娘(Snow Maiden)等传统节日人物,集体举办的庆典上加入了彩灯树。甚至,列宁自己也常常参加这些仪式活动。之后的苏联领导人继续努力地从这种节日中获得认同,上至克里姆林宫的掌权者,下到厂长和农场经理,无不借此机会发表辞旧迎新的讲话。[①]

[①] 参见 Lane (1981:137-38)。关于基督教仪式在俄罗斯的兴起,参见 Brian-Chaninov (1931)。

物神和禁忌(Fetishes and Taboo)

在缺乏公开选举领袖的仪式的等级制政治制度中,行之有效的合法性符号应用随处可见。在很多情形中,统治者并不简单地因其职位接管合法性象征物(icons),而是因为他对象征物的获取而得到了合法性和职位。在东非的安克拉(Ankole)王国便存在这样的情况,谁占有了王鼓(royal drum)谁就是国王。人们声称即便是个外国国王成功获得了王鼓,也会拥他为安克拉的新国王。[1]

东亚也有相似的信仰。在中国,皇帝的登基大典中会向新皇帝递交皇家礼器,它们被认为能够保护新皇帝和国家。这些绶带、玉玺和其他统治的象征物非常重要,在汉朝时人们曾不承认皇帝是真龙天子,除非他能真正地拿出这些物件来。[2] 日本的登基大典也是如此,三神器(Three Sacred Treasures)的移交是登基和赋予天皇统治权过程中的关键步骤。[3]

无论统治者是否获得了充满神力的物件,他自己都是神圣力量的源泉。因为具有这种力量,人们不能随意地接近他;他的灵力既可保佑人也可伤害人。古印度王国极其重视国王的身体,因为他的身体代表着整个国家,他的身体状况反映着国家和人民的状况。据此,如果有人目睹浴后更衣、健健康康、身着王服、显得熠熠生辉的国王,则可分享到一点力量,提升自己的好运气。这种普照的慈光并不需要借助任何特定的宗教教义就能发挥作用。类似的

---

[1] 参见 Oberg (1940:156)。
[2] 参见 Wechsler (1985:87)。
[3] Holtom (1972:45)。

公众反应在其他时候亦可看到,如意大利人看到墨索里尼时的情形,或是一群互不认识的人挤作一团抢着以与美国总统握手为荣,以便从中沾得一些总统法力时的情形。①

不过,赋予统治者的灵力也有其可怕的一面,它蕴涵着的力量会对凡人造成伤害。乍得(Chad)的蒙当(Moundang)统治者就散发出这种力量,他日常的生理功能都会给民众带来危险。别人不可以盯着他吃饭,这会激怒神圣的力量,此外任何从他身体排出的东西都是最危险的。因此只有当奴隶在旁可以收集他的神圣排泄物时,他才能排泄。②

这些皇家禁忌的经典形式以及禁忌这个词本身都来自于夏威夷,皇家在那儿被认为具有危险的神圣力量。这给夫妻关系带来了一个难题,因为凡人如果距离皇家力量太近就会死亡。在夏威夷,这导致的逻辑结论是:皇家内部兄妹通婚——虽然这是乱伦。夏威夷统治者的力量也会传染到他触碰过的食物之中,所以他人不敢食用皇室的残羹冷炙,同时,就像遥远的蒙当一样,有专门的侍从负责处理皇家的痰盂和夜壶中的污物。如果这些污物被滴到地上,那么侍从将被处死。在 17 世纪的日本也是一样,天皇的影子所在的地面都"布满了神力,会给弱小的生物带来危险"。平民不能直视天皇的脸庞;事实上,当天皇现身时,他们都必须匍匐在地。在天皇用膳后,他使用过的盘子都要打碎,以免后来吃饭的人

---

① 关于印度仪式,参见 Inden (1978)。通过弗雷泽在他的《金枝》(*The Golden Bough*, 1925)中对神圣国王的讨论,将国王身体的健康和国家的健康联系在一起的分析成为了一个经典的人类学议题。
② 参见 Adler (1982:395)。

因不小心使用到它们而造成死亡。①

欧洲也有与摔碎日本天皇的盘子相似的情形。例如,当西班牙国王骑过一匹马后,将不允许任何人再骑它。② 与之类似的是,美国总统在白宫典礼中使用很多支笔签署姓名,总统在签完字后会把这些笔赠给不同的支持者,而每一支笔都是一个被注入了可传播的统治灵力的塑料纪念品。

神秘化

社会权力关系被笼罩在一张神秘化的象征之网中,或者可以说,等级制度需要文化的解释。正如格尔茨所言:"完全去神秘化的世界就是完全去政治化的世界。"③有两种神秘化尤为常见。第一种神秘化相信,当权者本应高人一等。虽然这在各种等级制社会中都可见到,但在君主政体中被发挥到极致,在它们的意识形态中,国王具有神圣的权力。第二种是神秘化的普遍形式,主要存在于实行民主原则的社会中,支持人人平等的理念。在这种社会中,夏威夷统治者触碰过的食物也会受其力量影响。在一个持有平等主义意识形态的社会中,不平等越多,人们越希望寻得这种人人平等的神秘化。④ 在这种神秘化中,政治秩序的象征表达完全不同于社会中的现实权力关系,通过这种神秘化过程,不平等被合法

---

① 参见 Norbeck(1977:70-71)。关于日本天皇的盘子的记述,基于一位在 17 世纪后期访问日本宫廷的欧洲人的描述。
② 关于西班牙统治者的马,参见 Ruiz(1985)。
③ Geertz(1977:168)。
④ 参见 Cohen(1974:32;1981:3-4,8-10)。

化,政治秩序的特殊观念也孕育其中。

神秘化是对现实进行社会建构的产物。唯有通过这种建构我们才能将我们的政治世界形象化。克里克(Crick)将此称作"现实的社会误解"和"无知的社会建构",来自于当权者努力让人们无法意识到他们实际上选择扮演的是一种屈从性的角色。①

神秘化的概念和马克思主义中的虚假意识(*false consciousness*)概念很相似,两者都强调当权者获益于权力的本质在社会中被象征性地曲解。在资本主义国家中,这通常表现为个人的权力地位与其个人价值——例如聪明能干或者工作努力——有关,并不认为不平等是经济体制本身的必然产物。②

虽然权力关系的神秘化是使权力不平等合法化的重要方式之一,但这些不平等并不都是平等地被神秘化的。神秘化被接受得越彻底、越广泛,政治等级制度就越稳定,对维持当权者地位的强制手段的需求也就越少。然而,被压迫的民众未必不会对他们的无权地位及其基础抱有幻想。正如奴隶的例子或者当代南非的例子所示,在有些社会中,政治不平等还是倚重于高压手段。当然,即便在这些社会中,当权者仍然对权力关系的神秘化极尽其能事。③

在现代国家中,选举或许是最重要的合法化仪式。事实上,这种仪式迅速传遍了整个世界,官方意识形态和组织架构各异的国家都采用了它。当美国制定的援助萨尔瓦多执政者的政策受到攻

---

① 参见 Crick (1982:303)。
② 参见 Greisman and Mayes (1977:60)。另参见 Bloch (1977a;1980)。
③ 参见 Scott (1975)。

击——因为执政者实际上维护的是权贵阶层的利益,而不顾大多数平民的福祉——时,发生了什么?举行了一场选举,以向世界展示萨尔瓦多确实由民主大众所统治。当然,实际上从军政府向选举体制的转型,并不能带来政府或社会权力关系的多少改变。但是不管怎样,"自由选举"的仪式还是提供了一些合法性。

选举在苏联也同样重要,虽然它们实际上对权力秩序和公共政策毫无作用。官方把政治制度当作是民众意愿的反映,这被仪式性地合法化了,同时,99%的民众参与选举的事实被用来表明政治统治阶层及其政策得到了广泛的支持。①

在美国,选举造就了一种幻觉,即美国政府是所有公民自由而知情地选举下的产物,并且公共政策的决策过程都是平等的。对美国选举中过度关注作秀游戏和英雄恶棍,政治分析家们的怨声一片有些不合时宜,因为这些仪式中的确是充满了激动人心的事物和高度规范化的象征。今不胜昔的唏嘘不绝于耳,其本身则可被视作选举仪式之神秘化的一种表现。②

即便是在民主过程公开运作时,或者选举出来的地方代表依据社会公共财力的应然投向而决策时,学者们也从中挖掘出一种令人意想不到的模式。例如,镇议会不遗余力地讨论年度预算的细节,实际上对预算决策并无影响,因为预算决策是行政官僚根据其他的规定,如更高级别的政府颁布的文件作出的。因此不用惊讶,在"一项议题上投入的钱财和投票[讨论]它的时间之间普遍存在着高度的负相关关系"。预算听证会(budget hearings)自身就

---

① 参见 Unger(1974:126-27);Lukes(1975:305)。
② 参见 Bennett(1980)。

已经为地方自治的宝贵神话提供了必要的行动支持。①

　　这种仪式存在于所有等级制政治制度中,它们常常通过合法化权力关系提高政治稳定性。不过,这些仪式一旦被创立,就具有了自己的生命力,并不完全接受想从它们身上获益的当权者的控制。例如,在 1970 年代早期,缅因州州长肯尼斯·柯提思(Kenneth Curtis)为应对外界对州政府开支的批评,决定任命一个特殊的委员会负责成本管理事务。柯提思选择了一个没有任何从政经验的保险销售员詹姆斯·郎利(James Longley)主持委员会,郎利向他保证不会利用这个职位服务于自己的个人政治目的。最终报告就像大多数此类报告一样,没有什么实际效果,但是郎利随后利用自己的仪式性角色作基石,参加州长竞选。他确实出乎了所有职业政客的意料,成为美国唯一的无党派州长。② 同样,很多市长都会创立一个蓝带委员会③(blue-ribbon committee),负责讨论一些市长早已决定了的事情。然而,这种委员会有时会超出自己的仪式性角色,如令市长始料不及地申明和公开市长的腐败。

　　正因为这些民主参与的仪式可能会带来意想不到的结果,所以当权者只有在确信他们可以掌控其结果时才会举行这种仪式。④ 当然,正如前文所言,有时候外部的政治压力会迫使统治者

---

① 参见 Olsen (1970:98)。奥尔森基于一个挪威人社区的研究,对政治科学家常用决策制定模型分析市政预算过程的研究提出了挑战。通过精彩的分析,他总结道,"在事情的真相中,决策制定看上去并不是一个非常重要的方面"(1970:99)。他的文章的题目很有启发性:"地方预算,是决策制定还是仪式行为?"关于市政府中的仪式,另可参见 Dahl (1961:133)。
② 参见 Johnson (1978)。
③ 一种由专业人士构成的,旨在调研某些政治、社会事务的非正式组织。——译者注
④ 这个观点是 Aronoff (1977:96)提出来的。

只能将选举当作宣示他们合法性的唯一方式。在 1986 年的菲律宾总统选举中就是如此。如果这次选举操作得当,会令人想起马科斯之前参加过的那些对他颇有帮助的竞选。如果他能够在选举的控制上做得更好一点,或许结局就不会是一败涂地了。

不平等的合法化

根据不同政治制度的官方意识形态,可以选择不同形式的合法化权威的仪式;神圣国王和民选领袖的仪式是不一样的。也有从公开举办的仪式中收获寥寥的当权者,这是因为一方面他们缺乏来自于公职以及与公职相关仪式的合法性,另一方面他们未必能够接受这种合法性和仪式化。①

权威的公开授予是一个需要借助仪式得以实现的象征过程。在很多常见的情形下,运用仪式是提升一个人地位的通行方式,无论是从少年到成年、从单身到成婚,或是在有些社会中从中年到老年,都包含着这种过程。依靠仪式,个体脱离了先前所在的地位,拥有了新的身份。

角色与个体挂钩或解挂的社会过程会造成紧张感,因为一些人获得特权往往意味着另一些人失去特权。所以,要通过某种方式将社会合法性赋予此过程,以免它显得武断而无常。② 仪式不仅告诉人们授予何人何种角色,而且令这种权威的分配合法化。

---

① Nieburg(1973:55)甚至提出:"一个人自身合法性的提高是……政治象征行为的主要功能"。
② 参见 Fortes(1962:86)。关于角色转换仪式导致社会紧张的研究,参见 Foner and Kertzer(1978;1979)。

布洛赫受韦伯的启发,雄辩地认为:"掌权者将他们的权力放在'仪式银行'里,以将权力制度化的方式避免竞争者的攻击。"他继而指出:"为实现这一点,他们创设了一个在现实中凌驾于他们之上的职位,而他们便是职位的合法拥有者。为此,他们逐步采用仪式来确定与他人特别是与其下属之间的关系。这种处理关系的仪式化过程,掩盖了当权者创设职位的表象,看似像是指定给特定角色的固定职位总归当权者所有。现实就这样发生了转化,显得像是当权者创设的职位反过来创造了当权者本人。"①

然而一旦仪式被创造出来,它就和文化一样具有了自己的生命,超越于世易时移而独立存在。仪式合法化并制度化权力,但同时当权者自身的角色也变成可转让的了,不再是属于任何特殊个体的私产。

实际上,仪式最令人动容的特征之一是,其在削弱异见的同时,还能让冲突性的象征共存其中的能力。② 由此在很多社会中,平等主义的象征能够在选举官员的仪式中与权力和权威的象征共存。与自然语言的语法规则不同,仪式象征较少遵循逻辑规则。

墨西哥人的承付制(cargo system)③风俗便是一个特殊社会系统中混杂了平等和等级象征的仪式例证。里那卡坦(Zinacantan)印第安人普遍存在平等意识,人们相信那些发财的人肯定是巫师,他们也会被当作巫师对待,这种信仰更是强化了普通

---

① Bloch(1977a:139)。
② 关于仪式在构建社会现实中的作用,参见 Moore and Myerhoff(1977:3-4)。
③ 也称为世俗—宗教等级制(civil-religious system)或节日制(*fiesta* system),身处这种体制中的相关人员有权管理世俗和宗教事务,他们没有任何报酬,而且还有义务承付一些宗教节日活动的费用。——译者注

人的平等意识。承付制是一种复杂的仪式,人们可以借助此仪式超越自身在公共仪式体系内的现有地位。一个人若想登上更高地位并获得威望,就得非常富有才行,因为承担此仪式责任需要花费巨资。他必须举行各种群体宴会和庆祝活动。通过这些庆典,他才能将财富转换为公认的地位,而其他村民坚持的平等意识则不值一提。①

国王的神圣权力

在统治者和被统治者有着云泥之别的地方,常伴有高度发达的统治者仪式。权力神圣化的逻辑结果就是统治者的神圣化,即统治者既不依靠武力更不依靠幻象,而是以赋予他的超自然力量进行统治。若无有力的仪式向民众展示统治者的超自然权力,这种观念便无处措足。

"已知最早的宗教,"霍加特(Hocart)写道,"是对国王神圣性的信仰。"②或者更确切地说,没有超自然的合法性就没有国王,因为在人类史前史的大部分时间里,人们有宗教信仰和仪式,但没有政治领袖,更遑论君主了。在世界上存在国王的社会中,很多国王都使用仪式彰显自己特殊的超自然地位,从而赋予其统治以合法性:国王将民众和上天联系在了一起。

古代夏威夷的王权以及统治阶层散发强大神圣力量的事例,可以为此观念提供佐证。他们的权力通过平民不敢操演的仪式得

---

① 参见 Rosaldo (1968)。
② Hocart (1927:7).

以世代相传;只有王权的拥有者才能获得足够的保护,安然无恙地进入最为神圣的圣地。的确,只有国王才能进入神庙中;通过代表民众举行献祭仪式,国王同时表达和强化了他的统治权。象征性的装饰物进一步宣示出王权和神灵的仪式化的一致性。神灵和权贵的象征通常是完全一样的,就像民众不得不匍匐在神灵的塑像面前一样,他们也会伏倒在逝去的权贵的塑像前。神灵的雕像被披上特殊的羽衣和头盔,流光溢彩。权贵的服饰也是如此,只是外衣的尺寸象征着他们权力的大小。权贵的多彩华丽也反映出了神的显赫。①

在世界的另一端,埃及的统治者通过他们的神圣属性合法化他们的权力。法老是神,不是人。国王的统治权通过仪式的操演不断地得到再合法化(re-legitimated),从理论上来说,法老是埃及所有神庙的主祭。无论他是否出席仪式,他都是仪式中的一部分。②

古代波斯人在对国王的崇拜上也有相似的举措。即使国王没有出席国宴,也会摆放一张特殊的桌子,供上美酒佳肴以飨其灵。当国王外出时,前面要有点燃的祭台开道,以传达其特殊的力量。后来罗马皇帝们也使用了这种神圣的火焰。根据荷马(Homer)和维吉尔(Virgil)所言,古希腊的统治者们总是忙于各种神圣的庆典。今天的政治看似对此缺乏兴趣。不过,许多现代领导人的庆典与那些古代庆典虽然风格迥异,但在实质程序上相差无几。总

---

① 参见 Valeri (1985:140-52)。关于古代夏威夷统治者的仪式,另参见 Sahlins (1985)。正是阿兹特克统治者的权力让平民不敢直视其面容,当他出现时都要伏倒在地(Kurtz 1978:175)。
② 参见 Fairman (1958);Engell (1967)。

统和首相在不同的仪式场合间奔波,不仅表达出他们的职权所具有的超凡魅力,同时也强化了他们的权威。①

在欧洲,人们相信君权神授,因此继承权的政治争斗往往涉及针对皇家合法性仪式的斗争。英格兰的亨利四世胆敢声称对王位拥有权利,正得益于他得到了一瓶刚被发现的圣油,据说这瓶圣油是由圣母送给坎特伯雷的圣托马斯(St. Thomas of Canterbury)的。获得这瓶油后,亨利就匆匆地被涂油授位了。②

在西欧,使用仪式增添国王合法性的最具戏剧性的例子来自于疗伤仪式。英国和法国的国王为了展示其神圣性,从中世纪到18世纪一直都会举行疗伤仪式。国王把手放在病患的身上使之恢复健康。最常见的形式是对瘰疬病人的"触摸"。成百上千不幸的病人聚在一起等待国王的到来,场面极其壮观。这些病人遭受着各种各样的苦楚——通常和结核病有关,那景象让人不忍目睹。他们的淋巴结肿大,脖子和脸上满是脓疮,伤口散发出阵阵恶臭,等待着国王的治疗。

到17世纪,这些仪式在法国和英国已成盛大的活动。路易十三和路易十四都在重要的节日里举行疗伤仪式。在1613年的复活节,1070名法国病人得到了国王之手的触摸;在1701年的圣三主日(Trinity Sunday),有2400人被国王触摸。这个规模尚不及英国人,从1660年到1664年,查理二世触摸了23 000人,虽然此后治疗的场所有所缩小,但在他执政的25年中,他还是触摸了10

---

① 关于波斯人和罗马人的讨论,参见 Taylor (1931:3,195)。引用维吉尔之语,参见 Fustel de Coulanges (1901:233)。
② 参见 Starkey (1977:194)。

万名病人。①

然而,这并非是一种简单的强化政治现状的方式;王权的竞争者也会使用仪式来提升他们对合法性的争议性要求,并以此削弱对手的合法性。在15世纪亨利六世和爱德华四世围绕英国王位展开的争夺大战中,爱德华虽然赢得了王冠,但亨利的支持者指出他们的王常常触摸瘰疬病人,而爱德华在这方面失信于民。双方竭力质疑对方在皇家仪式的使用上做法欠妥。后来,篡权者亨利七世为稳固其合法性,不仅完善了触摸瘰疬病人的仪式,还发展出了指环的"神圣化"仪式。亨利通过对金银戒指的仪式性触摸,赋予它们保护戴戒指者免遭癫痫伤害的神力,如此便戏剧性地扩展了权力。②

反抗仪式

从17世纪的法国排成长龙的朝圣者等待国王的触摸,到莫斯科的五一劳动节上士兵们走过中央检阅台向领袖们效忠和服从,可见统治者的合法性是通过大众臣服的仪式得以表达和延续的。③ 但在世界上的其他地方,同时还存在着一些咋看上去令人有些困惑的仪式:这些仪式不是赞颂领袖,而是侮辱领袖。典型的案例是南非的斯威士人(Swazi),人们会在每年的某一天起身造反辱骂国王。国王则去除掉他的权力象征,赤身裸体地坐在肮脏的地上接受人们的羞辱。

---

① 此处数据来源于 Bloch(1973:204,212)。
② 参见 Starkey(1977:192-94);Bloch(1973:65)。
③ 关于苏联阅兵仪式作为一种大众服从的仪式,参见 Binns(1980:598)。

关于这些仪式的争论，在很大程度上是基于一些非洲社会的人种志研究，它们在结构功能主义的历史中占据着重要地位。如果一个社会被视作由一些关系融洽的部分聚合而成，那么这些反抗仪式就是不正常的。这些社会中的国王会借助仪式来提升自己的地位，而不是接受侮辱，因为如果提升仪式被认为能够支持统治者的合法性，那么反抗仪式则会削弱合法性。

就此难题，马克斯·格拉克曼（Max Gluckman）的人类学解释是，即便这些仪式看上去有去合法性的意味，但它们仍是被用于增强已有的权力不平等状态。通过这种仪式，民众能够发泄掉他们因身处底层而自然产生的怨恨情绪，由此让系统继续运作。①

格拉克曼推论，反抗仪式仅会在"未受到挑战的社会秩序"中发生。② 它是保证国家稳定的安全阀。奇怪的是，克里斯托·莱恩（Christel Lane）在其最新研究中持有异见，认为反抗仪式与苏联模式格格不入；在她看来，这种仪式不能存在于苏联是因为"现存的社会秩序已经被神圣化了"。③ 此观点与格拉克曼的观念相左，因为格拉克曼正确地认识到，所有的权力都倾向于被神圣化。如果反抗仪式不能在被神圣化的政治制度中发生，那么它们发生在何处？不过，对此问题的两种解释都有可改进之处，因为他们在仪式上持有的观点过于机械化了。

仪式活动并不如此简单直白。虽然仪式围绕着权力，但当权者并不能完全控制仪式。任何地方反抗权威的苗头都会暗暗潜入

---

① 参见 Gluckman（1963）。
② 参见 Gluckman（1963:127）。
③ 参见 Lane（1981:23）。

举足轻重的仪式中。不单是在受到反抗威胁的社会中会出现反抗仪式，在任何与反抗有关的地方都有可能出现反抗仪式。在欧洲，法国和其他天主教国家在狂欢节时期常常发生反抗仪式，它们起到安全阀的作用，释放淤积已久的敌意并增强统治集团的合法性。但是这些能量和仪式本身的潜力，也能够引爆真正的造反活动。那种认为表达政治歧见的仪式只在巩固现状时才算是反抗仪式的说法，也是上述观点的延伸。①

和反抗仪式密切相关的是转换仪式（rites of reversal）。詹姆斯·弗雷泽（James Frazer）在《金枝》中介绍一场古罗马宴会时提到了这种仪式，在每年的某一天，"奴隶可以责骂他的主人，像主人一样喝得醉醺醺的，并和主人们共坐一桌……主人们也真的和奴隶交换座位，并在桌前负责招待。"②几百年后，离罗马不远的地方举行了一场相似的醒目的仪式。在一场由博洛尼亚当地共产党的党支部举办的年度庆典宴上，当时我也坐在一群庆祝节日的工人中大吃意大利饺子。宴会上，我们的侍者是一名国家委员，他曾住在这片无产阶级社区中。他端着放着酒和意大利面的托盘，奔走于厨房和餐桌之间，好似他的未来就取决于他的服务质量。他就是这一天的侍者。③

虽然这种仪式性的降级活动看似有损当权者的权威，但实际上起到了相反的作用。共产党的委员将这种仪式当作赞同该党平等主义意识形态的一种令人信服的和有效的方式。通过这种表

---

① 对于格拉克曼的论点的另一种批判，参见 Norbeck（1963）。关于 16 世纪英国的一个转换仪式的例子，参见 Pythian-Adams（1976）。
② 转引自 Duncan（1968:182）。
③ 参见 Kertzer（1974）。

现,他的地位和合法性非但没有遭到削弱,反而地位得到了提高,作为政治领袖的合法性也得到了肯定。人们相信领袖和善可亲,对凌驾于他们之上的权力的畏惧也就减少了。①

对于采用民主形式的社会来说,这些转换仪式只是围绕当权者的常见仪式性活动中最极端的一种。这些社会中的权力有些脱离民众,因此当权者得不到信任。正如哪里有欢庆的仪式,哪里就有平等的仪式,两者对于政治领袖来说都是至关重要的。通过平等互动的仪式,能够象征性地表达出他对民主理念的尊崇,虽然与此同时,实际上他的权力却与这一理念截然相反。

---

① 参见 Turner(1969:176-77)。

第四章 模糊性的价值

当车队行进在达拉斯街头时,总统在其座驾中被刺身亡。第一波凌乱的消息传来,举国震惊,人们随即展开行动。甚至在海外,人们在获知谋杀的新闻后纷纷乘坐各种交通工具到美国大使馆门前致哀。在伦敦,当地时间是1963年11月22日,星期五的晚上,消息传到几分钟后,便有1000多人聚集到大使馆前。在西柏林,市长威利·布兰德(Willy Brandt)号召市民在窗台上放置点亮的蜡烛以示哀悼,整个城市笼罩在昏暗的烛光中。在华沙美国使馆门前,上万名波兰人排成八支长队等待着在仓促制成的吊唁簿上留言。

而在美国本土举行的大众仪式上宣泄出的情感较之更甚。面对降下的国旗,全国人民伤心欲绝——在军事基地、学校、城镇建筑和私家草坪上,处处降半旗致哀。很多人最初只听说了有关总统的不确定消息,而降下的国旗说明了一切,他们感到无比哀痛。

林登·约翰逊(Lyndon Johnson)被迫立即举行仪式就任

总统一职。虽然在法律意义上,肯尼迪逝世后他已自动成为总统,但总有所欠缺。他觉得只有国人看见他的就职仪式,方会视他为总统。在返回华盛顿的飞机上,约翰逊恳求刚刚目睹了丈夫去世的杰奎琳·肯尼迪在仪式中站在他的身旁。总统职位的连续性,以及对于新总统而言约翰·肯尼迪身后的合法性,都具有某种象征意义,它们的呈现都需要杰奎琳在场。事实上,她身穿沾着丈夫血迹的衣服以及布满哀痛和悲伤的憔悴面庞,无一不使仪式更令人难忘。

与此同时,白宫的工作人员正忙着重新布置东厅(East Room),杰奎琳想把灵柩停放于此:在一个世纪之前,林肯被刺后灵柩也被放在此厅中。他们找出一张林肯遗体摆放在东厅时的照片,工人们迅速取下铝制护窗、安上黑色的窗帘。其他人匆忙找出合适的黄色烛台,并在白宫的车道两侧点上古董油灯。

很快,全国的政治家们陆续来致哀。对于一个高级别的政治家来说,不出席这种仪式不啻于终结自己的政治生命。当几个肯尼迪的政治死敌带着礼节性的悲伤围着灵柩绕行时,已故总统的助手们厌恶地走出房间。

在星期天,即国家哀悼日的前一天,肯尼迪的灵柩被从白宫运往国会大厦圆形大厅举行吊唁仪式,沿途两侧数万人伫立,等待灵车经过。几乎全国的成年人都在看电视或听广播。六匹灰白色的马拉着一辆黑色的灵车①去白宫接灵柩,这辆

---

① 在外观上是由一辆双轮炮兵牵引车(limber)和一辆双轮炮兵弹药车(caisson)构成,美国国葬和阿灵顿国家公墓的葬礼中常使用这种车辆。当时肯尼迪的灵柩就放在弹药车上。——译者注

灵车曾在18年前载送过罗斯福总统的遗体。走在送葬队伍最前方的是身着制服的哥伦比亚特区警察仪仗队,接着是陆海空三军、海军陆战队和海岸警卫队的军官们。他们身后是一队鼓手,鼓侧缀着黑旗,他们的鼓点缓慢而哀伤。肯尼迪在战争中曾是一名指挥鱼雷艇的战斗英雄,他的海军同袍举着国旗紧随其后。他们后面跟着一名新教的牧师、一名天主教的神甫和一名犹太教的拉比。

伴着由各兵种中抽调出的士兵组成的护旗队,灵车缓缓驶来。值得注意的是其中有特种部队的士兵(Green Berets),这是应杰奎琳·肯尼迪的要求加入的,旨在承认她丈夫对反游击队作战的特殊保证。在这支队伍后面,一个孤独的水手高高地擎着总统旗走过。最后缓缓而来的是一匹披着黑布、无人驾驭的马,它是领袖去世的象征。一支黑柄银鞘的长剑挂在马鞍上,马镫上则是一双脚尖倒置、带着银色马刺的锃亮黑色长靴。跟在马后的车队里坐着肯尼迪家族成员,以及新总统和新的第一夫人。

在终点站国会大厦的台阶前,哀悼者们等待着军葬礼(military honors)的开始。海军军乐队奏响了哀婉低沉的《向领袖致敬》,每隔五秒钟21支来复枪一同鸣放。国会山上遍布人群,在他们的注视下,护卫兵从灵车上抬下灵柩,慢慢地走到台阶上,在不到三年前,约翰·肯尼迪正是站在同一个地方发表了令人记忆犹新的就职演说。

星期一,送葬礼在列队前行的士兵和护送灵车的肯尼迪家族的带领下,从国会山返回白宫。送葬队伍等候在那里,总统的遗孀领着一群哀悼者步行至教堂。逾百万民众默默地站在大街两侧,世界各国的领导人身着正装走过,他们后面是分成两拨的内阁成员和神情悲愤的总统亲信。

队伍行至圣马修斯大教堂的台阶前,由波士顿大主教理查德·卡丁纳尔·库辛(Richard Cardinal Cushing)洒圣水并引领队伍走进教堂。在正午时分,全体美国人民停止一切活动,参加这个展现出举国团结的仪式。时代广场寂静下来,出租车司机们下车垂首默哀。火车停在乡间地头,公交车停靠在路边,地铁停在地下隧道中。50个州的首府同时举办悼念仪式,数百万人涌进各类教堂参加追悼会。巴拿马运河也关闭了,航行在海上的美国船只将花圈投入海中,全世界7000个美军基地都鸣炮21响。

在圣马修斯大教堂,身着猩红色长袍的大主教带领大家结束仪式。在教堂外,乐队最后一次向肯尼迪奏响《向领袖致敬》。音乐声中,3岁的小约翰·肯尼迪站在致敬的士兵和警察之中,对于全国无数观众而言,这真是一幅令人悲痛欲绝的画面。

队伍最后穿过街道来到阿灵顿国家公墓,一位观察家将这些街道形容为"一座哀伤剧场中的走廊"。在下葬地点,50架空军和海军战机——代表50个州——低空轰鸣而过。它们以倒V编队飞行,因为没有了V的顶点:领袖去世了。总统的专机"空军一号"随后飞来,在参加最后哀悼式的人们头上摇摆机翼,以示告别。①

---

① "哀伤走廊"的说法出自 MacGeorge Bundy,转引自 Manchester (1967:570)。我关于肯尼迪葬礼仪式的描写主要基于 Manchester 的生动记述,以及 Grosvenor (1964) 和《哀痛中的一家人》,载《时代》1963年12月6日,第27a—27b页。

现代社会理论中的一项重要议题是,社会如何通过社会成员的团结感得以聚合。是否每个地方的民众都会与其身边的其他人有一种一体感?如果有,那么这种团结一致的感觉是如何产生和维系的?除这个社会层面的问题之外,还有一个更为普遍的疑问:各种政治群体——从国家到政党,从精英到革命运动——是如何实现其目标的?

涂尔干构想出了最具影响力的社会凝聚理论,强调仪式在生产和维持一致性中起着重要的作用。他的理论为仪式在政治过程中的重要性提供了有力的论据,但对于解释政治变化问题则具有局限性。在此我借用涂尔干一致性理论中的重要核心部分,并对它适度调整以用于分析仪式在政治生活中的能动角色。

涂尔干指出,单枪匹马的民众一事无成。在和同伴们共处时,他们需要一再肯定社会的力量和益处,以让自身自在。这种促成社会交融的需要,唯有通过一些共同的行为达成:"正是对同一种对象喊出同样的叫声,说出同样的话或者做出同样的动作,人们实现了言行一致,并感受到这种一体性。"① 人们只能通过使用这些象征,彼此交流内在的心理状态,同时,他们能够表达团结感的最好方式便是一同参与象征性活动。②

这种社会共享仪式不仅表达出对社会团结的内在要求,而且

---

① Durkheim (1915:230).
② 涂尔干有关仪式在产生社会团结中发挥的作用的观点,建基于罗伯逊·史密斯之前的相关讨论。在史密斯看来,仪式是宗教的核心,典型的仪式中应该有人们聚在一起吃吃喝喝的场景。Smith (1907:267)就此总结道:"对于个人来说,古代宗教的所有力量都通过激起无比自信的热情,使个人将其忠心耿耿和无私奉献的市民美德给予他的同伴……"

也有助于社会团结的构建和更新。人们通过参与其间,不断在心中体会那种对社会群体的依附感。同样重要的是,通过这些仪式,社会群体的界限和个人对群体的忠诚展露无遗。① 仪式活动并不只是创造社会团结的一种可能方式,而是一种必需的方式。只有通过定期集会、共同参与这种象征性活动,才能不断培养集体的理念和情感。② 正如涂尔干所言:"任何社会都需要定期地维持与确认集体的情感和理念,这种情感和理念是社会的统一性和特殊性所在。如今这种道德重建只有通过聚会、集会和会议等形式得以实现,在这些活动中,人们团结一心、一再确认他们的共同情感;由此举行的仪式与定期的宗教仪式,在目标、结果或是得到结果的过程等方面别无二致。"③因此,社会团结被视作一种社会的需要,仪式则是创造这种团结的不二法门。

在两次世界大战之间的年代,人类学家拉德克里夫-布朗(Radcliffe-Brown)是这种观点最杰出的拥护者。他指出,只有在所有社会成员共享一些能够控制群体互动的情感时,有秩序的社会生活才能存在。在他看来,仪式是这些情感得以传播和强化的方式。④ 福特斯(Fortes)和埃文斯-普理查德(Evans-Pritchard)在1940年出版的研究非洲政治制度的名著中表达了与涂尔干类似的观点,认为仪式不单是现存社会制度的反映。人们也会赋予社

---

① 这种仪式构建群体界限的涂尔干式的理论路径在近来人类学中的相关研究,参见 Rasnake(1986)。
② 参见 Durkheim(1915:418)。
③ Durkheim(1915:427).
④ Radcliffe-Brown(1952:157)声称他形成此观点与涂尔干无关,当时是1908年,他正在写关于安达曼群岛的博士论文(但在1922年才出版)。

会制度"神秘的价值,以获得社会秩序的接受……社会制度在某种程度上被转移到神秘的层面上,成为一种不可指摘和动摇的神圣制度"①。

在将社会提升到神圣层面的过程中,仪式被视作反映社会秩序和强化社会和谐的方式,但这一点在很多社会生活充满矛盾的社会中成为了问题。对冲突进行神圣化的方式,似乎对构建社会和谐作用不大。维克多·特纳在使用涂尔干的方法研究西非恩丹布人(Ndembu)时解决了这一难题。特纳发现恩丹布社会中充满了不安和争斗,村庄不断地兴衰交替,各支姻亲和血缘系统之间也关系淡薄。他认为,在这种环境中,仪式在提升社会团结方面的价值便显得尤为重要。仪式并不能表达出社会各个层面的情况,但能展现出恩丹布人的共性所在。仪式能把所有人汇聚在一起,并神圣化他们的统一体,由此抵消那些对他们的日常社会生活构成伤害的分离趋向。社会分歧越大,对凝聚社会的补偿性仪式的需求就越大。②

涂尔干仪式理论的最为精妙之处在于,它将基于心理学理论的个人需要和基于社会学理论的社会需要联接在一起。这似乎有些吊诡,因为涂尔干素来反对在解释社会"事实"时采用心理学的简化论,并且他避免详加论述其心理学推断。但毋庸置疑的是,个体在涂尔干的理论中占有一席之地,并非单纯被视作装满社会规

---

① Fortes and Evans-Pritchard (1940:17-18).
② 参见 Turner(1957:290,302)。他简洁地说:"一直遭受崩溃威胁的社会,需要不断地举行重新整合性的仪式。"(1957:303)。

范的空罐子。①

正如南希·芒恩(Nacy Munn)所言,涂尔干的仪式观中最有趣的地方在于,指出了仪式作为转换开关的重要性,"一端是社会政治秩序的外部道德约束和类分,另一端是个体行动者的内在情感和想象"。仪式戏剧化且强化了一种集体形象,这种集体形象充当着社会和个体之间的媒介。② 芒恩据此将仪式称作一种"社会控制系统","通过共同生活意义的象征性动员,将个人与有着重要人物的共同体"联系在一起。③

仪式有助于实现政治上的紧密团结,这一观念在法国并非源自涂尔干。除了涂尔干承继的那些久远的前贤之外,19世纪的一些法国知识分子曾公开哀叹民族主义热情的缺乏,呼吁创立新的仪式以增进民族交融。他们中最为杰出的是历史学家米什莱(Michelet),他的作品在19世纪中叶风靡一时。米什莱在其书中毫不遮掩地宣称,适当组织一些国家盛会必能对儿童产生深远影响。在旗帜招展的如昼之夜里,士兵们挎着明亮的刺刀整装而行,每个父亲都会对他艳羡不已的孩子说:"看:这就是法国,这就是祖国(la Patrie)!整齐划一,犹如一人,同心同德。所有人都愿意为一个整体而牺牲,每个人也都愿为所有人付出一切。"④

同一时期,在大西洋彼岸的费城,罗伯特·温斯洛普(Robert Winthrop)在纪念本杰明·富兰克林(Benjamin Franklin)的献礼

---

① 对涂尔干的心理学分析持有异议和更加严厉的批判观点,参见 Beidelman (1966: 403)。
② 参见 Munn (1973:583)。
③ 参见 Munn (1973:605)。
④ Michelet 的话来自其著作《人民》(Le peuple),转引自 Rearick (1977:60)。

上作了一次演讲。他的想法和米什莱极为相似。温斯洛普悲叹道,缺乏强有力的国家庆典是"我们国家生活的不足之处"。"没有一种让人们全情激奋的年度节日,大家可以撇开个人利益和地方偏见,沉浸于爱国本能和共同记忆之中",这一事实让他痛心不已。他提出设立"一个我们自己的共同庆祝日——可以在同一个祭坛上许下忠诚之誓……"实际上,他为缺乏一体性仪式而忧心忡忡可谓正当其时。当时是1856年,国家即将因内战而分崩离析。①

米什莱和温斯洛普的观点后来在涂尔干那里得到了更为系统的阐释:民族国家与狩猎采集社会都需要依靠仪式来支撑社会团结。只有寻找到最简单的社会组织形式,才能更为简单地解释构建社会的基本原则,于是,涂尔干将注意力转向澳大利亚土著(Australian aborigines)。② 他对土著人的图腾仪式尤为关注,他认为这些图腾是重要社会分工的象征。人们通过共同参与这些仪式,得以确定各自在社会群体中的成员身份,并强化共同的责任感。③

就如这些土著人通过共同遵守一定的禁忌来强化他们的整体性一样,包括现代社会在内的任何社会形态的成员,都通过共同参与仪式培养认同,明确彼此的义务。现代国家与图腾氏族相似,通过集体性的象征展示来呈现自己。这些象征包括祖国和"上帝子民"(The Chosen People)等各种形式。仪式把人们聚集在一起,通过这些象征表明他们的忠诚一致,并使他们有种一体感。在一

---

① 参见 Winthrop(1857:335)。
② 结果是,澳大利亚人在其社会中建立了一个过于复杂的亲缘系统。社会的大小和社会的复杂性之间并不是简单的相关性。
③ 后来的人类学家并非全然赞同其观点。

些情形下,"消极"仪式——猎巫仪式、弹劾审判和针对假想敌的大众抗议——通过反应性的活动也能强化国家目标、熔铸国家团结。①

约 50 年前,马克斯·勒内(Max Lerner)将美国宪法称为美国图腾。他的话呼应了涂尔干:"想要理解宪法拜物教,就需要像人类学家那样客观冷静。每个部落都需要有它的图腾和偶像,宪法便是我们的图腾和偶像。每个部落都依附于某种被认为拥有超自然之力的事物,据此在充满危险的世界中控制一些未知的力量。在文明国度中同样如此。人们总是需要一些方式安定自己的情绪,无论是以崇敬或侍奉等积极形式,还是以禁忌等消极形式。美国人和所有人一样,都需要一座港湾让自己与某种永恒事物联系在一起。"②宪法作为一体性的国家力量所具有的象征性价值,显然远胜于其内容本身。定期的国家民意调查发现,大量的美国人只有在不知道法律条文是出自宪法时,才会表示反对。在美国,故意质疑宪法有效性的人甚至会被视为异端。③

在涂尔干看来,人们总是无比信服那些运用仪式进行象征性表达的社会。这一假设的推论是,美国人拥有蓬勃兴盛的公民宗教,即对美国本身的崇拜。公民宗教观点的支持者事实上试图解决涂尔干理论在面对多宗教社会时遇到的矛盾。因为涂尔干关于仪式的经典研究聚焦于单一宗教社会,宗教崇拜和对整个社会的崇拜是一回事。然而在多宗教社会中,这些宗教仪

---

① 参见 Bergesen (1977:221)。关于邪恶的国家敌人的典型政治神话,参见 Edelman (1969:235)。关于民族主义仪式,参见 Hayes (1960:167 - 68)。
② Lerner (1941:236).
③ 关于美国宪法的神圣品德,参见 Bennett (1975:87)。

式或许在社会层面上是分立的,比如北爱尔兰的例子就是明证。由此,在多宗教国家中,对国家的崇拜就给予了人们表达一体性的方式。一个单一的共同宗教的匮乏产生了迈克尔·诺瓦克(Michael Novak)所言的"象征真空","唯有国家能够充满其间"。①

在罗伯特·贝拉(Robert Bellah)拉开美国公民宗教争论的大幕之前,早年研究澳大利亚土著的人类学家劳埃德·华纳(Lloyd Warner)在对马萨诸塞州纽波利波特(Newburyport)的研究中概述了一种涂尔干式的解释。② 他认为美国的庆典年历中包含了一系列假日,"它们的神圣性超越了世俗性",这些假日"让美国人表达出关乎他们自身的共同情感,与他人分享他们的感受,这些假日正是社会为了这些目的而提前设定的"。他直接比较了美国和澳大利亚土著的庆典年历,指出美国"年历的功能也令身处其中的人们强化了他们的独特性;并让他们产生相似的所思、所感和所为"。③

华纳通过观察纽波利波特的阵亡将士纪念日(Memorial Day)仪式,阐明了一种涂尔干式的观点。他认为,阵亡将士纪念日借助对死亡象征的关注获得了特殊的力量,将牵挂死者的群体情感转化为普遍的情感和行动,从而使人们成为共同体中的一分子。在人们做出这种强有力的象征行为时,日常生活中颇为重要的社会分工往往变得无足轻重。在阵亡将士纪念日得到尊崇的烈士们

---

① 诺瓦克的话引自 Fairbanks (1981:215)。另参见 Brogan (1968:357)。美国市民宗教的争论起自 Bellah (1967;1968)。
② 对于纽波利波特,华纳使用了洋基城(Yankee City)的假名。
③ 参见 Warner (1974:90)。

"变成有力的神圣象征,组织、引导和唤起对共同体和国家的集体理想"①。

如果说美国人拥有一种由旗帜、游行和《圣经》构成的公民宗教,那么英国人则通过他们的皇家仪式持续不断地激发大众热情。对于这种大众狂热的宣泄,大多数学术性分析都以用于阐释美国公民宗教的涂尔干理论为基础。例如希尔斯(Shils)和杨(Young)认为,1953年举行的英国加冕礼,"在同一时间,尤其是将整个社会与神圣事物紧密联系在一起,我们有理由将其视作……一种民族交融的伟大活动。"②几年后,当查尔斯受封为威尔士亲王时,同样的场景再次上演,对此也有近似的解释:"民众们被此事深深打动,并且他们群情一致。授封仪式所唤起的对女王和查尔斯王子的情感,以象征性的方式将个人和大众的关注融合在一起,若是涂尔干见到此事,定然心知肚明。"③同样,对于1986年举行的安德鲁王子的婚礼,记者们的评价亦有涂尔干的味道:"当天的壮观场景将爱国热情与炫耀、浪漫和怀旧杂糅在一起,形成了一种民族交融的情形,毫无疑问它只能被称作大不列颠。"④

很难找出比这些英国皇家仪式更令人信服的例子来说明仪式有利于促成社会团结。但有两个问题:这种政治仪式是如何发挥作用的?这种仪式真如许多涂尔干理论的追随者认为的那样,可

---

① Warner(1974:111).关于苏联利用战争死难者促进围绕政府的民族团结感,参见 Lane(1981:145-46)。
② Shils and Young(1953:80).对此观点的激烈反驳,参见 Birnbaum(1955)。
③ Blumler et al.(1971:151).
④ Joseph Lelyveld,《一位公爵及其夫人的忠诚和信念的誓言》,载《纽约时报》1986年7月24日,第6页。关于海外举行的英国皇家仪式的涂尔干式的观点,参见 Cleveland(1973)对新西兰皇室巡游的深入研究。

以创造和维持共同的信仰体系吗?

事实上,这些皇家仪式仅表现出了在政治意义上使用仪式的一种方式,即强化现状。此外,仪式并不总是通过强化共同的价值观来创造团结,它的关键功能之一是在没有任何共同信仰的情况下创造团结。仪式研究的传统涂尔干理论在很大程度上忽视了社会冲突。这种观点没有认识到仪式在制造政治变迁上的作用,因为仪式的作用被认为是巩固已存在的社会系统。在本章接下来的部分,我将探讨仪式在不生产共识及冲突情境下如何促进团结,并以之弥补涂尔干的基本洞见在此问题上的不足之处。

缺乏共识的团结

仪式和信仰之间究竟有何关联?在一个传统的基督徒看来,信仰是最基本的,仪式不过是这些早已存在的信仰的公开表达。涂尔干延续了罗伯逊·史密斯(Robertson Smith)对古代闪族(Semites)宗教的开创性研究,认为两者应该倒过来才对。罗伯逊·史密斯通过对古代宗教的研究得出了一个结论:仪式才是不可或缺的,对仪式的解释则不然。"实践活动是不可动摇的,而与之相关的意义则极为含混……不同的人用不同的方式解释相同的仪式。"[①]埃德蒙德·里奇(Edmund Leach)随后修正了这一观点,认为神话(或信仰)和仪式只是同一种现象的两面,是两种对社会秩序的象征性表达方式。他总结道:"在表达同一件事情上,神话

[①] Robertson Smith (1907:16).

是以语言'说'的方式,而仪式则是以行动的方式。"①

但仪式不单单是信仰的程式化表达。即便在那些人们对仪式看法不一的地方,参与仪式也是重要的政治活动。正如哲学家卡西尔指出的那样,仪式中的人"体现出的是情感而非思想"。卡西尔认为,在宗教生活中,仪式比信仰更加深刻和重要,他引用了多特(E. Doutte)的话:"即便教义发生了变化,仪式仍会如已经灭绝了的贝壳化石那样,为我们标示出地质时期。"②其实,所有关于仪式和信仰的理论都必须回答一个问题:为何仪式比信仰更能抗拒变迁。对此涂尔干提供了一种解释:仪式是我们用于表达社会依赖性的方式之一;仪式中最重要的是我们的共同参与和投入的情感,而不是我们对仪式特殊的合理化解释。

这对理解仪式在政治生活中的作用和重要性有何意义呢?它意味着仪式能够在缺乏共同信仰的情况下为政治组织提供团结的纽带。这具有巨大的政治价值,因为人们的政治忠诚的基础是他们对群体的社会认同,而不是他们和他人共享的信仰。或者如沃尔特·惠特曼(Walt Whitman)所言:"我和我的朋友不以言辞动人,我们以我们的存在令人信服。"③实际上,仪式的惊人之处在于,它可以克服人们的行动和宝贵信仰之间的矛盾而对他们产生影响。信仰内藏于心,在某种意义上不可捉摸,而仪式公开表达出对群体状态的接受。正如拉帕波特(Rappaport)所言,它是"清晰可见、意义明确、公开承认的行为,而非难以看见、捉摸不透、深藏

---

① Leach (1954:13-14).
② Cassirer (1946:24). 多特的评论引自《北非的魔法和宗教》(Algiers: Typographie Adolphe Jordan, 1909, p. 602)。
③ 转引自 Nieburg (1973:32)。

不露的情感,它是社会意义和道德意义合于一身"①。从社会和政治意义上来说,是行动而非思想界定了我们。

这些在詹姆斯·费尔南德斯(James Fernandez)的作品中得到了最为生动的解释,他在对西非芳人(Fang)的布维第(Bwiti)宗教的研究中将社会共识和文化共识区别开来。所谓社会共识,他指的是在特殊环境中普遍赞同某些行为的和洽性。文化共识则是人们对这些行为所具有的意义的赞同。他认为,在宗教的维系上,社会共识比文化共识作用更大,他写道:"人们理所当然地希望社会性行为和文化性想法是完全一致的,但不要忘了,在某种程度上人们会看重行为,却在行为的意义上想法不一。要知道,虽然诸如仪式这样协调一致的互动行为能够产生某种直觉或道德共同体,但如试图在文化层面实现道德共同体,则会对之产生实实在在的威胁,当然,必须明确这种文化层面上互动行为的象征维度。"②

接受这种观念并不意味着摒弃了涂尔干,而是另辟蹊径发展了涂尔干的见解。毕竟,强调共同参与仪式而非共同信仰,反映了涂尔干自己对仪式在促进社会团结上所具有的关键作用的重视。然而,即便共同参与仪式也会在信仰上存有分歧,这一观点导致了更为复杂的社会观,以及对仪式在政治上的重要性有了更为充分的评价。

的确应该警惕把个人的政治信仰放在一个过于重要的位置上,因为这些信仰既不具有持久性,而且各种信仰之间也发展失衡、容易动摇。持久性来自于共同的行动,不仅因为参与者们信仰

---

① Rappaport (1979:194-95).
② Fernandez (1965:923;1977).

各异,而且每个参与者都存在信仰冲突的莫名困境。把个人的"种种信仰"设想为存在于他们脑海中的等价物只会误入歧途,[①]同样,把明确的、重要的、一致的和丰富的观点,强加在那些对这些观点理解不清、逻辑混乱和无动于衷的人身上也是错误的。政治组织的牢固度从成员的一致性信仰上所获有限,更多的是借助仪式得以不断地表达出忠诚。

因此,仪式无须表明人们有共同的价值观或是对仪式抱有一致的观念,就可促进社会团结。同时,也有必要面对另一种针对新涂尔干理论的批评,即认为仪式并非总会促进社会团结,它们也常会滋养社会分化。社会学家斯蒂芬·卢克斯(Steven Lukes)是其中最为雄辩的批评者,他借助清教徒为庆祝控制北爱尔兰举行的奥兰治游行(Orangeman parade)说明这一主题。他指出,通过强化某种社会群体——在这个事例中即北爱尔兰的清教徒——仪式可能加剧社会两极分化而非加强社会同化。[②]

这的确指出了涂尔干的观点在解释大型社会时的明显局限性,但涂尔干的基本看法仍是有效的。奥兰治游行实际上是仪式服务于社会团结的戏剧化事例。但在此情形中,仪式加强了一个内部政治抵抗势力的团结,由此破坏了社会作为一个整体的一致性。仪式通过这种作用,向许多政治群体和运动证明了它的价值。这些也意味着,如果将仪式仅用于巩固整个社会,那么它的作用将比想象中的要大得多。因为仪式能够将各种政治群体联结在一起,所以它在各种政治势力、宗派和亚社会群体的政治斗争中发挥

---

① 参见 Converse (1964)。
② 参见 Lukes (1975)。另参见 Mann (1970)。

着关键作用,而且它也是构建民族主义、社会沙文主义和战争环境的重要手段。

模糊性的价值

通过模糊性象征的使用,仪式活动可以在缺乏共识的情形下发挥出促进团结的作用。象征能够对人们产生剧烈的情感冲击,即便每个参与者对象征有不同的理解,也可以将他们汇聚在同一组织的旗帜下。这不仅意味着同一象征具有因人而异的意义,更意味着一个象征可以将各种互不相干的意义聚集在一起。美国宪法、第二次世界大战或者和平与胜利的手势等都是这类象征。不仅象征对于不同的人有不同的意义,而且同一种象征对于同一个人而言也会具有不同的甚至相互冲突的多重意义。其实,人们的思维过程并不需要解决这种冲突,也不需要在象征的使用上保持意义的前后一致性。①

政治修辞最引人瞩目的地方就在于能够将种种对立事物收拢在一起,即便是在那种极端对立以至于非常尴尬的情形下——如里根总统将一个新核武器命名为"和平保卫者"——这种对立的混合也是具有政治效力的。当然,这种困惑之举难以一直掩盖象征和行动之间的明显分歧。但对于政治家来说这是一种最有利的方式,他们可以打着象征的旗号把人们聚集在一起,然后从事那些不受欢迎的政治活动。古德施拉格(Goldschlager)指出,象征的模糊

---

① 参见 Gluckman(1965:252);Cohen(1975:36-37);Bennett(1979:117-18)。此外,参见第五章对认知失调理论的讨论。

性对于当权者的阴谋别具价值,远不止迷惑公众这么简单。模糊象征的宣传可以创造出一种奇诡、危险和恐惧的气氛。政治领袖可以易如反掌地处理这些象征,人民会认为他是一个可以力挽狂澜的人,也是一个可以托付自身命运的人。①

从象征意义的一种解释推演到另一种解释,是政治家们从模糊性中获益的惯常手段。仪式为这种意义的推演提供了有力的戏剧化表达,这种表达方式尤其适合提高新意义的影响力。这常见于对象征以及与其相关的仪式的操控中,这些象征与仪式常常与往日惨痛的国家历史尤其是战争有关,它们通过建立敌人和人民救星间的敌对关系,从而有效地凝聚成一个政治象征的统一体。

在美国,和美国革命相关的仪式就发挥着这种作用,而在那些近期遭受战乱之苦的国家中,这种象征和仪式更为有效。苏联提供了一个此类例子,俄罗斯人民在第二次世界大战中损失惨重、创伤累累。为此,苏联政府创设了一系列节日从各种方面纪念第二次世界大战,将由历史唤起的强有力的团结感和对当前苏联政府的认同感合二为一。②

战后的意大利也存在着相似的例子。战争带来的痛苦以及意大利法西斯政权对战祸负有的责任,一同对人们的情感产生了强烈冲击。抵抗运动(*la Resistenza*)是"二战"后期在意大利北部开展的反法西斯游击运动,其具有的象征意义为构建新的国家团结提供了令人满意的情感基础。这种象征旨在将意大利人和反法西斯力量联系在一起,进而削弱意大利人是纳粹同盟者的观念。各

---

① 参见 Goldschlager(1982:17-18)。
② 参见 Lane(1981:141)。

意大利党派都一直在争夺这种象征的使用权,每个党派都尝试与抵抗运动象征攀上关系。各种党支部——无论是共产党、社会党还是天主教民主党——都以抵抗运动中的烈士名字命名,定期向这些烈士的陵墓进献花圈,在政治集会上大唱抵抗运动的颂歌,以及庆祝与抵抗运动相关的各种节日(例如发生在当地的战役纪念日和盟军胜利日等),这些使得政党为建立与抵抗运动的关联而展开了狂热的仪式竞争。不仅每个党派都急冲冲地举行各自的仪式,而且还全力诋毁其他党派举行的相似仪式。在战后几十年中,围绕抵抗运动展开的仪式之争一直持续不断。

虽然政治领袖可以借助仪式的模糊性达成政治团结,但他们也会面临一些阻碍。在模糊性导致的仪式意义的冲突中总是存有危险之处。在这样的例子中,仪式非但没有产生政治一致性,本身倒成为另一个战场。

有个法国的例子很好地说明了这一点。在 1890 年代,一群法国议会领袖准备举行一场纪念圣女贞德的国家庆典。这是由于旧制度的支持者和大革命的拥护者之间的对立持续深化,形成了"天主教法国"和"无神论法国"并存的局面,这让一些议员痛心疾首,由此提出设立一个纪念圣女贞德的国家节日。在这一点上,鉴于真能算作国家节日的也就只有攻占巴士底狱纪念日,而长久以来该节又深受教会和保守派的诟病,被认为是对道德沦丧的赞颂,因而希望新的节日能够把法国凝聚在一起,并满足促进国家团结的迫切需要。

这个计划基于圣女贞德在法国民众中具有广泛的声望,也反映出她作为一种象征所具有的模糊性。她被神化为国家独立的战士,共和派和左派将其描绘成人民权力的象征,是反抗特权的斗士和大革命的先驱。对于右派来说,在梵蒂冈 1894 年决议的支持下,贞德被视作圣人,她是国家领土的卫护者,保全了法国王室的权威,同时也是法国爱国主义和宗教虔敬不离不弃的典范。

然而,庆典虽然提供了一种举国共享的象征,却未令"两种法国"握手言和,反而很快演变成一场激烈的有时甚至有些暴力的象征之战。在教会举行庆典之后,一群反教会者很快在新的圣女贞德塑像前举行了一些别有用意的仪式,如一些自由思想家在纪念仪式中高举着巨大的花圈游行,上面写着:"致被王室和教士抛弃的圣女贞德,教会的牺牲品。"看到这一场景,一群当地神学院的学生被激怒了,随即双方大打出手。这算什么国家团结建设啊![1]

如果希望它们获得成功,那么社会运动就必须创造出自身的集体精神,布鲁默(Blumer)将此称为"运动中的情感构建"。如果人们在运动中投入颇多,那么他们必有一种团结一致的情感和共同努力的参与感。

这种集体精神又是如何被创造出来的?布鲁默欣然答道,是通过"参与正式的仪式行为"。这包括大众聚会、集会、大规模游行示威和纪念庆典等。它们的价值在于向人们提供了一种社会支持感,"参与其中的心理状态就是正在进行的活动本身的心理状态"。这使人想起弗里德里克·路易斯·艾伦(Frederick Lewis Allen)对三 K 党成员身份所具有的魅力的评价,这种身份让"一个无名小辈成为一个无形帝国的骑士"[2]。通过此种仪式行为人们感觉

---

[1] 参见 Sanson(1973:455)。我对圣女贞德纪念活动中的冲突的描述主要来自于此书。
[2] 引自 Haynes Johnson 给 Lowe(1967:18)所写的序言。

自己很重要,同时,对"仪式装备"的象征化也有利于参与者"同心同德"。布鲁默所言的装备指的是一些象征媒介,如口号、歌曲、欢呼、姿势和制服等。因为这些象征物"通过将共同的运动感受象征化,以获得重要的情感意义,并被用来不断回味和一再强化彼此的感受"①。

一个人对组织的认同感只是和其他组织成员共享信仰的结果之一,因为信仰是脆弱的,且非必需之物。就此而言,仪式向人们提供了一种机制,用于在缺乏共同信仰的情况下对组织或运动效忠。对献身的心理学研究清楚地指出,仪式引导人们通过公共行动与政治群体达成一致,从而构建和强化人们与群体之间的必要关系。②

维克多·特纳在他的作品中创造性地使用了"交融"(communitas)一词,强调仪式在团结情感的滋养中所具有的潜在力量。在特纳看来,社会生活内部存在着天生的冲突。一方面,社会规范决定了社会中的各种角色,通过社会等级制分出贵贱;另一方面,人们认识到他们具有共同的人性,这是一种"普遍的社会关联"。事实上,大部分时间生活在等级制社会中的人们,需要定期释放他们被积压的紧张感。人们必须以某种方式表达和他人的一致性,仪式便是一种选择。人们依赖仪式隔绝日常时间,并疏离与日常生活之间的关系,从而释放巨大的心理能量。这种仪式活动唤起了对"空前伟力的体验",让参与者不能自已。③

---

① Blumer(1974:9-11).
② 参见 Sproull(1981:210)。
③ 参见 Turner(1969:96,128-29)。参见 Siegel(1969:282-83)对特纳观点的批判性讨论。

仪式的情感潜力能够在多种不同的环境中服务于政治团结的构建。例如,随着民族国家的崛起,在特殊的公开场合举行唱国歌仪式极为常见。从 18 世纪的法国和美国到 20 世纪的非洲诸国,国歌的内容和蕴涵的感情大同小异。它们经常通过呼求上帝保佑国家,热情洋溢地赞颂国家,希望得到无上的荣光。这些歌曲的意义并不在于它们自身的内容,而是用充满韵律的音乐和生动象征有效地构造出一个有关国家团结的情感氛围。不过也有一些美国的知识分子会不带感情地分析这种情感的交融,即便他的邻居们在拥挤的礼堂里听到国歌的旋律和大家一同吟唱,他也波澜不惊;抑或是一些自由散漫者拒绝在演奏国歌的仪式上起立,对身边的一切都无动于衷。仪式是靠情感而非理智来打动人,唤起的情感也会对信仰产生影响。[1]

我已经指出,只有通过象征的方式才能设想国家这一概念。国家主义的仪式促成了一种政治世界观,包括人们认为自己的国家是最为正义的,其政府制度也是最好的。与此同时,这些仪式也滋养了爱国主义团结感。边界都是象征性的设置,边界中的所有人都要去感受他们的统一性。

象征表达是如何促进民族团结的?巴西为此提供了一个有趣的例子。巴西和其他国家一样举行独立日庆祝,并且也举行阅兵式。近年来巴西是军政府执政,这些仪式就由军队自己组织,反映出当政者支持的社会秩序。有三方参与在仪式中:受阅的士兵,旁观的公众,高高在上检阅队伍的军事领袖。在仪式中展示出各种有力的国家象征——从旗帜到国徽——以及大量身穿各色制服、

---

[1] 参见 Hayes (1960:166-67); Shafer (1972:214-15); Aronoff (1980:7)。

佩戴武器的士兵整齐划一地行进,这些让观众群情激昂。总之,阅兵不仅反映出巴西社会中重要的等级差异,而且通过向汇聚在一起的大众展示有力的社会团结象征,孕育出对国家主义和统治者合法性的认同感。①

可以将此仪式与另一种看上去与政治无关的巴西大众公共活动相比较:足球运动。通过将球队和国家联系在一起,足球便成为激发国家团结的重要力量。实际上,施耐德甚至宣称足球是团结巴西人民的最为重要的个体性因素:"目不识丁的乡巴佬一旦拥有了收音机,就和城里人一样成为国家队的狂热拥趸。"②国家和政府的形象与国家队的象征意义混杂在一起,国际比赛就成为国家团结的仪式。1970年代的军事政权没有忽视这种仪式的潜力。军政府迅速将足球运动中激动人心的口号"前进巴西!"纳为己用,在总统接待仪式和其他官方场合中频频使用。除此之外,国家足球比赛中出现的一些口号——如"巴西所向披靡!"和"巴西,看我的!"——也都被政权用来支持他们的行为。

比国家小的政治组织也能够利用充满情感的大众仪式构建团结。美国的政党领导人自然明白仪式的这种效力。参与提名和竞选的候选人在集会上不是要向观众传达真实的信息,而是创造一种情感氛围让人们心甘情愿地以他马首是瞻。在四年一度的民主党和共和党提名大会这样大型的美国仪式上,即便总统候选人的人选已毫无悬念,也能发挥出重要作用。达尔将这类仪式与"传统

---

① 参见 Da Matta (1977:247)。
② Snyder (1976:272-73)。

部落的战前遴选勇士的仪式"进行了比较。① 两者确实很相似。

仪式也能够通过某种有力的政治分化原则,促使那些看似更为重要的政治群体产生分裂。在意大利中部城市锡耶纳便存在这样的例子。在两年一度的传统盛会中,街坊邻居们(contrade)通过各种方式互相竞争,比赛的高潮是在城中心举行的赛马活动。对于锡耶纳人来说,赛马(palio)是一年中最激动人心的公共盛事,邻居们在其中结成众多对立的小群体。实际上,正是赛马仪式在过去几个世纪中既维系了邻里团结又引入了竞争。在锡耶纳,团结来自于共同参与仪式,但这种团结不是整个社会的团结,甚至也不是整个社区的团结,而是一种同城邻居们在仪式竞争中达成的团结。

如何解释这种看似落伍的仪式?理解的关键在于邻居们并非是同阶级(class-homogeneous)群体。在其他存有阶级意识的社会中,这些地方群体横贯了基本的社会分工。无论是锡耶纳还是其他城市,意大利的政治精英们长久以来一直阻扰建立以工人阶级或农民为基础的一致性群体。其实这也是精英们为什么一直支持垂直结构的教会的一个原因。人们越不团结,也就越难产生威胁。

占领了锡耶纳的美第奇家族很清楚这一点,他们希望通过燃起大众激情的方式,让无权无势者无暇团结一致。用西尔弗曼(Silverman)的话来说,具有阶级间(interclass)成员身份的邻居"成为了以阶级为基础的平行同盟的强力反对者"。为了强化这种团结的跨阶级基础和社会认同的邻里中心观,后来的城市精英们继续资助赛马。于是赛马仪式成为一种定期表达和培养社

---

① 参见 Dahl(1961:113)。

会团结的方式,但是,这些邻里仪式并没有呈现和强化人们是生活在同一社会环境中的境况,而是模糊了彼此的差异。①

团结和信仰

人们需要为他们自己构建一种社会认同,以及表达出和他人的一致感。仪式为达成这些目的提供了重要的方式。然而,这并不意味着任何特殊社会群体的形成都要依靠仪式化,更何况仪式也并非只能有助于促进作为一个整体的社会或国家的团结。仪式也可以构建社会中各种冲突群体内部的一致性,由此它也助长了社会纷争。实际上,仪式不仅被革命者用来构建团结、颠覆政府,而且也能为反对国家或社会的既定秩序的群体所用,比如巴斯克或巴勒斯坦人的例子。

如果只是认为涂尔干在仪式研究中将团结和价值共识联系在了一起,那么就忽视了其理论的解释力度。他的天才之处在于,认识到仪式无须通过信仰的共享便能构建团结。团结来自于人们行动一致,并不需要人们思想合一。

---

① 此处我采用了 Silverman(1981)的解释。

第五章　政治现实的仪式建构

罗纳德·里根早就害怕这一天的到来,即便只是个仪式,他也感到很不自在。和德国总理科尔一起走在比特堡(Bitburg)军人公墓中,他看上去拘谨不安,一反常态。当科尔抹眼泪时,他直视前方,小心翼翼地不朝下看,以免瞥到散落在墓地草坪上的党卫军(SS)标记。不管西德多么热望在埋葬战争死难者的墓地上握手,总统坚决不会抬起他的胳膊。在当天早些时候匆忙间安排的一场活动中,里根访问了贝尔根-贝尔森(Bergen-Belsen)集中营,他敬献了一个花圈,上面写着"来自于美国人民"。而在墓地举行的一场短短几分钟的仪式上,他送的花圈上的话有点不同的意思:"来自于美国总统"。①

---

① 参见 Hedrick Smith,《脆弱的里根之路》,载《纽约时报》1985 年 5 月 6 日,第 10 页。Bernard Weinraub,《里根和科尔参加在比特堡公墓举行的简短纪念仪式》,载《纽约时报》1985 年 5 月 6 日,第 1 页。

第五章 政治现实的仪式建构

1529 年 11 月 5 日,皇家卫队进入了博洛尼亚。300 个骑士开道,紧接着是一队西班牙领主高举着仪仗旗帜,然后是 300 名佩戴武器、铮亮的战盔上插着红色羽毛的骑士,跟着是由马车拖着的 10 门大炮,再后面是 14 队德国乐手,挥舞着巨大的旗帜,一路吹笛擂鼓。但这只是先头队伍。两名领主擎着王旗而来,后面是全副武装的德国骑兵中队,然后是 100 名皇家卫队和一群西班牙贵族。骑在马上的大元帅捧着皇家宝剑走在查理五世前面。查理于九年前在法国南部称王,他身着全套铠甲,头盔上铸着一只金鹰。他的手中拿着权杖,所骑马匹披金戴银尽显珠光宝气。四个骑士在他两旁举着瑰丽的华盖。八名随从侍于一旁,还有两名大主教在他两侧相陪。

当查理进入城门后,亲吻了递过来的十字架。让在场大众欣喜若狂的是,查理大声命人抛撒大把大把的金银币——共有 8000 达克特(ducat)之多。在门前等候的 20 名大主教从骡子上下来,向查理致敬。在具有古典特色的奢华装饰品和描绘罗马皇帝伟大胜利的画作的簇拥中,查理行进到城市中心的圣彼得尼欧(San Petronio)大教堂,然后他下马走向坐在教皇宝座上的克莱蒙特七世(Clement Ⅶ)。皇帝向教皇三鞠躬,随后教皇从宝座上下来亲吻了皇帝的面颊三次。两人一同走到中心广场上,在欢呼的群众中,2000 支小号齐鸣,以庆祝教皇和皇帝达成历史性的和解。三个月之后,在同样壮观的仪式上,教皇为查理加冕,结束了两人多年来的流血战争。[①]

[①] 关于查理进入博洛尼亚的纪念仪式的描述,参见 Terlinden (1960), Chastel (1960) 和 Strong (1984:78-80)。

我已经讨论过仪式在缺乏共识的情形下，仍能为团结的形成发挥重要的政治作用，但这并不意味着仪式对政治观念毫无影响。实际上，仪式对人们有关政治事件、政策、政治制度和政治领袖的想法具有重要影响力。借由仪式，人们形成了一些想法：什么是合适的政治制度，政治领袖应该有怎样的品性，外在于他们的世界如何才能很好地符合这些要求。政治理解以象征为媒介，而仪式作为一种有力的象征表达形式，是我们构想政治现实的重要工具。

事实上，现代心理学的一个繁茂分支关切的正是人们是如何将他们对外部世界的感觉和他们对世界运作方式的理解融合在一起的。认知心理学为仪式如何影响人们的政治观念提供了很多有趣的线索。我们接下来将对此予以探讨。

图式化思维

在行为主义大行其道的时代，很多心理学家对研究思想过程不屑一顾，认为人们大脑中的知识形成过程不可捉摸，并且对理解行为毫无用处。给定的刺激产生必然的反应。但近年来，认知心理学家指出，对行为的描述并不能简单地以环境刺激为基础；更重要的是，行为受到各种认知构念（cognitive constructs）的影响。这些构念与许多人类学家所言的在文化意义上构建经验活动的象征统合体相似。但认知心理学家最感兴趣的不是这些构念的后天习得性（learned nature），而是人类心智的特性在作用于思维过程时有何局限。正如班都拉（Bandura）所言："认知因素部分地决定了外部事物是如何被评估的，它们是如何被构想的、它们是否具有长期影响力、它们有怎样的效价和效力，以及传递的信息是如何组织起来以备将来之需的。"①

当代认知心理学的一个主要理论观点认为,知识与个人大脑中的组织方式有关。其基本假设是,我们在进入世界时并非一无所知,无论见到什么都纳入脑中。我们通过感知来接受信息其实是一个"处理过程",它通过"早已存在的被图式化和抽象化的知识系统"来达成。② 这种被组织化的知识结构便是图式(schema)。③

既然我们不可能接受在世界上遇到的每件事物,那么我们的观念必定是有选择性的。我们从一大群可能之物中进行选择不是简单地靠机会。其实我们的观念是图式的产物,这些图式决定何种信息值得记录,同时为这些信息提供一种解释方式。正如奈塞尔(Neisser)所言:"信息只有在已有模式准备接纳它的时候才会被选中。不适合这种模式的信息毫无作用。"④这些图式对外在环境和经验有所预期,并提出合适的应对方式。

社会图式是抽象的象征系统,构造着我们对社会世界的认识。和所有的图式一样,它们之所以重要是因为能够使认知活动得到巨大的好处。我们实际上是一群"认知吝啬鬼",总是试图从我们有限的心智能力上获得最大收益。社会图式给我们提供了选择接受何种刺激的方式,然后将这些信息放到一个预先设定好的象征理解体系中,借此实现有效的认知,并使我们对现实世界的象征性构建产生稳固的认识。图式"引导着对相关信息的关注,支配着理

---

① Bandura (1977:160).
② 参见 Nisbett and Ross (1980:7)。
③ 参见 Tesser (1978:293)。众多认知心理学家使用了很多不同的术语来描述同一个基本原则。其中"图式"一词使用得最为广泛。
④ Neisser (1976:55).

解和评价,在信息缺失和含糊不清时提供建议,并促进信息的储留"①。

与社会世界大致相似,政治世界也能令我们迷失在它的复杂性和模糊性之中。大多数人忽视了相当一部分有用的政治信息,轻易地略去所接收到的信息中的含混和矛盾之处。②

由此,在我们的知觉和思维过程中存在着很强的保守倾向。因为我们依靠预先设定好的图式解释我们遇到的日常生活,这些图式告诉我们有何预期,我们倾向于忽视那些和我们的图式产生冲突的信息,就像我们习惯于把握任何看上去会强化我们的图式的信息。③ 不过所有人都使用各种各样的图式,当然这也使我们的认知有了一些灵活性,通过图式间的转换我们能够以不同方式解释同一种经验范畴。④

我们对图式的选择在某种程度上依据其可得性(availability),或者用术语来说是构念的可及性(construct accessibility)。一种构念或图式被使用得越频繁,在将来处理经验时越"有用"。⑤ 图式的可及性不仅建立在个人以往使用它的频率上,而且与它在记忆中的显著性(salience)有关。反过来,显著性又依赖于图式的显要性(prominence)和特殊性(distinctiveness)。一种图式是显要的,在某种程度上意味着它具有惊人的或强烈的特征;而其特殊性则是

---

① Fiske and Kinder (1981:173).
② 参见 Fiske and Kinder (1981:176)。
③ 参见 Hamilton (1981:139); Tesser (1978:290-98)。
④ 参见 Tesser (1978:307)。
⑤ 参见 Higgins and King (1981:71)。

指这些特征非比寻常。①

当人们想要理解他们的经验时,会使用很多认知法则。特韦尔斯基(Tversky)和卡内曼(Kahneman)把这些在不确定环境中用于判断的原则称作启发式(heuristics),典型性(representativeness)便是其中的一种,在此值得重点关注。②

典型性在某种意义上是指被观察到的现象和一个人用于解释这些现象的概念或类型之间的相似性。我们通过把感觉进行分类来解释世界,比如把人分为警察、士兵或消防员。我们根据判断,把一个对象或一个人归类到与其主要特点相似的合适类型中。③然而一个人的概念类型是有限的,他只会通过已有类型来关注现象的某些方面。如果有人使用了不合适的图式,可能会付出高昂的代价。比如士兵在战争中如果靠头发的颜色而不是制服的颜色来区分敌我,那么迟早会一命呜呼。

通过这种对经验的分类,我们赋予世界万事以意义(实际上,我们首先要明确的是,事情是如何构成的)。正如上文糊涂士兵的例子所示,我们的分类模式远不只是一种消极推断。我们所选择的图式影响了我们随后的行为,这种行为被我们视作对所见之事的合理应对。我们设想不同的群体共享某些重要特征,并将遇到的人各归其类,由此无须关注每个人所有可能的特征。这也鼓励我们倾向于将人们视为某种特殊群体的成员。那么社会关系就在很大程度上受人们采用的社会认同象征支配,因为这些象征被用作对社会进行

---

① 参见 Higgins and King (1981:80)。这些特性是否具有导致图式可及性的作用,心理学家们的意见仍存在矛盾。
② 参见 Tversky and Kahneman (1974)。
③ 参见 Nisbett and Ross (1980:7)。

分类。在极端状态中,人们穿着的制服就是在特定情形下象征性地显现其归属某类群体的原则,他们会被当作某种辨识度较好的群体的成员,只有某种体现出群体认同的特征被注意到,或者甚至可以假设其他的特征都被忽略了。① 图式一旦被内化了,就能够对我们的感知和判断产生巨大的影响。图式的力量如此之大,以至于我们的感知不得不向图式俯首称臣,以在最大程度上和图式相契合。②

然而,这种认知方法也认识到了认知产生变化的可能性。导致认知变化的可能因素有两个:一是个人解释经验时可用的图式常常不止一个,因此图式的选择直接影响着经验的解释。由此,围绕政治支持的争夺会引发对构建一种解释经验的合适图式的争夺。二是虽然人们一开始定然具有某种图式,但当新图式占据上风时,旧的图式就会被修正甚至被抛弃。③ 当我们的认知与图式所提供的分类法发生巨大分歧时,就会很容易产生这种变化。而如果我们在因地制宜地采取应对措施时却导致了出乎意料的或者不受欢迎的结果,则更容易产生变化。在这些情形下,我们可能会断定我们的行为不合时宜,并对我们的图式进行反思。不过迄今为止,尚不清楚这些变化的发生过程。④

---

① 参见 Wilder (1981)。
② Tesser (1978:294-95).
③ 参见 Cantor (1981)。
④ 关于是什么力量驱动认知趋于一致的问题,还存在着相当多的争论。一些心理学家认为,图式之间的冲突或者所观察到的现象与图式之间的冲突,会不可避免地导致图式的修正。另一些心理学家则认为,不存在一种导致认知一致的内在驱动力。例如,Tedeschi et al. (1971:692)指出,人们通过社会化过程明白他们必须给他人留下一种在认知上保持着一致性的印象,正是这种社会力量而非任何内在心理过程导致了认知的一致性。

其他认知特性

在考量仪式对构建政治信仰的作用时,除了知晓认知特征与图式概念松散地联系在一起之外,还有一些认知因素值得注意。虽然认知与情感有龃龉之处,但两者的关系殊为密切。例如,人的情绪越是激动,他的注意力就越狭隘,用于解释经验的类型也就越少。其意义在于,一个人在情绪上变得越激动——无论是愤怒、悲哀还是兴奋——他在对其他人的分类上就难以公允。在一个极端情形中,感情用事的人会草率地将人们分成两类:"志同道合"和"非我族类"。①

与政治及仪式问题明显相关的事实是,较之于那些无趣的、抽象的信息,人们更加关注生动的、具体的信息。约瑟夫·斯大林精当地也是无情地指出了这一点。他发现,单个俄罗斯士兵的死亡是悲剧,而数百万士兵的死亡只是个数据。真正的事情比抽象的数据更让人们感兴趣。人们不仅能够记住这种信息,而且更倾向于随后以之为基础作出判断和行动。尼斯比特(Nisbett)和罗斯(Ross)的解释是:"信息被生动地描述,是为了吸引和锁定我们的注意力、激发我们的想象力。这种信息在一定程度上是:情感动人的、真实的、在塑造想象上极具煽动性的,在感觉、时间和空间上最直接的。"②这些规则和一些仪式特性的相符性的确引人注目。就此而言,大众游行示威毫无疑问比演讲具有更大的政治影

---

① 参见 Wilder (1981)。
② Nisbett and Ross (1980:43). 关于引自斯大林的话,我也向这些作者表示感谢。

响力。

我们对于那些与环境格格不入的事物、人或行为尤为关注。①一个人穿着士兵制服站在一群士兵当中毫不引人注目,但如果他穿着的是一身睡衣就完全不一样了。同样,仪式中的主持者穿着教士的长袍或者国王身着王袍、头戴王冠也是为了起到引人注目的效果。

我们对不同特征的认识顺序,也会影响到我们对事物或人的理解。这就是首因效应(primacy effect)。我们以对事物(或者人和环境)特性的最早认识去概括其本质。这使得事物被放在一个更为广阔的类别中,并通过赋予事物和该类别一致的一系列特性来扩充我们的知识。在获得新知识后(如我们之前认为是保守派的人,其实一直投票给民主党),我们就会修正自己的观点以迎合这种知识,但是由于我们认知过程的保守性,我们的观点"在应对新信息的差异性时不会充分地得到修正"②。这种理论不仅可以解释为什么童年时期参加的仪式——比如升旗仪式和参加独立日活动——会对成年后的感觉和观念的形塑产生持续性的影响力,而且也能够证明为什么那些给予他人最早信息的人会具有巨大的权力。

接受信息的形式也会对接受者如何解释信息产生影响。例如,在陈述中使用统称比使用各种限定词更加有力。两个阿尔巴尼亚广播电台节目所作的假设很好地说明了这一点。第一个节目声称:"一群帝国主义者有时会使用一些残忍的武器。"第二个节目

---

① McMuire, McGuire, and Winton (1979:79).
② Nisbett and Ross (1980:172).

说得更为扼要:"帝国主义者使用残忍的武器。"第一个带有些许认知和情感冲击力;而第二个虽然语焉不详,但冲击力更甚。① 仪式传达的力量正是来自于这种附加说明的缺乏,使得象征真正变得模糊不清了。

仪式和认知的人类学视域

认知心理学近来的发展对人类学中的仪式研究也产生了一些影响,但此处提及的很多重要的观点在其他学科中也有相关表述。② 例如图式的核心概念在几十年前就已经形成。哲学家阿尔弗雷德·舒茨(Alfred Schutz)曾指出,生活经验的解释是由"从未知推到已知的提示"构成的,"这种提示在对经验图式的匆匆一瞥中就能体会到"。③ 对于舒茨来说,经验并不具有意义,我们通过反思为我们的经验赋予意义。

人类学家们很早就认识到先前存在的解释图式对观察有形塑作用,且感知本身也依赖于这些图式。在20多年前,罗德尼·尼德汉姆(Rodney Needham)讲过一个盲人在手术后重见光明的故事。当通过手术复明之后,他"陷入了形式、色彩和芜杂的视觉感受混乱中,他所见到的事物之间似乎没有任何可理解的联系,这令其苦不堪言"。如果他不能建立一种分类法以帮助自己对所见作

---

① 这一例子改编自 Abelson and Kanouse (1966:171-72)。
② 关于在仪式研究中有意识地使用认知心理学术语的尝试,参见 McManus, Laughlin, and d'Aquili (1979)。
③ 参见 Schutz (1967:84)。

出遴选,又怎能理解这种巨大的感官冲击呢?①

一些人类学家认为,文化本身只不过是人类用以对自然和社会世界进行分类的系统。再次需要特别提到玛丽·道格拉斯的仪式研究,她在1966年从一本1932年出版的著作中引用了图式的概念。她认为,通过使用图式,世界不再神秘莫测,图式让我们产生一些和图式化的模式相吻合的模糊感觉,并排除那些不和谐的想法。我们的思维中有一种保守的倾向:对我们的主导性图式可能造成威胁的所见会被忽略或排斥,这样我们的图式就会免遭不受承认之虞。因为社会现实的复杂和含混超出了人类机能的掌控能力,所以我们先天地想让社会现实变得更为简单和清晰,在一团混沌之中理出头绪。②

人类学家和哲学家还没有认识到这种认知心理学路径的作用,而一些政治学家已经认识到简单化图式具有巨大的政治意义。穆雷·埃德尔曼在他对政治神话的评论中完美地表达出了这一观点:"神话和隐喻让人们生活在一个运行有理、变化有道的世界中。他们舍弃了复杂的经验世界,而是坚持一种相对小巧、简单和原型化的神话,诡计多端的敌人和无所不能的英雄般的救世主是其两大主角。据此,人们在作出决定时,有的放矢、从容笃定、信心满满,而不会在威胁、茫然和不堪承受的个体责任面前手足无措。"③

---

① 参见 Needham (1963:vii)。
② 参见 Douglas (1966)。她关于图式的讨论见于该书第36页。
③ Edelman (1971:83)。

政治现实的仪式表征

作为一种重要的象征性活动,仪式形塑了我们的经验,它操控着我们的观念并引导着对这些观念的解释。① 经由仪式,或者是在更普泛的意义上——通过文化——我们不仅理解了身边的世界,而且使得我们相信所见到的秩序并非出自我们自身(文化)之手,而是为这个永恒的世界自身所有。

仪式好似完成这一任务的特殊装置,因为它们好像特别能够引发人们关注它们的人工构造或凭空捏造的性质,甚至使人们注意到文化是发明出来的而不是被发现的这一事实。② 但吊诡的是,仪式又的确是一种阻碍批判性思维的方式。作为程式化的沟通形式,它向我们清楚地表达出了具体的行为过程。用布洛赫的话来说:"所言所语之所以得到正确的理解,是因为在语言规则之中它难以产生歧义。"③

在这些仪式的认知特征中,有一些有助于解释仪式如何构建我们的政治观念,并以某种特定的方式引导我们理解自身的体验。仪式首先高度重视一系列限定的生动形象,同时将众多其他形象排除在认知场之外。只有那些与仪式相关的形象的特征才能引起注意,并且常常得到高度关注。与此同时,仪式所使用的象征也能够对所见事物提供一种特殊解释。④

---

① 参见 Crocker (1977)。
② 参见 Moore and Myerhoff (1977:18)。
③ Bloch (1975:22).
④ Nieburg (1973:44)有相似的观点。

下面是一个简单的但有些血腥的例子。19世纪早期的墨西哥保皇党人最终镇压了伊达尔戈领导的大起义后,迫不及待地想向反叛者和可能参加叛乱的民众传达某种讯息。还有什么比他们采取的措施更加简单而直截了当的呢?在射杀了起义领导人后,他们割下了伊达尔戈和其他三个革命者的头颅。他们将头颅带到瓜那加托城(Guanajuato),那里在不到一年前曾是叛军的发源地。保皇党人将这些腐烂的头颅分别放置在特制的金属笼子里,在城市粮仓的四个檐角上各悬挂了一个。他们显然明白此讯息具有持久效力,便将这些头颅置于粮仓达十余年之久。关于这些腐朽的头骨对市民起到何种影响,虽然未遗留下任何报告,但可想而知,这一讯息应该颇具威力。①

另有一个不那么恐怖、年代也不久远的例子,是关于美国驻伊朗大使馆被占领期间的仪式之战的。1979年,一群伊朗人突袭了大使馆,在占领大使馆的同时将美国人扣押为人质。这一事件意义何在?实际上,在伊朗的革命突变中,此事件刚发生时美国人和大多数伊朗人都对其意义不甚明了。在接下来的几日以及此后的数月中发生了一系列操控象征的活动,其中各种仪式占据着显著的地位。正是通过这些仪式,伊朗和美国的公众逐渐清楚了事件的意义,并由此将素未谋面的他人行为和自己的生活联系在一起。

纵然占领者们可能不知道何为首因效应,但他们仍立即举行群众仪式宣扬他们为何采取这一行动。通过美国恶行的多种象

---

① 参见 Hamill(1966:216),Turner(1974:125)。惩戒性的皇家刑罚在16世纪的法国已经得到了充分的发展,当时的一些公共行刑场面吸引了大量的人群前来观看,包括割掉辱骂皇室者的舌头、砍下亵渎者的手以及将叛国者分尸等,同时还举行相关的游街示众活动(Davis 1973:62)。

征——既将美国和邪恶的伊朗国王形象联系在一起,又表明了占领者服务于真主和伊朗革命——绑架事件被描绘成以国家自由为宏旨的行为,绑架者代表的是全体伊朗人民,甚而在更广泛的意义上代表了全世界被压迫人民的利益。

转向美国,从白宫到无数社区里的哥伦布骑士会(Knights of Columbus),也掀起了一阵仪式风潮。卡特总统竭尽所能使这一事件更具戏剧化:白宫圣诞树上的灯光直到人质归来后才重新亮起,日常生活也改变了节奏,总统甚至没有离开白宫去参加民主党提名竞选。国家陷入了悲恸之中。如果伊朗革命者当初炸毁了大使馆、杀死了那里所有的美国人——后来黎巴嫩人对美国驻军就采取了这种方式——就没有所谓的国家危机,更无须举行相应的仪式活动了。正是因为这些人质被绑架,才象征性地加剧了国家危机。全国的国旗都降半旗,提醒着国家处于交战状态中,直到几百天后人质们归来。[①]

这些例子表明,仪式所能营造出的情感氛围本身就是信仰和观念的有力铸造者。克利福德·格尔茨简明扼要地指出了这一点:"正是在某种庆典形式中……一方面神圣的象征激发出了人们的情感和动力,另一方面在人们心中勾勒了一种既存秩序的基本概念,两者相得益彰。在仪式中,真实的世界和想象的世界借助于一套独立的象征形式糅合在一起,无甚差异……"[②]仪式不仅构建我们的观念,为我们的经历提供某种解释,并且通过设置一定的环

[①] 关于卡特总统在伊朗人质危机中使用象征的讨论,参见 Hahn (1984)。
[②] Geertz (1966:28).

境,令这些观念和解释引人瞩目、深入人心。①

虽然涂尔干意识到仪式能够反复传输某些特殊的政治范式,不过他认为,仪式只是将整个社会凝成一体,并为政治秩序提供一种保守的、得到普遍认可的解释。其实,仪式并不是共同生活的盲目产物,而是与特定政治利益的得失相关。必须在政治范畴中分析仪式,以确定它们如何产生、运作和变革,以及谁会从中受益。②

仪式不仅仅能够反映现存的权力关系,更重要的是亦能够反其道而行,即为那些系统化地歪曲现实政治世界的信仰提供滋养之地。正如达·马塔(Da Matta)所言:"仪式既匿亦显,且晦且明。"③我们从仪式中能够认识到的与仪式刻意让我们所忽视的同样多。仪式从我们的记忆中抹去的历史,与其在记忆中所刻写的历史同样多。④ 仪式不仅简单地将政治秩序投射到象征层面上,它们还能为政治秩序添附特殊的观点。⑤

仪式可以为政治关系提供特殊的解释,这一论点在交往社会中确实了无新意,因为交往社会本来就格外关注如何通过恰当地使用仪式以使政治关系向期望的方向发展。实际上,这种仪式传达出的讯息通常会导致争议甚至流血冲突。这一现象在民族国家诞生之前就已经存在,当首领们在仪式中争夺名位时也屡见不鲜。英国大使出访中国便是一个能够更好说明这种状况的例子。

早在初次与中国宫廷接触时,英国使节就在觐见皇帝的仪式

---

① 另参见 Aronoff (1977:88)。
② Lukes (1975:301 - 2)此前作过此论断。
③ Da Matta (1977:259)。
④ 在此我改述了 Young (1986:105)对政治纪念物的评论。
⑤ 参见 Bloch (1974;1977b;1980); Silverman (1981)。

上遇到了麻烦。在中国传统中,任何人见到皇帝都必须磕头,也就是说,得恭敬无比地匍匐在地。当19世纪早期英国公使阿美士德勋爵(Load Amherst)受命觐见中国皇帝时为此极度困扰。① 向皇帝磕头的行为有损英国的"国家尊严",会令国家蒙羞。英国使团与中方官员展开了激烈的争论,阿美士德勋爵力图说服宫廷,在觐见时他只屈膝躬身而不是伏倒在地。最后达成的妥协是,特批阿美士德勋爵免于磕头,只须在皇帝赐宴时躬身九次,而当皇帝接见时则连续单膝下跪九次。

不过,一切并未就此结束。皇帝震怒于英国公使对他的轻蔑,坚持要求对方磕头,如若不从就不接受任何献礼。阿美士德勋爵担心国体受辱,要求如果有个与他同品级的满族官员向英国君主的画像磕头,或者皇帝发布诏书同意此后中国大使觐见英国君主时也磕头致礼,那么他就同意向皇帝跪拜。当这一要求被立刻拒绝后,阿美士德勋爵随即声称要启程回国,事实上他已经做好了动身的准备。他认为他可以躬身,但不能卑躬屈膝!②

正如这一案例所示,可以刻意地使用仪式表达出对政治关系的某种特殊理解。然而,这一案例也清楚地说明,参与者即便认识到仪式是刻意所为,也绝不会削弱他们投入其中的情感力量。

在有意识地运用仪式中的情感象征来引导政治观念的案例中,日本有一个更为晚近、颇具戏剧性的案例,即日本著名作家三岛由纪夫(Yukio Mishima)在东京市区切腹自杀,这一仪式在日本具有悠久传统。三岛由纪夫长久以来一直是古典价值观和传统政

---

① 当时(1816年)是清仁宗嘉庆皇帝在位。——译者注
② 参见 Rockhill(1905:35-36)。

体的坚定支持者,力图恢复天皇统治和重建军队。1970年11月25日,三岛由纪夫和一群支持者占领了东京的陆上自卫队东部总监室。他们劫持了一名师团长,要求在军队面前发表演讲。1200名士兵迅速集结到广场上,希望立刻能鼓动起士兵起义的三岛由纪夫大声疾呼,号召军队继承"古代武士的精神",恢复天皇制。他不断加大音量,声嘶力竭地鼓动军队,狂呼"让我们生死与共!"但是士兵们无动于衷,并报之以嘲笑。三岛由纪夫被士兵们的嘲讽激怒了,在大喊三声"天皇万岁"后走进房间,准备切腹自杀仪式。按照仪式的步骤,他先将一把刀插进腹内横切开来,然后由他的副手(在失败几次之后)砍下了他的头颅,完成了这一仪式。

尽管三岛由纪夫的自杀有些不切实际和自以为是,但对日本社会产生了重要的影响。因为这种仪式将丰富的历史象征和政治信仰的戏剧性展现联系在一起,它广泛地激起了人们对当时问题重重的政治制度的反思。三岛由纪夫的切腹自杀仪式成为日本在"二战"溃败之后,重建民族主义道路上的一个象征。[1]

虽然很少有政治仪式具有如此的戏剧性,但戏剧性的元素常常是仪式得以发挥其效用的关键所在。生动的象征可以让人们对仪式更加难以忘怀,仪式的效果也更加持久,同时仪式中产生的情感刺激也会集中于这些象征之上,并使得人们对仪式表达出的意义更加深信不疑。

斯威士兰(Swaziland)国王的例子揭示出了仪式在展现国家关系上有何力量,以及领袖如何使用戏剧性的仪式将有力的讯息传达给民众。在经历了数十年的英国殖民统治后,斯威士兰于

---

[1] 参见 Snyder (1976:196-98)。

1968年成为一个独立国家。对于斯威士兰的精英阶层来说，昭示国家独立的仪式极为重要，因为他们需要依靠这些仪式来描绘出一个全新的政治现状。其中一个最重要的方面是展现与英国之间的后续关系，所以仪式中需要一个具有合适身份的英国代表。当斯威士兰国王及其属下得知伊丽莎白女王的堂弟肯特公爵（Duke of Kent）是英国的代表时非常高兴。在各种仪式的官方节目单中，公爵的照片都处于显著位置。然而就在独立日前夕，公爵的母亲去世了，他不得不取消出访斯威士兰的行程。斯威士兰的领导人们希望英国能够重新派出一个同等重量级的代表，但令他们失望的是，即将离任的英国驻斯威士兰大使弗朗西斯·劳埃德爵士（Sir Francis Loyd）被任命为女王的代表。至此已经来不及将公爵的照片从节目单中删除了。斯威士兰领导人原本希望借助仪式，展现出英国对这个新独立的国家青睐有加，如今功败垂成了。

尽管遇到了这些挫折，但庆典仍按原计划在一个能容纳数千人的大露天体育场中进行。斯威士兰国王索布扎（Subhuza）乘坐一辆崭新的加长凯迪拉克豪华轿车进入体育场，他穿着全套传统的君主服饰，头上插满羽毛饰品。在环绕体育场一周后国王登上讲台，乐队奏起新国歌。随后当弗朗西斯爵士到场时，乐队奏响《上帝保佑女王》。大张旗鼓的仪式像是在表明斯威士兰不再是英国的一个殖民地，而是与英国有着持续而紧密的关系。

在外交使节们面前，仪式遵循着欧洲相关仪式的规程。当数千名斯威士兰士兵唱起古老的战歌时，仪式的风格为之一变。国王和首相离开了座位，走到场下和士兵们一起跳起舞来。当两位领导人独舞时，人群中爆发出一阵阵欢呼的口哨声。而当围绕着国王的士兵们先屈身在盾牌之下然后向前跃起将盾牌高高地举起时,舞蹈达到高潮。这是一个激动人心的时刻。随后国王和首相回到座位,片刻后他们乘坐加长凯迪拉克离开会场去参加外事接待。①

国王有很多方式向民众宣告新国家的性质以及他作为国王在这个国家中的作用,比如事先签署相关法令,或者在学校和政治集会上对这个新政治制度作出明确的说明。但这些都比不上在独立日庆典上传达出相关讯息。庆典中汇聚起来的情感以及其中的种种象征,描绘出这个国家的新统治原则是欧洲风格和传统风格的结合,这一点借由仪式令人们印象深刻。

因为我们对身边的象征和象征行为缺乏了解,所以很难理解仪式在形塑我们的政治观念时起到了何种作用。为说明这一点,埃德尔曼指出,各国领导人在日内瓦、越南或者美国和苏联举行的高度公开化的军备谈判上经常使用仪式戏剧。他问道,当领导人们为裁军与和平采用那般煞有介事的戏剧性行为时,还有谁会怀疑一个国家的领导层所怀有的良好意愿呢?② 公众最为在意的并不是现实的结果——比如谁曾见过一件核武器——而是达致这一结果的象征性过程。

美国的政治领导人就身处在无穷无尽的公共景观之中。在这些精心安排的戏剧性场合中,通过操控各种有力的象征创造出一种笃信的氛围,并令人对参与者和政治制度本身产生一种特殊的政治信任。总统无疑是一个国家的首席仪式演员和象征操控者。当站在一个国家的圣地比如白宫,身边是国旗和总统徽章时,他的

---

① 参见 Kuper(1978:301-4)。
② 参见 Edelman(1971:158)。另参见 Bennett(1980)。

到场引发人们不断欢呼"向领袖致敬",在此他具有了一种潜在的力量,可以影响人们对未知群体和未知世界的感知。总统和其他仪式专家一样,掌控着象征和仪式。当然,这种掌控只能在一定限度内,毕竟对于观众而言,这些象征和仪式的意涵及情感有其自身的历史。仪式之所以对政治家而言弥足珍贵,正因为其具有情感力量和相关的历史,不过这种情感和历史的力量也会带来负面效应。操控仪式者如果使用不当,就会反受其害。罗纳德·里根就在访问比特堡的过程中受到了惨痛的教训。

恰当地使用仪式对于国会议员、州长和大城市的市长而言同等重要,在仪式的操办中能够得心应手者在官场中也会如鱼得水。人类学家杰克·威德福(Jack Weatherford)在其名副其实的民族志著作《山巅部落》(*Tribe on the Hill*)中对美国的参议员进行了研究。在他看来,仪式性的对抗和表达,决定着参议员和美国大众之间的关系。

在这些公共仪式中,最具戏剧性和影响力的是定期举行的国会听证会,它总会引起公众的格外关注。在这些经过精心安排的活动中,国会议员面对摄像机镜头与各种邪恶势力展开仪式之争。参议员在参议院中与对手展开激烈争辩,尽力彰显其公正无私,当然,如果遇到牙尖嘴利的对手,有可能会给他带来些麻烦。相反,如果他在听证会上面对的是黑手党成员、外国间谍或大毒枭,则毫无风险。这些仪式让人们相信,国会议员在工作中代表着其选民,保护他们免遭罪恶势力侵袭,同时这些仪式也令人们对政治制度本身信赖有加。其实这些仪式对于打击有组织犯罪、国际间谍活动或毒品交易并无多少实际影响,但这一点政治家和公众并不关心,只有学者才会在意。

不过这些仪式有时能够在一定程度上改变政治信仰,比如国会有关尼克松总统渎职行为的一系列听证会就是个明证。通过这些仪式,宛如大杂烩般的种种行为活动被戏剧性地糅合在一起,集聚于一个象征——水门——之中。这一事件对公众的观念产生了极大影响,人们意识到原来总统也能被弹劾,这一认识以及很多被揭露出的事实在以前的美国政治生活中都是不可想象的。① 1987年举行的有关偷运武器给伊朗和非法资助尼加拉瓜反政府武装的公开国会听证会广受瞩目,也充满了与黑暗政治势力之间的仪式之战。

这些例子表明,在共同体辨别、揭发和驱逐公共敌人的过程中,政治仪式无处不在。关于这种政治猎巫活动,柏格森提供了一个有趣的见解,他将这些活动视作"特殊的仪式机制,能够将现实世界的个人、群体组织或文化产物转换为神话世界中的行为体"。就涂尔干的观念而言,柏格森认为,这种"仪式像是社会的'挂钩',将神圣的永恒力量悬挂在生活、普通人和制度化的日常事务之中"。换言之,通过这些仪式,人们得以在更广的超越他们自身现实生活的层面上理解他们的日常经验。仪式有助于将这些层面界定为"我们"和"他们",或者英雄和恶魔。柏格森指出,仪式将日常生活转化为更大范畴中的有序力量和无序力量之间的争斗,所以,"毫无疑问……猎巫活动看上去显得毫无道理、令人发指以及不太真实。在某种意义上,它们的确是毫无道理的,因为它们的逻辑源自神秘事物和神秘力量之间的仪式冲突所具有的象征意义,而非

---

① 参见 Weatherford(1981);Gronbeck(1978:167)。

源自现实的人类行为"①。

虽然位高权重者在操控高度戏剧化的政治仪式上具有近水楼台的地位,但这些仪式并非总为精英所专美。戏剧性的仪式还可以用来改变公共政策,同时,在这些仪式中,象征的灵活应用能够对大多数人的信仰产生影响。

美国1960年代的民权运动和1960年代末、1970年代初的反越战运动,都显现出这种戏剧化活动在不同团体寻求改变大众政治认知的过程中发挥了关键性的作用。然而,为了与恰当的神话模式相称,这种戏剧化活动还需要一个反角和诸多罪恶行为的象征。1963年的阿拉巴马州民权示威游行中就作了此般安排。如果只是在伯明翰市或塞尔玛市的大街上游行,难以令全国的运动积极分子的观念有多大改变。正因有巴尔·康纳斯(Bull Connors)警长使用警犬和水枪镇压游行,使大家深信这是一场正义与邪恶的象征之战。②

在那些成功的或基本成功的改变政治观念的群众运动中,最初会尝试运用一些象征去实现重大目标,随后就会出现结构化程度更高的仪式行为。象征性的展演在全国范围内会逐渐地实现一致。仪式化活动需要在恰当的象征性时刻和象征性场合,反复地使用那些饱含情感影响力的象征,而新象征在仪式中是难以让人们改变政治信仰的。在民权运动分子和三K党人界定何者对共同体有益时,美国国旗都具有重要价值。在仪式化活动中,关键在于要告知人们这些强力象征的重大变化以及通过改变它们的背景

---

① Bergesen(1977:223).关于弹劾仪式,参见 Garfinkel(1956)。
② 参见 Garrow(1978)。

来改变它们的意义。①

比特堡的仪式

象征在认知和情感关系上有其自身的历史。象征的力量部分来源于这种历史:它唤起了童年记忆,对过往一致性的感情,用来界定自身的认同感以及理解世界的方法。政治领袖一直致力于控制象征,在其中新的意义源源不断地产生,旧的意义则逐渐消失,不过,意义并不能靠命令来强行推行。

罗纳德·里根能够娴熟地利用翻新的象征和举行仪式,来引导人们理解外部世界以及他本人在其中扮演的英雄角色,他在美国获得的卓越名声也来源于此。因此,也就毫不奇怪为何1985年春天在比特堡参加的一场纪念仪式,会成为他执政五年中遇到的最具毁灭性的打击。他曾处理过很多富有争议的政治和军事行动,如解雇数千名罢工的空中交通指挥员和派出美国军队驻扎到混乱不堪的黎巴嫩,但都未曾产生类似他计划出席比特堡纪念仪式所引起的激愤。

举办这场仪式的决定要回溯到1984年举行的两场纪念仪式。首先是"二战"同盟国领导人参加的诺曼底登陆周年庆典。德国总理科尔为他被排除在这场仪式之外而错愕不已,出于安抚他的需要,法国总统密特朗随后邀请他出席在凡尔登(Verdun)公墓举行的纪念"一战"牺牲者的仪式。科尔和密特朗在一片十字架中庄重地相互拥抱。

---

① 参见 Bennett(1979)。

但是，凡尔登纪念仪式并非科尔所需。事实上没有人关心第一次世界大战的纪念仪式，因此也无须通过仪式达成和解。真正令德国人感到不安的是，他们被视作纳粹及其爪牙。密特朗的凡尔登纪念仪式宽恕了德国人在那场错误的战争中的所作所为，但德国人还需要一场能够宽恕其在"二战"中犯下的罪行的仪式，这得是一场在德国本土举行并且饱含象征意义的仪式。这场仪式的地点定在比特堡的德国公墓，并期望借由罗纳德·里根为其戴上神圣的光环。

对于科尔来说，这场仪式的价值在于，能够帮助解决使德国人尴尬的纳粹象征遗留问题。为此就需要提升科尔本人及其党派的声望。仪式的举行确实彰显出了科尔的权力，而里根罔顾美国国会议员和大众的激烈反对出席仪式，更是为科尔锦上添花。对于里根而言，他通过这场广为人知的仪式回报了科尔，因为科尔政府在过去给予了他诸多象征性的和实质上的支持。其中最重要的是，科尔政府同意美国在其本土部署新的核导弹发射台。在更普泛的意义上，这种仪式有助于美国培养政治盟友，并得以在德国驻扎大批美国军队。

如果说密特朗是想借助仪式用"一战"的象征替代"二战"的象征，那么里根的任务就是将"二战"的象征转换为"一战"的象征，以抚平仍然在流血的历史创伤，用哈贝马斯的话来说："将已成定势的往昔光环加诸现在之上。"① 早在赴德国前，里根就已经着手准备改写历史。里根在对一位美国听众的谈话中为他的计划做了辩解，他声称访问是为了纪念战争中的德国死难者，死去的德国士兵

---

① Habermas (1986:44).

"也是纳粹的受害者,虽然他们身穿德军制服参与战斗,但他们只是被征召入伍执行纳粹可恶的要求而已。他们是受害者,就像是集中营里的受害者一样"①。换言之,纳粹德国所犯下的罪行应由一小撮领导人来承担,是他们强迫德国民众执行他们的邪恶命令。虽然里根力图在公墓纪念仪式上传达这一观念,但在象征构建上遭到了他的听众们的反对,因为大众对历史早有自身的看法。

对很多德国人而言,这些仪式提供了令他们满意的证明,他们认为他们作为受害者受到了恶意宣传的不公正对待,"二战"只是欧洲漫长冲突史中的一页罢了,没有人能够置身罪外。即便是在反对声一片的美国,这场仪式也深刻影响了无数民众的认知。他们的总统和德国政府的首脑一起在德国战争公墓中出席这样一种仪式,这一事实为德国提供了无罪辩护,即德国人是受害者而不是纳粹的施暴者。

不过直到最后,纳粹的象征意义对于里根来说还是太强大了。虽然距离最后一个盟军士兵被杀死和最后一个受害者被赶进集中营已经几十年过去了,那些死去的德国士兵仍然能造成伤痛。一方面,里根竭力对他在仪式中的表现进行重新解释;另一方面,他的对手们也利用有力的象征令该仪式蒙羞。他的对手们有多种方式可以选择。其中最引人注目的或许是"发现"了在数以千计的坟墓中有38座刻有纳粹党卫军的标记,而党卫军是希特勒臭名昭著的秘密警察部队。因为与党卫军相关的符号附有无尽的耻辱,所以里根身边的幕僚为他参加仪式担心不已,但是帮助总统选择

---

① 这些话来自于一场总统新闻发布会,引自于《总统回应对其出访德国的质疑》,载《纽约时报》1985年4月19日,第13页。

仪式地点的侍从们则对这种担忧报以不屑。在德国历史的象征构建中,纳粹军队是一回事——纳粹军队实际上就是德国军队——党卫军则是另一回事。其实除了历史学家外,少有人了解数十年前这两者实际上做了什么,但是两者之间的象征性差异一直影响深远。①

在里根宣布此行不访问纳粹集中营后,他的仪式日程激起了强烈的反对。然而,当总统随后将访问贝尔根-贝尔森集中营加入行程表后,同样又遭到了一片反对声。一位《耶路撒冷邮报》(Jerusalem post)的作者大声疾呼:"不要把我们死去的同胞拖入你和科尔德国的和解之中。不要在和那些躺在比特堡的人同气连枝的时刻提及我们的牺牲者。"②因为在同一天举行的两场纪念仪式,使得集中营的受害者和杀害他们的凶手被放在了同等的象征地位上。

虽然仪式照常进行,但里根竭尽所能扑灭他点燃的熊熊怒火。从拒绝和科尔在公墓握手,到临时起意去贝尔根-贝尔森悼念,他通过对仪式的修修补补,努力减低在政治上的损失。对于科尔而言,他很清楚在面对里根的畏葸不前时,不能让仪式毫无成效。"对比特堡公墓的访问",他声称,"是美国人民和我们德国人民达成和解的标志,这一点显而易见,也广受认同。这一和解不是否认

---

① 参见 James M. Markham,《科尔声称他促成了里根访问纳粹集中营》,载《纽约时报》1985年4月17日,第14页。
② Meir Merhav,《为魔鬼增光》,载《耶路撒冷邮报》1985年5月3日,转引自 Hartman (1986)。

历史,而是齐心协力翻开历史的新篇章。"①历史通过它的象征化存在于现在。克服历史就意味着改变现在的象征,这正是比特堡仪式所意图达成的目标。

在里根访问公墓的前一天,《芝加哥论坛报》(*Chicago Tribune*)的一篇社论哀叹道:在我们"生活的时代中,象征替代理性讨论成为政治交易的媒介"②。其实象征一直都是政治交易的媒介;这种交易不仅重新分配政治收益,而且还建构我们的政治观念。如果象征和仪式被用来建构我们的政治现实,这是因为我们作为人类别无选择。③

政治信仰

通过反复利用既定的、带有强烈情感的有力象征,仪式成为政治信仰的重要铸造者。④ 我们首先采用仪式界定政治现实,随后经过频繁的集中表达来巩固我们的政治信仰。

但若如此,又如何评价我们的理性能力,我们有逻辑地独立思

---

① 在公墓举行的仪式结束后,科尔去比特堡的美国空军基地发表了这段讲话。讲话内容引自于《科尔在美国空军基地的讲话记录》,载《纽约时报》1985 年 5 月 6 日,第 8 页。
② 《芝加哥论坛报》1985 年 5 月 4 日。
③ 除了之前的引文出处之外,关于比特堡仪式的讨论还见于下列《纽约时报》刊载的文章中:Bernard Weinraub,《里根的副手回顾总统访问德军公墓的计划》,1985 年 4 月 13 日,第 1、第 4 页;David Kaiser 的专栏文章,《勿向希特勒的军队献花圈》,1985 年 4 月 18 日,第 27 页;Anthony Lewis,《比特堡之约》,1985 年 4 月 25 日,第 27 页;Flora Lewis,《历史不会消失》,1985 年 4 月 26 日,第 31 页;以及 James M. Markham,《访问比特堡:需要"和解"吗?》,1985 年 5 月 2 日,第 16 页。此外还参考了 Eckardt (1986),Hilberg (1986),以及 Rosenfeld (1986)。
④ 参见 McManus (1979:227)。

考的能力,有批判性地考虑问题的能力,以及基于事实分析形成理性结论的能力?不幸的是,很难为我们天生就具有理性本质的观点提供有效的辩护。根据埃德尔曼的研究,我们最珍贵的、最深层次的政治信仰很少会屈服于论辩或严肃的考量。这些政治信仰深入人心,任何有关它们有效性的严肃讨论都是危险的,因为如果质疑它们,就意味着认识到它们可能是错误的。①

关于人们的政治信仰为何难以改变这个问题,多年以前,安东尼奥·葛兰西(Antonio Gramsci)在法西斯的监牢里产生了一个相似的观点。他指出,在大众之中,"哲学只有被当作信念,才能被人感受到。"②人们构建基本的政治观念,并不依赖于对不同政治理念进行批判性的比较分析。人们从所处的社会中获取这些理念,对社会具有操控能力(霸权)的人则在很大程度上统摄着这些理念。实际上葛兰西认为,个体的政治信仰依赖于理性论辩的世界是不可能存在的,因为如果存在这样的世界,那么个体一旦遇到受过更好教育或者更加能言善辩的对手时,就会改变他们的信仰。

当然,葛兰西并未宣称人们的信仰无法改变,只是认为简单地通过理性规劝就能改变信仰的想法过于单纯。个体改变其信仰并非屈服于理性论辩,而是需要为之提供合适的社会环境。仪式提供了这种环境。例如,当政治精英在构建新的国际联盟时,通常都伴随着庄重的仪式化活动——大量公开场合的握手和共同展示各种象征。先前互有嫌隙甚或相见两厌的国家或群

---

① 参见 Edelman (1971:45-46)。
② Gramsci (1971:339).

体被置于一种新的象征性关系中,彼此在那一刻化敌为友。① 里根和科尔在"二战"结束数十年后仍然致力于达成和解,而阿拉伯国家定期举行的仪式旨在为它们缺乏基础的联盟提供普遍共识。

仪式能够在缺乏共同信仰的情形下促成一致的行为。在很多时刻,人们的行为应该被视作对情境压力(situational pressure)的反应,而不是深层次信仰的外在表现。其实很多心理学家都提出警告,反对人们的态度决定行为这一假设,即便这种观点在直觉上看似正确。②

斯奈德和斯万认为,人们在社会环境中采取行动,很可能是基于情境压力而非内在的信仰,这种反应"(1)会显得异常、新奇,并包含着社会比较(social comparison)的源泉……(2)令个体难以把握或者纠结于他们的内心状态……(3)认为个体态度为社会所不喜……或者显得反常……以及(4)令个体对他人的看法敏感,关心社会评价和遵从参照群体(reference-group)的规范"③。但我们可以进一步认为,信仰本身并不那么稳定。在某种社会环境中,人们会像改变行为一样去改变信仰。在公开举行的政治仪式中可以见到不少此类情形。在这些仪式中,人们紧密地团结在一起,与他人行为格格不入者则会被群体抛弃。

仪式引发的强大情感可以进一步促进遵从。1912 年,巴杰特(Bagehot)提到不可一世的英国政治家查塔姆伯爵(Lord Chatham)在与国王议事时展现出了一种非同寻常的奴性。在与

---

① 参见 Edelman (1969:232)。
② 参见 Norman (1975:83)。
③ Snyder and Swann (1976:1041).

国王乔治三世议事时,查塔姆伯爵一直都跪在国王的床侧。巴杰特指出:"当时没有人跪着讨论。对国王迷信般的情感不仅让伯爵的身体拜服,而且也让他的内心拜服。"①

在伊斯兰世界,仪式以完全不同的方式展现出它对决定行为所起的关键作用。根据传说,先知穆罕默德建议道,要想成为一个好的穆斯林,关键在于每天祈祷五次;他指出,崇拜者的心灵活动,是崇拜者与真主之间的交流。② 与信徒们一起参加相同的祈祷,是一种比私下的信仰更具有坚实基础的宗教虔诚。与此同时,参加仪式的人们还能通过强化信仰,去合理化他们的行为以及支持他们的虔诚。

认知失调

在探讨仪式对政治信仰产生的影响时,我已经指出,如果人们的信仰彼此不一致或者个人的信仰与社会中的那些重要人物的信仰有所差异,就会造成一些紧张状态。在此情境中,个人很可能会改变他的信仰。不过,有些改变难以预料:人们在生活中会持有一些逻辑上不一致的看法,或是产生一些与邻居们相左的观点。

当前得到公认的认知失调理论,在 1950 年末兴起于里昂·费斯廷格(Leon Festinger)的研究,他对上述紧张状态作出了一定的解释。费斯廷格认为,失调简单来说就是认知中的不一致;反之,协调则是指不同信仰间的一致性。这一理论认为,当人们发现自

---

① Bagehot (1914:147).
② 这在一个相似的语境中被 Cohen (1979:98)所引用。

己持有失调的信仰时,会产生心理上的不适感。继而,这能促使他们减少这种失调状态。人们不仅在失调产生时寻求解决之道,也会积极地避免那些导致失调的情境和信息。①

当我们对世间事物的解释和信仰产生冲突时,就会产生一种常见的认知失调。就此情形而言,费斯廷格指出:"对个体造成影响的现实压力,会直接使其在认知上产生与现实协调一致的相应要素。"②个体遇到的失调数量越大,减少失调的压力也就越大。当我们的信仰和社会中的主要信仰产生冲突时,或者无法用简单的经验对象去证明个体自身信仰的有效性时,认知失调就会显得尤为严重。当与他人共享某些根深蒂固的观念时,即便这些观念看似与外部世界的信仰有所冲突,认知失调的状况也会有所缓解。

纳粹的致敬礼是一种很能说明这种状况的政治仪式。这种致敬礼象征性地表达出对普泛的纳粹政权和希特勒个人的忠诚。其目的之一在于,用系统性的方式找出那些不忠诚者,同时强化群众的忠诚度。布鲁诺·贝特尔海姆(Bruno Bettelheim)认识到了这种仪式的政治和心理力量:"对于希特勒的追随者而言,向其致敬表达出他们对其权力的坚定支持。效忠者在每一次致敬礼中积累着他的幸福感。而对于纳粹政权的反对者来说,这种致敬礼则起到了相反的作用。当他不得不在公开场合行礼时,他的一体性就会受到动摇和削弱。更为特殊的是,如果他受情势所迫不得不行礼,他会立刻感受到背叛了自己最深的信念。所以他不得不假装

---

① 参见 Festinger(1957:2-3)。关于认知失调的研究,另参见 Wicklund and Brehm(1976)。
② Festinger(1957:11)。

对这种行为无动于衷,或是换言之:他无法改变他的行为——因为他不得不向希特勒行礼。因为一个人的一体性有赖于行为和信仰的一致性,所以[当两者不一致时]保持一体性的最简洁有效的方式就是改变信仰。"①正如贝特尔海姆所言,统治者通过这种纳粹仪式展现出来的权力,事实上不仅来自于它触及了"个体生命活动的最细微、最私人性的层面,而且更多的是来自于当个体对其有所抵触时,个体的内在会为其所分裂"②。

情感和认知

为了纪念费迪南德·拉萨尔(Ferdinand Lassalle)逝世十周年,在当时仍属于德国境内的布雷斯劳(Breslau)地区,社会主义工人们敬献了一面红旗。旗帜上除了"1863 年 5 月 23 日,费迪南德·拉萨尔"的献词外,正面还绣着两句格言:"自由,平等,博爱"和"团结就是力量"。旗帜的反面则绣着:"社会民主主义工人于布雷斯劳,1873 年。"在随后几十年跌宕起伏的历程中,这一社会主义符号展现出了对认同其象征意义的人所具有的影响力。当俾斯麦的反社会主义法令威胁到这面旗帜时,它被偷运到瑞士。后来在纳粹当政期间,它先被埋在一个花园里,后来被藏在一个水管工人家的地窖里。在"二战"后期,行军到布雷斯劳的红军军官得知存在这样一面旗帜时,他们希望能够向其致敬,但旗帜的保护者拒绝把它交出来。再后来布雷斯劳被划分给了波兰,旗帜又被偷运

---

① Bettelheim(1960:290-91).
② Bettelheim(1960:292).

到西德，落在了社会民主党手中，由此该党被认作是这面旗帜所有意义的合法继承者。在数十年中，人们冒着坐牢甚至更大的风险保护着这面旗帜。①

如果说政治仪式能够激起对世界的某种解释，主要是因为这些仪式可以引发强大的情感。我们的感知能力和理解力极大地受情感状态的影响，但是这一作用过程在很大程度上又是以反方向进行的。仪式唤起的忧虑、激起的恐惧以及带来的欢乐都能引导我们的政治感知能力。在总结仪式如何影响人们的政治信仰和政治感知能力之前，我们先简要地探讨一下情感的作用。

"象征的终极力量，"艾欧恩·里维斯（Ioan Lewis）写道，对"它们激发情感的能力"和认知内容的依赖相差无几。② 但是这两种心理过程产生的力量并非毫无关联。实际上，仪式激发的情感之所以引人注目，有着重要的政治意义，往往与特殊的认知讯息有关。仪式不单激发情感，也循循善诱。但仪式的诱导能力主要依赖于它令人们心悦诚服的能力。影响人们情感状态的传感装置多种多样，从有节奏的吟诵到按某种风格跳舞和行军，从嘹亮的歌唱到丧钟的哀鸣，不一而足。最有力的仪式在情感上的影响力是无与伦比的：它们牵涉的不是人格的某些方面，而是人格的全部。③ 在群情激越的仪式中，人们将注意力集中于限定的象征上。他们投入的情感越多，心有旁骛的东西就越少，仪式中的象征也就越

---

① 参见 Hobsbawm（1984:67）。
② 参见 Lewis（1977:2）。
③ 参见 Ortner（1978:5-6）。

有力。①

仪式中的情感源自何处？涂尔干给出的提示是仪式之所以能产生强烈的情感，是因为仪式表达出了人们对社会的强有力的信赖感。除了周期性举行的仪式之外，当人们在生活中遭遇转折点时也常会举行仪式。这些仪式中的强烈情感，反映出了人们在这些环境中的内在冲突、不确定性和忧虑。

例如在葬礼中，当面对死亡以及死亡可能带来的生活上的变化时，哀悼者的情感状态都会受到影响。人们使用仪式来处理这些强烈的情感，对于很多政治系统来说，它们通过将自身的象征纳入葬礼而获益颇丰。从美国阿灵顿国家公墓举行的葬礼到一些共产主义国家举行的党葬或国葬，对这些能够令人动情的仪式进行政治化的诉求从未停歇过。

政治势力也会创造出新的仪式，并使用它所营造的情感状态影响人们对政治世界的观念。这一做法普遍存在于当代社会中。例如在苏联，早期的理想主义观点将人视作是理性行为者，因此仪式被当作一种迷信形式遭到摒弃，但最终让位于精心利用仪式的情感影响力去塑造政治信仰。②

仪式引发的情感如何灌输和影响到仪式中的认知讯息，这是一个有趣的问题。维克多·特纳通过对仪式中的情感和认知这两极的讨论，为此问题提供了一个广为人知的人类学解答。在仪式的操演中，这两极之间进行着交换，仪式唤起的情感灌输到它培育

---

① 与此相关的是一些实验心理学家的发现：一个人想另外一个人、一种观点或一件事情越多，他的情感就会变得越强。参见 Tesser（1978:298-99）。
② 参见 Lane（1981:32）。

的认知观中,两者相得益彰。特纳和涂尔干一样,也在很大程度上将信仰视作一种两相合意的概念。仪式两极间的这种交换,"有助于在无意识的情感与社会结构的要求之间构建起社会必要的正确关系。即人们被诱导着去做了他们应做的事情。"[1]特纳关于两极间特质的交换的论点,比将社会生活视作静止的且同质化的观点更具说服力。

群体行为的研究者经常会注意到情感的感染力。诸如在集体仪式中,人们的情感在很大程度上被他们身边人的情感所左右。[2]集体仪式极具诱惑力,先前与集体仪式活动有关的情感,会在相似仪式的操演中继续被感受到,即便这些仪式独立举行或是规模更小,皆是如此。

仪式可以被视作一种修辞形式,讯息通过复杂的象征操演得以传播。修辞遵循的某些形式有着文化上的规则,这些形式的内在逻辑令论辩过程井然有序,并且使提出的主题令人信服。肯尼斯·伯克(Kenneth Burke)将这种内在逻辑形容为"合作期望的态度",认为修辞的形式模式来自于修辞的受众。正是表达的形式使我们相信它发出的讯息。与理解政治生活中的仪式应用尤为相关的是一种我们/他们的比喻,显然它是一种情感结构。正如伯克所言:"让我们设想一段包括一组对立面的话('我们做这些事情,但他们在另一方面做那些事情;我们在这儿,但他们去那儿;我们向上看,他们则向下看',等等)。一旦你把握住了形式的趋向,无论是什么题材它都会要求参与其中。从形式上来说,你将发现你自

---

[1] Turner (1974:56).
[2] 参见 Bandura (1977:65)。

身在对立主题的交替中摇摆不定,即便你并不赞同这一形式所表达出来的主题。由此,你被拖入到形式之中,不是因为你立场不坚,而是因为形式中存在一些'普遍'的诉求。继而这种对形式的屈从态度会转化为与形式相关的实质性内容。"① 成功的仪式正具有这样的结构。它营造出的情感氛围使得仪式中的讯息令人心悦诚服,因为它的营造方式看上去是那么的浑然天成。它所呈现出的世界图景在情感上极为充沛,以至于让一切辩驳都黯然失色。

---

① Burke (1950:58).

第六章　仪式生威：借由仪式争夺权力

1967年4月15日，人们占领了曼哈顿的街道，举行了数十年来最大的一场和平集会。10万名（也有人称超过25万名）激动的、兴高采烈的民众从周边的城镇、郊区和学校乘坐汽车涌进了纽约中央公园。马丁·路德·金大步走在队伍的前列，身边是相互挽着胳膊的本杰明·司博科（Benjamin Spock）、哈瑞·贝拉方特（Harry Belafonte）以及一些民权和宗教运动的领袖。队伍延绵不断，花了四个小时才走出公园，伴随着观众的欢呼和嘲弄声走向联合国广场。在反战的标语和旗帜中，人们有节奏地呼喊着："地狱不除，我们不走"和"嗨，嗨，林登·约翰逊……你今天杀了多少人？"

在这场集会里还有很多小规模的聚会，各类群体在游行开始前在公园里举行了他们自己的庆典仪式。在一座青翠的小土丘上，一群年轻人挥舞着标语，宣称他们是美国援助南越民族解放阵线委员会。在他们身前竖着一座40英尺高的黑纸板塔，塔顶立着越共的红蓝色旗帜。旁边的其他人则把星条旗升上高高的旗杆,让所有人都能看到旗帜在飘扬。在游行开始前一小时,70名年轻人站在公园里的一块岩石上,点燃了白色的小纸片——那是他们的征兵卡。接着数百人加入到他们中来,围成了一个圆圈。当新加入的人把他们的征兵卡传给一个拿着喷火的咖啡罐的年轻人后,人们不再是用打火机一张张点燃卡片,而是集中在一起焚烧。每个把卡片送去焚烧的人都会得到欢呼,在烟雾缭绕中响彻着"抵抗、抵抗"的喊声。女人们也加入到仪式中来,她们小心翼翼地把同伴的卡片点燃后再传给下一个人,直到卡片完全化为灰烬。①

四个半世纪之前的易北河边,一群学生和年轻人聚集在威腾堡(Wittenburg)。时值1520年12月,距离路德把《九十五条论纲》贴在教堂大门上已过去三年。教皇刚刚签署了一份谴责路德及其教义的训令,作为回应,路德在一群大学官员面前将教皇的训令付之一炬。支持他的学生们随即响应,上百名学生上演了一个提早举行的狂欢节游行。他们搭建了一个船型的花车,以巨大的教皇训令为风帆。学生们涌入游行队伍;一些人演奏着音乐,其中一人扮成战车御者,另一人则扮成号兵。还有个学生举着剑,上面串着一份教皇训令。在花车欢快地穿城游行中,更多的人加入进来。当花车穿过大街时,一些学生把点燃的柴火和路德在教义上的主要对手的

---

① Douglas Robinson,《很多征兵卡被焚——向游行砸鸡蛋》,载《纽约时报》1967年4月16日,第1—2页。

书籍一起扔进花车。当花车回到起点后,路德的支持者把训令和书籍堆在一起焚烧。他们围绕着火堆庆祝,唱着宗教歌曲和流行歌曲。其中有个打扮成教皇的人,把冠冕摘下来扔进了火堆中。①

仪式不单有助于保持现状,也是重要的政治斗争工具,无论是稳定社会中的争权者,还是动荡社会中的敌对双方,都对之青睐有加。前文探讨了仪式为何对政治过程非常重要,在此转向一个新问题,即个体竞争者如何使用仪式争权夺利,以及群体如何借助仪式改变政治系统。

因为人们需要依靠仪式表达他们的社会依存感,所以控制共同体仪式的政治力量在合法化他们的权威上颇有优势。这些仪式戏剧化了权威,进而美化了权威。② 这种戏剧化不仅确立了权威的归属,它也明确了政治势力中的不同权威等级。例如在莫斯科的红场阅兵中,与检阅台中心位置的接近度是当时体现苏联领导人在权力斗争中所处地位的重要指数。在过去几个世纪中以及近期的一些无文字民族中,仪式及其相关象征性活动是表现权力等级制的唯一方式。在缺文少字的社会中,正是仪式明确了人们的权力关系。③

对于其他场合的政治斗争而言,这些仪式也是传达斗争结果的重要方式,但本章的关注点远不止于此。仪式有其自身的力量,它们本身就是重要的政治斗争场所。

---

① Scribner(1978:304).
② 参见 Duncan(1962:264-65)。
③ 参见 Bryant(1976:15)。

第六章　仪式生威：借由仪式争夺权力

使用仪式传递讯息

在政治斗争中，仪式既被用来宣示对权力的占有，又被用来向公众传递讯息。从国际外交到乡村政治，在政治生活的各个层面都可以看到此情形。

那位不愿卑躬屈膝的英国访华大使的例子虽然有些奇特，但典型地体现出了国际关系的仪式规则。没有仪式的外交是不可想象的。外交礼仪永远都很重要，合适的象征必须以合适的方式得到处理。哪怕是最微不足道的琐碎细节也会造成巨大的问题。谈判桌两侧人数的多寡和谈判者的相关位置，也会引起争论甚至导致战争和死亡。当然，当一位外国官员受到接待时，主人会待之以何种级别的礼仪总是关注的焦点，接待规格过高或者过低，都会造成潜在的不良后果，正如苏联驻冰岛大使在1986年峰会上发现的那样。

在文艺复兴时期的威尼斯，官员们会在一种档案——《仪典》(Libro Cerimoniale)——中记录下接待每位到访的贵要时举行的仪式，以便在将来待客时有确切的参考方案。在接待来宾时，要作出大量的仪式决定：（多少数量的）元老们需要离城多远去迎接来访的贵要？总督——即威尼斯的政府首脑——是否需要从座位上站起来，或者离开他议事厅里的席位去迎接一位使节？按惯例赠予外国代表的金项链礼品价值几何？在招待会上威尼斯官员应该如何着装？之所以考虑这些问题，是因为对于确定威尼斯与其他城邦的关系而言，没有比仪式更加有效的方式了。①

---

① 参见 Muir(1981:232-35)。

威尼斯当局不仅关心接待外国贵要的仪式的细节，他们更加在意自己在仪式中的相对位置，因为这决定着他们在政治等级制度中的位置。在总督的接待队伍中，政治等级都是俨然有序的。实际上正如穆尔所言："总督的接待队伍就是宪法。"当职权系统没有落成白纸黑字时，贵族们只能使用仪式争权夺位。在接待队伍中，"位置便是一切"①。

威尼斯的接待队伍或苏联的阅兵台在确立权力关系上有一种固有的变动性，而古代中国在应用这种相似的空间象征时则更具恒定性。这种权力关系可以说是被镌刻在石头上了。中国皇帝的陵墓规模之大广为人知，皇陵旁的一些陵墓的规模则稍小些。皇帝们——尤其在唐代——奖赏重要的政治支持者包括大臣和将军的做法之一，便是允许他们葬在皇家陵园之中。这不仅有助于获得追随者们源源不断的政治支持，而且确保了追随者们的后代继续效忠，如果祖先能够葬于皇陵之侧，对于后代们来说，这种荣耀会极大地强化他们的政治运道。皇权精英们的陵墓的规模、样式和位置便决定了他们的相对地位。②

法国比任何国家都更为热衷于围绕仪式的地理位置展开政治斗争，贵族、僧侣和高等法院（Parlement）的官员们已经为他们的仪式位置争斗了几个世纪。1484 年，巴黎高等法院在皇家仪仗中获得了一个荣耀的位置——可以站在国王面前，这成功地维护了它的合法地位，强化了其权威。③ 然而在接下来的几个世纪中，高

---

① Muir(1981:190).
② 参见 Wechsler(1985:143 - 60)。
③ 参见 Bryant(1976:18)。

等法院的官员们为了维护和扩展他们的权威,以抵抗王权的侵犯,被卷入了一系列无休无止的仪式纷争中。1632年路易十三的一纸命令就造成了这样的仪式冲突:他要求当司法部部长步入国王召开的高等法院特别会议的会场时,高等法院的院长们应起身相迎。获悉这一要求后,高等法院的院长们被激怒了,抗议高等法院的尊严遭到了破坏,他们拒绝起身迎接这位皇家指派的官员。后来当司法部部长来到高等法院时,他愤怒地发现那些院长们早已站在入口处交头接耳,以这种方式回避了国王要求的接待仪式。接下来的两年里,同样的一幕每年上演,当司法部部长走到高等法院门口时,等待他的是充满敌意的讽刺。① 国王和高等法院通过这种仪式关系争夺他们的政治地盘。

国王越是在权威的源泉上一手遮天,个人的地位就越取决于他与国王的亲疏关系。就此而言,皇家仪式的确是有力的武器。贵族、僧侣和官员在宫廷仪式中为赢得具有象征意义的"圣宠"而展开激烈的角逐。因为仪式传统决定着权力的等级体系,所以统治者能够很容易地通过违反先例,造成局势的变幻。仪式的意图是否会被一眼看穿并不重要,当权者要是小觑了它们则会得不偿失。

正因为先例的改变意味着等级的改变,所以过度的仪式化行为可能会导致事态不受控制的情形,有时会出现一些荒谬的结局。法国国王和王后的起床活动(lèvee)便是仪式性的等级指示系统中的一环。在17世纪,国王路易十四的起床可不是件简单的事情:身边数十名贵族和侍从像是上演一出令人眼花缭乱的争权大

---

① 参见 Hanley(1983:287-91)。

戏。直到18世纪,玛丽-安托内特(Marie-Antoinette)皇后每天清晨都要面对这样的仪式。皇后的女官负责把内衣递给她,侍女则负责帮助皇后穿上衬裙和外衣。不过如果有位公主在场,她则有幸为皇后穿上内衣。有一天,侍女们脱掉了玛丽-安托内特的所有衣服后,女官正准备把内衣递给她时,奥尔良公爵夫人(Duchess of Orléans)走了进来。由于公爵夫人的级别最高,女官于是把内衣递给一位女仆,由女仆再把内衣递给公爵夫人。当公爵夫人拿到内衣时,级别更高的普罗旺斯伯爵夫人(Countess of Provence)走进了房间。虽然皇后仍赤身裸体地站在一群贵妇面前,公爵夫人依然不得不把内衣递给女仆,然后再传给伯爵夫人。对于皇后来说,幸运的是在伯爵夫人为她穿上内衣之前,再无更高等级的贵妇进来。[①]

争夺公众支持的仪式

虽然上述仪式在今天已经极为罕见,但运用仪式争权夺位的现象依然普遍。对于政治家来说,最为重要的是他在公众面前呈现出来的形象,而政治仪式则为形象的塑造提供了最为有力的环境。在一些规模较小的社会中,领袖们会在操办公共仪式之前精心地用合适的颜料涂抹身体,按照特定的式样扎好头发,并且穿上礼服。与之相似的是,美国的政治家也会为了出席庆典而化妆、整理发型和挑选得体的衣着。[②]

---

① 参见 Elias(1983:86-88)。
② 参见 Weatherford(1981:267)。

但是美国的政治家用来向公众展现其形象的象征,并不仅限于装饰身体的物品。他们不仅在政治仪式的舞台中心努力争得自身的地位,而且寻求合适的象征,借之为其表现添上合法性的光环。公开的亮相才是最重要的,实质性的行动倒在其次。

在美国的国会中充斥着这样的例子。当三哩岛核设施发生问题引发广泛的忧虑时,数十个国会委员会和小组委员会为了主持第一次公开的危机听证会而争得不可开交。所有人都为了获得公众的关注而表达出自己对事态的关心,并天花乱坠地保证,要对危机采取一些措施。① 对三哩岛的状况或者改革核监管制度而言,大多数委员会都与之毫不相干,或者束手无策。其实应该由官僚系统悄然无声地深入改革,众声喧哗对事态的解决并无助益。

在众议院大厅中发表演讲也是一种仪式,其中的象征应用或许更为显著。众议员站在这个国家圣殿的中央,他的演讲充满有力的象征、满怀对选民的关心,他的所有表现都被录像供选民在家观看。在大厅中,另有一些尚未亮相的众议员等待着他们的登台时刻。②

在美国的政治生活中,四年一度的总统竞选是最大的政治社会剧和最为精心安排的仪式之争。一段隐喻之旅引导着整个过程:竞选就是朝圣。③ 大众对候选人的"了解"来自于候选人高度仪式化的表现,同时候选人利用仪式呈现出一定的形象,并将这种形象与他所塑造出的对手的形象进行比较。在其中,用象征去明

---

① 参见 Weatherford(1981:65-66)。
② 此观点来自于 Weatherford(1981:36)。
③ 诸如缅因州的 William Cohen 这样的国会议员候选人,在他们的选区或州的长途竞选活动中非常重视这种隐喻。

确某种观念和激发情感便显得格外重要,正如诺瓦克(Novak)所言:"候选人如果只是个管理者或执行官,是无法赢得成千上万志愿者、工人和推销员的拥戴的。候选人必须成为象征的制造者。总统候选人必须能够唤起广泛的象征性回应,给出可观的象征性奖励。人们必须要感受到他的所作所为是正当的、崇高的、重要的。"① 竞选活动可不是程式性地在台上发表演讲,还包括:美国国旗、豪华轿车、亲吻婴儿、大嚼馅饼和比萨、戴上圆顶小帽、头戴安全帽出现在热火朝天的建筑工地上,以及和(最好穿着工作服的)农夫挽着胳膊走过玉米地,等等。

通过这些社会剧,政治家努力构建起一种公共形象:他们是道德的标杆和公共利益的忠仆。美国政治的奇怪特征之一,是很重视候选人的伴侣在仪式中的表现。在其他国家中,尤其是在那些候选人被视作党的代表、其私人生活有别于公共领域的国家,这种仪式是不合时宜的甚至是难以想象的。但在美国,个人主义意识形态以及对这种意识形态的盲信,使得选民在判断候选人时,会着眼于候选人直观的个人魅力,而其家庭必须在竞选之中得到仪式性的表现。搞糟了这种家庭象征,就像 1987 年盖瑞·哈特(Gary Hart)落败的竞选那样,会导致政治上的失败。从公布竞选资格的仪式到在竞选之夜宣布获胜的仪式,没有伴侣在身旁的候选人就像是一丝不挂的玛丽-安托内特一样,会沦为政治仪式的受害者。②

1986 年在冰岛举行的武器裁减会议期间,里根总统和戈尔巴乔

---

① Novak(1974:41,47).
② 参见 Gillespie(1980:110-11)。

第六章 仪式生威:借由仪式争夺权力

夫总书记为领导人伴侣的仪式之战提供了一个有趣的例子。长久以来,美国的第一夫人们一直都是耀眼的仪式明星,与她们相比,苏联领导人的夫人们很少抛头露面。自斯大林时代以来,苏联领导人的权力主要建基于他在党组织中的地位,与其直面大众的个人特征无关。不过戈尔巴乔夫的主要目标之一便是改变苏联领导人的形象,由此获得海外尤其是西方的支持。走夫人路线的仪式对于意图在世界舆论前塑造富有人情味的苏联总书记来说,的确是最佳的选择。里根在象征之战中有着自己的打算,他努力将会议界定为一次为随后的峰会做准备的非高层的意向性的正式会谈。因此,南希·里根无须出席会谈,以避免让人想起前不久举行的日内瓦峰会。当苏联宣布总书记将携夫人去冰岛时,里根政府被打了个措手不及。通过举办一系列总书记夫人参加的民间访问仪式,苏联进一步努力地展示其亲和力,并宣扬对世界和平的热望。

争夺合法性的仪式之战不仅令国家领导人或政治家们投身于此,政党也会参与其中。对于那些之前名誉受损的政党来说,这种仪式化活动尤为关键,以色列的保守政党利库德集团便是个典型案例。

在建国初始的 20 年中,利库德运动的前身是由一群政治暴民主导的,他们一直被视作恐怖分子和反动分子。在以色列,得到国家仪式认可的主要合法性象征,来自于具有理想主义和社会主义色彩的犹太复国主义,其领导人包括西奥多·赫茨尔(Theodore Herzl)、哈伊姆·魏茨曼(Chaim Weizmann)、戴维·本-古里安(David Ben-Gurion)。当利库德集团最终于 1977 年赢得政府的控制权后,其具有历史地位的领导人和第一任总理梅纳赫姆·贝京(Menachim Begin)尝试通过广受欢迎的提高其合法性的方式来巩固集团的实力。

这种尝试中的标志性举措便是利库德集团在 1980 年举行的一系列精心安排的国家仪式,旨在庆贺利库德集团的精神之父和贝京的导师弗拉基米尔·雅布廷斯基(Vladimir Jabotinsky)的 100 周年诞辰。利库德集团信誓旦旦地保证,这些仪式会比劳动党举办的戴卫·本-古里安的周年祭更加出彩。这些仪式在赫茨尔山顶的圣地举行,国家的象征和利库德运动的象征混合在一起,情绪激动的犹太教徒的哀悼声和利库德主要青年运动的歌声彼此相和。以色列军队的首席拉比主持了仪式,总统、国会的议长、总理、外国使节和众多显贵出席了仪式。仪式"把一位早期的重要党派人物通过公开的精心安排,拔高到国家伟人的地位上,而他此前曾被很多人——包括知识分子领袖和媒体喉舌们——视作犹太复国主义运动中的败类"[1]。这对于贝京来说是一场胜利,而对于之前掌控国家合法性象征的劳动党人来说,则是一次沉重打击。

继嗣和种姓仪式

在世界上的大部分地方,共同祖先的观念构建了传统的政治关系。人们在社会中的地位来源于他们的祖先是谁,如果想要提高社会地位,就需要团结一致提高他们所属的整个继嗣群体的地位。[2]

---

[1] Aronoff(1986:114-15). 这一讨论基于 Aronoff 的记述。
[2] 这种说法有点简单化,较之已经清晰确定了其成员的家系,只确定继嗣群体成员身份的系统的灵活性更高。此外,婚姻联盟在决定地位时也很重要。然而,对于我们此处的讨论目标来说,这一点并不十分重要。

第六章 仪式生威：借由仪式争夺权力

特定继嗣群体或血亲群体的成员通常有共同的仪式习俗，比如祭拜共同的祖先神龛或有特定的禁忌仪式。在这些群体中，常常使用仪式争夺影响力。早在中央集权国家出现之前的上千年里，这些仪式风俗便是农牧社会中的典型政治生活形式。不过，要弄清楚仪式在地方性继嗣派系的政治斗争中起何种作用，无须皓首穷经于考古学资料。在现代的北非和南亚，这种斗争仍然常见。

在阿布-扎哈（Abu-Zahra）所描述的一个突尼斯村庄里，卓雅（Zawya）和拉马达（Ramada）这两个派系主导着政治生活。卓雅派的成员一直在村庄里占据上风，他们的祖先是一位伊斯兰教圣徒西迪·穆特尔（Sidi Mateur）。由于继嗣于圣徒，卓雅派宣称他们继承了一个特权地位和特定的仪式权力，由此他们掌控着共同体的仪式生活。于是，村庄里的所有仪式活动都与西迪·穆特尔有关。其中相当一部分仪式是对圣徒的纪念，很多其他村庄的朝圣者也会参加进来。因为圣徒对于所有村民来说都很重要，所以即便是非卓雅派的村民也会定期地来朝拜卓雅派的神龛，在举行婚礼或割礼时唱响称颂西迪·穆特尔的赞歌。在葬礼中卓雅派的特权地位也相当明显，因为只有卓雅派的送葬者才能到圣徒的神龛前接受吊唁。

相反，拉马达派则不是一个独立的继嗣群体，任何居住在拉马达地区的人都可以加入该派。拉马达派的成员之所以地位相对低下，是因为他们在共同体的仪式生活传统中鲜少作为，而且他们也没有能够凝聚群体的仪式，如一起祭拜祖先或在村庄的仪式中承担一些事务。

如果不是由于外部压力的冲击，卓雅派借由仪式得以稳固的统治地位还会持续很长一段时间。但是近年来，一些拉马达派成员尽管在当地的处境不利,但还是接受到了正规的教育并获得了一些财富。他们一旦获得了这些资源后,便力图通过破坏卓雅派的仪式和政治统治来扭转自身的不利地位。拉马达派开始蔑视西迪·穆特尔的重要性,否认卓雅派的人拥有"高贵"的血统。为了进一步削弱对手的权力,他们刻意把西迪·穆特尔和其他一些圣徒放在一起进行比较,并认为其他圣徒地位更高,同时诋毁卓雅派的仪式操演,认为它们堪称低俗。

与此同时,在政治上雄心勃勃的拉马达派创造了他们自己的仪式,以此与卓雅派争夺当地的统治权。在庆祝割礼或婚礼时,他们从突尼斯请来肚皮舞表演者和乐队,展示他们的财大气粗,并使他们的仪式比对手的更为精彩。在此类场合中,他们也会屠宰牲畜,慷慨地邀请全村人和周边村庄的头面人物参加盛大的庆典晚宴。这种在欢庆活动中屠宰大量牲畜以及宴请全村人的做法以前是卓雅派的风俗,而如今的经济条件已经让卓雅派无力承担这些做法了。简而言之,经济状况的变化让一些拉马达派的成员有机会获取财富,从而挑战村庄旧有的政治秩序。一系列仪式支撑着这种秩序,拉马达派的成员为自身利益所考虑,开始通过仪式上的攻击重构当地的等级制度。①

所以,仪式不单是政治上占主导权的群体令其优势地位得以持存的一种方式。事实上,仪式在构建和维护地方性的政治影响力上有着重要的作用,这一事实也意味着,旨在提高地位或推翻当权者的敌对群体,在某种程度上也可以运用仪式进行斗争。

---

① 参见 Abu-Zahra(1972)。从更为传统的人类学角度对伊斯兰教世界中利用仪式提高村庄继嗣群体的控制力的分析,参见 Peters(1963)。

就从属性群体如何在政治斗争中使用仪式而言,南亚的种姓制度是一个醒目的例子。种姓制度之所以大有益处,是因为很多人认为它证明了仪式具有因循守旧的作用。就此观点而言,种姓仪式能够固化等级关系,在地方继嗣群体中维持政治统治秩序的稳定。然而,虽然种姓制度无疑表明仪式具有支持政治精英的作用,但这一制度也证实了低等级群体可以利用仪式提高他们的地位。

低等级种姓的成员执着于获得更高的等级,他们开展了一项被斯瑞尼瓦斯(Srinivas)称作梵语化(Sanskritization)的活动,即他们在仪式活动中高度模仿高等级种姓的仪式风俗。要获得更高的群体地位和在当地共同体中更大的决策权,就必须依赖种姓制度中的仪式象征。当然,这并不意味着其他的共同体成员会接受他们的要求。低等级种姓往往要花上数十年才能在群体中成功地赢得更高的地位;在很多情形下,他们为提高群体地位作出的努力都被轻易地阻止了。

英国殖民统治为印度带来了巨大的变化,毫无疑问,紧张的仪式斗争导致暴动时有发生,政府也被拖入仪式的管理活动中。印度南部的纳达人(Nadars)便是典型的例子。

在过去的两个世纪中,纳达人较低的政治、经济和仪式地位都得到了显著的提高。为了实现此变化,他们与那些制约其地位的仪式展开了不懈的斗争。有大量的仪式将他们限定在较低的地位上。纳达人不得与其他高等级种姓靠得太近:他们必须离婆罗门(Brahman)36步开外,离奈尔人(Nair)12步开外。纳达人不准打伞和穿鞋;他们只能住在平房里,并且不得挤牛奶。纳达种姓的女性不得把水罐抱在腰间,因为这是高等级种姓女性的标志。最能无情地体现其卑微地位的是他们的穿着：无论是男人还是女人，纳达人的腰部以上、膝盖以下不得有所遮挡。

到19世纪初，英国人给予纳达人机会，允许他们提高自身的经济地位。但是在种姓仪式中的卑微地位，意味着他们仍然屈居于共同体的其他群体之下，对共同体事务也无甚影响力。纳达人改变社会和政治地位的举措首先从他们卑微地位的主要象征——女性裸露的胸部——开始。

传教士们把纳达人的袒胸露乳视作一种异教徒的形象，在他们的帮助下，纳达人向殖民政府游说、寻求帮助。最终在1920年代，当地的英国统治者签署了法令，允许那些皈依基督教的纳达人女性"遮上乳房"。不过这条法令仍然将她们与那些能够穿上衣的高等级种姓女性区别开来。[①]

纳达人并不愿意完全遵从这一法令，因为它仍将他们限制在卑微的地位上，于是他们也逐渐开始穿上衣。结果是在此后的数十年中爆发了一系列动乱，在动乱中，高等级种姓群体围殴纳达人女性，野蛮地扯去她们胸部的衣物，甚至常常附带着脱光她们所有的衣服。

纳达人最终在印度南部的等级制度中成功地为自己赢得了一个更高的地位，当然这是通过多年的艰苦斗争得来的。毫无疑问，在这场斗争中，与等级制度相关的仪式发挥了重要的作用，这一点从纳达人不遗余力地去改变这些仪式，以及坚持不懈地冒着暴力

[①] 参见 Hardgrave(1979:151)。

和受伤的风险去重塑自身的新象征中可以看出。①

与此相似的例子遍及整个印度。例如在戴维斯研究的印度西部村庄本加利(Bengali)，村里的第二大种姓巴迪人(Bagdis)向土地的主要拥有者萨德高普人(Sadgops)发起了挑战。巴迪人已通过获得土地以及吸收其他地方的巴迪种姓人迁入村子来改善他们的经济状况。但是为了将这种经济资源转换为政治和社会影响力，他们不得不求助于仪式。

巴迪人通过各种方式坚定地宣称他们是高等级种姓刹帝利(Kshatriya)中的一员。为此他们采用了高等地位群体特有的中间名，并雇用了洗衣工、理发师和婆罗门僧侣各一人来为他们的仪式提供服务。占主导地位的萨德高普人为保持其政治统治与之展开争斗，坚决反对巴迪人的要求。但最后他们不得不哀叹有钱能使鬼推磨，再也无法对巴迪人在仪式中的新举措指手画脚。

巴迪人对更高种姓地位的要求被无奈地接受——虽然这地位未能达到萨德高普人的高度——是由国家政治力量带来的冲击引起的。国家立法机构要求村庄通过普选选出自治性的地方议会，即潘查雅特(Panchayat)。虽然人们都确信，地方议会的首脑会由一个萨德高普人出任，但在萨德高普种姓内部，有两支派系的领导人围绕这一职位展开了竞争。因为萨德高普人分成两派各为其主，所以选举力量的制衡权反而落在了巴迪人手中。

---

① 有关纳达人斗争的记述基于 Hardgrave(1979)。有一个相似的例子：印度北方的一个牧牛人种姓通过穿上神圣的衣服，将自己与属于再生族的高等级种姓联系在一起，参见 Srinivas(1966:16)。但他们遭到了高等级种姓的暴力袭击。关于斯里兰卡贾夫纳的泰米尔人如何继续用仪式优势将贱民约束在其卑贱地位上的讨论，参见 Pfaffenberger(1980)。

就在此时,恰逢一位巴迪种姓的名人库迪(Khudi)为女儿筹备婚礼。在过去,为了保证种姓的纯洁性,萨德高普人总是拒绝参加巴迪人的婚礼,他们不会吃那些在仪式上由不纯洁的巴迪人提供的食物。库迪为了其种姓的更高地位得到承认,提出巴迪人会在政治上支持前来参加婚礼的萨德高普的派系领导人。当其中一位派系领导人接受了邀请后,另一位派系的领导人也不得不硬着头皮参加婚礼。

这种决定并不容易作出,因为萨德高普人明白,确保其在仪式上的统治地位在政治上很重要。因此,当地的萨德高普人召开了一次种姓集会,他们决定,如果要他们参加婚礼必须有两个条件:一是食物要由一个婆罗门来做,二是巴迪人要捐赠一笔钱给村里的基金,以换取萨德高普人的出席。库迪和巴迪人同意了这些条件。于是,萨德高普人首次参加了巴迪人的婚礼,在提高了巴迪人的地位的同时,也利用仪式保持了他们种姓的较高地位。

在这些例子中,更大规模的政治经济体制转变,为低等级种姓提供了一个提高经济地位的机会。这些低等级种姓受益于经济能力的提高和国家政治环境的改变,利用仪式在共同体内争夺更高的地位,以及更多处理共同体事务的权力。利用仪式获得更高地位的主张,受到了那些在低等级种姓制度中获得利益者的反对。高等级群体的权力来源于他们保持自身在仪式中的优势地位的能力。由此产生的争斗——混合了经济要素和仪式要素——决定了权力关系的新气象。①

---

① 我关于孟加拉国的例子的描述基于 Davis(1980),他着眼于印度的经济变化和政治变化之间的关系,提供了一个相似的分析。关于种姓内部使用仪式进行斗争的另一些具有启发意义的例子,参见 Blustain(1980)。

第六章 仪式生威：借由仪式争夺权力

为通过仪式(rites of passage)而战

在西方，权力斗争多与教会之间的竞争有关，而"通过仪式"常为政治之争提供战场。即便是在教会影响力的制度基础已遭到破坏的地方，过渡仪式(transition rites)仍然将人们与教会联系在一起，为人们在国家控制之外提供了一种民族的和国际性的忠诚。在国家精英将这种忠诚视作威胁的地方，他们寻求让国家替代教会去主持这些仪式。同样，在教会严重受制于国家的地方，反政府的政治运动也会举行一些替代性的通过仪式，以遏制对统治者的支持。

在此主题下可以假设：人们在他们的生活中以及周边人的生活中会遇到某种转折点，他们通常觉得需要利用仪式操演来渡过这些转折点。这种仪式有很多：极为多见的葬礼和婚礼，还有各种其他常见的通过仪式——比如浸礼和成人礼——它们存在于不同的社会之中。这些仪式的一个重要特征是，它们都需要一个圈外人，即一个专门性的角色来主持。作为主角的参与者在仪式上有赖于他人。①

众所周知，东欧教堂举行的通过仪式非常流行，它是将普罗大众和教会联系在一起的主要方式。当然，即便这些国家的教会已格外小心地避免与国家权威发生冲突，但对于共产党政权来说仍然构成了威胁。虽然东欧各国政府构建了新的国家仪式以替代教

---

① 在此不拟对通过仪式为何具有普遍性作理论讨论。参见 Van Gennep(1960)关于此问题的经典陈述。

会的通过仪式,教会仍然借助这些仪式保持其在大众中的影响力。例如在南斯拉夫,只有共产党的积极分子才不会在教堂举行婚礼,此外,在大多数地方,教会主持的浸礼非常普遍。① 在与苏联交好的很多东欧国家以及不信奉俄罗斯东正教的苏联的亚洲地区,依然依靠宗教的通过仪式维系一种苏联的民族认同。这些仪式有助于创造和维持一种政治认同,以对抗苏联公民权的官方意识形态。②

苏联官方一直对此事高度重视,政府发起了一系列运动,举行国家主办的通过仪式,以促使人们不参加教堂举办的仪式。虽然这些努力成效甚微,但苏联政府仍然在建立替代性的仪式系统上投入了大量资源。

政府为了替换浸礼和葬礼精心设计了一些仪式。③ 社会主义国家在早期曾认为不需要"非理性的"庆典仪式,这一观点现在已经被政府抛弃。大礼堂(Palaces of Festive Events)为这些仪式的举办提供了合适的场所。一些穿着长袍的女官员站在一个像祭坛一样的桌子前主持仪式。她们旁边是列宁的半身像,附近还生起了火。司仪们兴奋地点燃了他们的火把,让仪式多一点光亮。风琴或者整个唱诗班奏起合适的音乐,让人们陶然其中。

在举行浸礼时,父母们把孩子带到礼堂中去庆祝他们的新生。在仪式中,每个孩子都会收到一枚象征着十月革命的"命名星",以替代教会浸礼中发给孩子的十字架。身穿礼服的官员把这枚星星

---

① 参见 Supek(1980:289,320)。
② 参见 Lane(1981:242)。
③ 参见 Serge Schemann,《新苏联的仪式准备取代教会的仪式》,载《纽约时报》1983 年 3 月 15 日,第 1、6 页。

挂在孩子的脖子上,然后对父母们大声说:"让星光照亮孩子的前路,就像十月革命的星光照亮了全世界的道路一样。"

相较于苏联的替代性仪式,教会在浸礼尤其在葬礼上略占上风,但政府在举行婚礼上则稍胜一筹。在婚礼中,与苏联相关的象征被精心地混入到传统的象征之中。例如在一场婚礼中,官员站在一尊巨大的白色列宁半身像旁,对着新婚夫妇说:"在此婚庆时刻,你们彼此携手,在祖国和苏联人民的安宁天空下,让列宁领导的党带着你们走在通往共产主义的金光大道上。"①

意大利拥有世界上规模最大的在野共产党,共产党为努力赢得大众的支持,和教会以及与教会结盟的天主教民主党围绕通过仪式展开了激烈的争斗。这种争斗在法西斯政权刚倒台的时候已然白热化,教会坚决反对共产党建立一套新的通过仪式系统。实际上那些选择在城市礼堂而不是郊区教堂中结婚的人,要冒着被公众指责甚至被神职人员驱逐出教会的风险。② 共产党(意大利共产党)让孩子们不要学习教义问答书和不参加首次圣餐礼,而为他们提供了一系列成年仪式,这遭到了教会的猛烈反击。虽然近些年来情势有所缓和,但围绕通过仪式以及这些仪式所产生的公众影响力的争斗仍未停歇。

即便在共产党占绝对优势地位、很少人参加礼拜弥撒的国家,几乎所有人的生老病死仍会与教会的通过仪式相关。这对于教会

---

① 关于苏联在举办通过仪式上致力于取代教会,参见 Lane(1981),Unger(1974),和 McDowell(1974)。
② 参见 Bucci(1969:37)。在 19 世纪意大利民族形成的过程中,教会和国家在婚姻仪式上展开了漫长的斗争,双方都拒绝承认对方仪式的有效性。关于其细节,参见 Kertzer and Hogan(n. d.)。

维护其权力而言至关重要,因为在很大程度上正由于这种仪式的垄断性才使人们对教会有所依赖。此外,那些主张政教分离的父母觉得将孩子送去学习教义问答书,使孩子们能够庆祝他们的首次圣餐礼,有助于孩子感受教会的社会向心力。

让我们来看一个阿尔伯拉(Albora)的例子。阿尔伯拉是博洛尼亚的一个信仰共产党的工人阶级聚居地,博洛尼亚在意大利则有"赤区之都"之称。① 在9000名居民中,有1800人是共产党员,而天主教民主党党员仅有39名。在这一地区,教会是共产党之外的另一大组织。天主教民主党虽然在国家层面上占据优势地位,但在此地区只是教会的一个附庸。

在国家和地方两个层面上,教会都将共产党视作其在公众影响力上的大敌,共产主义和天主教信仰被认为是水火不容的。相反,意大利共产党官方则认为,在党员和虔诚的教徒之间没有冲突。虽然意大利共产党一直努力吸引教会的信徒,但共产主义信仰的象征并未强大到拒斥教会通过仪式的地步。在阿尔伯拉,成年男性很少参加弥撒,只有很小比例的女性会定期参加弥撒。虽然许多人参加圣诞节和复活节弥撒,但社区中的大多数人与教会的唯一定期接触是参加各种通过仪式。② 如果教会失去对这些仪式的控制力,那么教会、神甫和非神职的教会领袖就会被孤立。同时,只有拒斥教会举办的通过仪式,个人才能彻底地脱离教会的控

---

① 关于阿尔伯拉和全意大利的通过仪式之争的更全面的讨论,参见 Kertzer(1980)。此处我所描述的状况存在于1971—1972年的阿尔伯拉。
② 所有公共学校接到命令,孩子们要每周和一位牧师联系以接受宗教教育。然而,根据1986年生效的国家和梵蒂冈签署的协约,每个家庭都有权利选择是否送孩子去接受这种教育。

制,并借此削弱教会的公众影响力。

不过,共产党试图从教会手中夺取通过仪式的控制权的努力收效甚微。长久以来,意大利共产党一直想构建一种替代浸礼的仪式,这可以追溯到19世纪的社会主义运动时期,但至今仍未成功,很少有人会不给孩子举行教会的浸礼。人们在婚礼仪式上倒是有选择的余地。和在其他地方一样,在博洛尼亚一对伴侣可以选择在教堂举行婚礼,也可以由市政官员在城市礼堂中为他们主持婚礼。这种选择时常会带来严重的家庭矛盾,有很多故事都与此有关,母亲、阿姨或祖母们坚持在教堂中举行婚礼,而年轻的新人们则表示反对。

共产党的积极分子强调,由共产党的市政官员主持婚礼以及由党的积极分子或官员为新人致辞具有重要的政治意义。在此情形中,传统牧师对新人们要建立起一个美好的天主教家庭的祝愿,被建立一个美好的社会主义家庭的要求所取代。在教会和意大利共产党激烈斗争了25年后,到1970年在博洛尼亚只有7%的婚礼不在教堂中举行。但是近年来教会的控制力有所下降,到1977年市政婚礼的比例迅速提升到28%,这一数据让教会颇感不安。①

与婚礼相比,在博洛尼亚葬礼形式的选择面较广,除了教会和市政外还存在着其他多种形式。它们包括齐备的教会葬礼、告解仪式、临终仪式(Last Rites)、宗教性的葬礼和用党的象征取代教会象征的共产主义葬礼。很少有人的葬礼会完全与教会无关,哪怕其中存在着非常明显的冲突。1972年在阿尔伯拉举行的一场葬礼便是一个典型案例。女性逝者是一位共产党的非积极分子。

---

① 参见 Senin-Artina(1983)。

她的儿子作为一名意大利共产党党员与教会的牧师经过商量后敲定了一些细节，采用宗教性的送葬形式将灵柩从家中运往教堂，并在那儿举办了一场葬礼弥撒。虽然一些当地的共产党领导人也跟在由牧师领头的送葬队伍中，但他们并没有进入教堂，而是在外面的大街上一直等到弥撒结束。

为了适应共产主义葬礼的要求，城里的灵车在车顶上安装了一个可拆卸的十字架以满足各方的需求。虽然共产主义葬礼在形式上与教会葬礼相差无几，但诸如灵车上的十字架这样的教会象征还是要被拿掉的。送葬的同志们带着鲜艳的红旗，上面绣着逝者的党支部和兄弟党支部的名称。在队伍的最后有一支护旗队，后面跟着灵车。一名当地的共产党官员发表致辞，在致辞中不是颂扬逝者的天主教美德，而是称赞其对共产主义事业做出的贡献。最后，在政治口号中，同志们向坟墓鞠躬致敬，以示对党的奋斗事业的忠诚。

实际上，在意大利利用葬礼攫取政治利益的做法有着漫长的历史。马克·安东尼（Mark Antony）曾利用尤里乌斯·恺撒（Julius Caesar）的葬礼掀起暴动，把布鲁特斯（Brutus）的势力赶出了城市。[①] 即便在20世纪，政治领导人们也会利用临终仪式和葬礼。在墨索里尼时期，效忠政权的仪式受到了格外监控，特别是那些令群情高涨的或得到公众关注和欢迎的重要效忠仪式。在1930年代，媒体铺天盖地地报道了大量坚持身穿法西斯黑色衬衫下葬的死者所展示出的忠诚。这种忠诚也表现在与之相似的情形中，比如在1934年的意大利，有一个养育了三个孩子的30多岁的

[①] 参见 Taylor(1931:79-80)。

贫穷母亲躺在医院的病床上奄奄一息。当她发现身边除家人外还有医院的巡查员在场后,就竭尽全力地作出最后的政治努力:她忍住病痛抬起胳膊行了一个纳粹的致敬礼,口中大喊着:"领袖万岁!意大利万岁!"在这令人不忍直视的时刻,她并不是被纳粹的热情所打动,而是希望濒死作出的仪式性的效忠行为,能够让纳粹政权抚养她的孩子们。她的仪式行为是穷人的一则非纸质遗嘱。①

在同时期,有位意大利农民可能也是怀着类似的愿望,在订立的遗嘱中希望穿着法西斯的黑色衬衫,以法西斯分子的身份入葬。谁也无法料到制定遗嘱是否会带给他政治利益。但世事难料,当这位农民去世时,他度过了法西斯时期,并在战后随着政治风向的转变加入了共产党。一位老人和他的一位在共产党内德高望重的亲戚惊恐地发现,在他具有合法性效力的遗嘱中竟有穿黑衬衫入葬的要求。毫无疑问,为了他死后还能获得祝福,他们拒绝尊重他的入葬要求。②

群众仪式和权力之争

在权力的争夺中,群众集会是展示大众支持的最有效的方式之一。这种集会不仅高度有效地展示出群体的政治力量,而且塑造了与群体的本质及其目标相关的特定形象。这些集会仪式除了能够直接地向公众和竞争对手传递讯息之外,还能够对参与者产生深刻的影响,提高参与者的群体认同度,强化他们对那些在集会

---

① 最后一句话和这种描述,引自 Biondi(1973:226)。
② 参见 Biondi(1973:224-25)。

中被象征性地呈现出来的对手的敌对感。这种大众集会从象征的操控中获得力量,并在情感上对大众产生了巨大的冲击,让他们为了共同的事业而聚集在一起。

鉴于这些仪式的政治价值,很容易理解为什么对手通常会选择直接对抗以削弱它们的影响力。这种现象在美国非常普遍,例如1960年代后期的反战示威者经常遇到支持战争的示威者,双方都挥舞着他们的神圣象征(通常都是同样的事物,如美国国旗),彼此都极力抵消对方仪式的冲击力,削弱对方的有力形象,以及破坏对方传递给普罗大众的象征性讯息。

与此相似,政府举行的仪式也为敌对仪式提供了一种象征性的强大背景。当1000名德国士兵在纪念北约(NATO)成立25周年的仪式上向联邦德国宣誓效忠时,7000名示威者举行了一场激烈的暴力抗议。① 同样,当美国总统在1983年为英国女王举行接待庆典时,各种抗议者——从抗议总统的经济政策的美国人,到抗议英国干涉北爱尔兰事务的爱尔兰人——上演了一场群众示威游行。② 这样不仅可以从大众媒体的新闻报道中获益,而且可以通过象征性的行为削弱另一方的象征性能力。爱尔兰人可以选择任何时刻在美国举行集会,但在举行接待英国王室的仪式时游行示威,则能发出更为强大的、在象征意义上更加直接的政治宣言。

这些群众仪式的背景对于它们的冲击力来说的确非常重要。正如伯格所言,举行群众集会的地点通常不是在政治上有战略意义的地方,如火车站、军营、广播电台或飞机场,而是在一些象征性

---

① 参见 Lane(1981:279)。
② 这发生在1983年3月的圣弗朗西斯科(即旧金山)。

场所。他写道:"一场群众集会能够被理解为是对城市或首都的象征性占据。"因此,华盛顿的示威者喜欢聚集到林肯纪念堂或华盛顿纪念堂,而不是美军司令部或美国联邦调查局总部。① 即便示威者没有能力控制城市或国家,但他们把街道变成了"一个暂时性的舞台,在这舞台上他们尽情地挥洒他们一直匮乏的权力"②。

如果一个怀有反政府情绪的人在酒吧或体育场被一群愤怒的暴徒殴打了,这事不会掀起多大风浪。但如果同样是这个人在群众集会中被攻击了,就会导致严重的政治反响,一般而言会有利于反政府的一方,并削弱政府的力量。政治势力之间的争斗极为抽象,远离大多数人的日常生活。这种争斗要为人所理解,需要通过对冲突进行象征性的戏剧化,群众集会便有此能力。个人通过这种群体集会能够把抽象的政治原则和真实的民众联系在一起,还能够把政治立场和有形的象征符号联系在一起。如果有人在和平地展示这些象征时遭到警察的身体攻击,就会给旁观者带来一种强大的情感上的影响力。

例如在1905年,民众聚集在圣彼得堡向沙皇请愿时遭到了沙皇军队的射杀,这引发了激烈的大众反抗运动。③ 1972年1月,北爱尔兰民权运动协会在德里(Derry)举行了一场不合法但非暴力的抗议游行。当英国伞兵部队射杀了13名手无寸铁的示威者后,引起了席卷整个爱尔兰的规模浩大的政治反应。这一事件被称为"血腥星期天",作为主要的催化剂最终导致了抗议者主导的北爱

---

① 即便是1967年的五角大楼示威游行,也是从华盛顿市中心出发的,这将游行者和国家的象征性中心联系在一起。
② Berger(1968:755)。
③ 参见 Berger(1968:754)。

尔兰政府替代了英国的直接统治。①

政府官员很清楚这些群众仪式的力量,也明白与这些群众为敌的危险。当美国和德国官员商讨里根总统访问比特堡公墓和贝尔根-贝尔森集中营的各项事宜时,他们获悉了犹太抗议者计划穿着集中营劳工的条纹服去集中营的情况。当局在任何情况下都不会允许自己在集中营举行的仪式被抗议者的仪式所破坏,但是他们也担忧抗议者或许会抵抗警察的驱逐行动。随着仪式日期的临近,他们很担心穿着制服的德国官员攻击或逮捕穿着破破烂烂的集中营劳工制服的犹太人的场景出现在电视或报纸上。② 幸运的是,德国当局成功地把示威者阻挡在官方的仪式和记者的镜头之外,这一点让抗议者错愕不已。

在举行抗议集会时,抗议集团必须谨小慎微,以展示出各种正确的象征。象征的错误使用会削弱仪式的影响力。例如,对于越战时期美国反战集会的组织者而言,其对手会使用同样的象征来破坏其仪式象征性的影响力,两者总是为之争斗不已。摒弃北越的旗帜和焚烧美国的国旗会让抗议运动的组织者自身反受其害。

本章的开篇曾提及这样的集会,年轻人聚集在中央公园焚烧自己的征兵卡,这场仪式说明了抗议仪式是如何展开的以及它们的意义何在。开篇的另一个例子则清楚地表明,焚烧代表敌人的物品具有悠久的历史。天主教牧师的审判、路德的宗教改革、美国革命者追求独立的过程、纳粹禁绝犹太人和社会主义者的作品以及第三世界的示威者抗议美帝国主义的活动,这些事件中都采取

---

① 参见 Lee(1980:602)。
② 参见 James M. Markham,《访问比特堡:需要"和解"吗?》,1985年5月2日,第16页。

了同样的象征行为。焚烧这种想象性行为是如此有力和普遍,以至于它并没有受到往日那些不佳名声的拖累。借助各种抗议仪式,它总是以新的方式不断获得重生。

焚烧征兵卡不单是一种个人宣示其政治立场的方式。这种仪式也在缺乏强有力的组织机构的情形下,为全美反对政府政策的抗议者提供了统一行动的方式。例如,在纽约反战集会几个月后举行了"抵抗日"活动。在同一天——共时性本身在象征上就具有非凡的重要性——美国各个城市的人们聚集在一起,举行同样的征兵卡仪式。在每个城市,参与者的卡片被集中收集起来之后,队伍游行到征兵总部把卡片还给那儿的官员们。在有些城市,卡片被焚烧了,例如在波士顿,76 名抗议者走到阿灵顿街教堂的祭坛上,用蜡烛点燃了他们的卡片。另有 214 个年轻人把卡片交给了三位站在那儿的神职人员,他们代表着三种主要的宗教信仰。①

征兵卡仪式成为了一种标准化的活动,它们的庆祝日期都会提前设定好。不过其他抗议仪式则更为随意些。在中央公园游行一年后的 1968 年,民主党集会在芝加哥召开。精心安排的体现党的团结和美德的仪式,被在大厅外游行的反战抗议者的仪式严重破坏。与此同时,大厅中的斗争虽少了些戏剧性但也同样激烈。在数小时的激辩后,经过唱名投票,反战提案未能被纳入党的纲要中;当这一结果被宣布后,面对对方象征性的胜利,反战的代表套上黑色的袖章,激动地唱起了《我们要战胜一切》。②

---

① 参见 Wallace Turner,《反战示威活动在全美的征兵局外举行;119 人被捕》,载《纽约时报》1967 年 10 月 17 日,第 3 页。
② 参见 Cook(1976:110)。

面对失败,这种仪式能够保持抗议者群体的斗志,在合法化他们自身事业的同时,也潜在地去除对手的合法性。这种仪式的重要性还在于,将参与者和更久远的抗议传统联系在一起,将早先抗议运动的合法性加诸新的运动之上。大多数代表所唱的《我们要战胜一切》,无疑唤起了——或许仅是下意识地——一场先前的仪式,即五年前在华盛顿特区的林肯纪念碑下举行的仪式。在那场仪式中,数千名民权运动示威者一起唱着"我们要战胜一切",之后马丁·路德·金就激越地发表了他的演讲《我有一个梦想》。[①] 在不同的政治背景下,通过在自己的仪式中征用这一象征,抗议者们不仅塑造了自我形象,而且向他人传达了一种关于他们行动的特殊解释。

如果条件合适、操控象征的手法得当,群众抗议仪式会造成巨大的政治影响。例如1973年的泰国学生集会最终导致了政府的垮台。几十年来,泰国政府的合法化有赖于四类基本的象征:国家、宗教(佛教)、君主和宪法。在之前的50年中,不仅每一届政府都宣称从这些象征中获得了合法性,而且政府领导权和组织权的所有重大变化都涉及对这些象征的诉求。

集会活动成功地把抗议者和这些神圣的象征联系在一起,从而推翻了政府。学生们唱着爱国歌曲、举着国旗。集会中常常出现国王和王后的肖像,在显著的中心位置更是安置了一尊巨大的佛像。利用这些象征,学生们成功地在公众面前将自己塑造成了

[①] 参见 E. W. Kenworthy,《十名抗议领袖敦促立法结束种族不平等》,载《纽约时报》1963年8月29日,第1、16页;James Reston,《"我有一个梦想……":金博士的演讲令首都人民永远记住这一天》,载《纽约时报》1963年8月29日,第1、17页。

泰国政治秩序中最神圣原则的真正守护者,同时粉碎了政府将他们污名化(如"共产党的反动分子")的企图。①

非政府组织举行的群众仪式兼具保守性和革命性这两种目标。这些仪式的效果之一是,通过定期地不断激励党派的忠诚使其永葆斗志。在北爱尔兰,这种仪式的历史已经相当久远。例如新教奥兰治会会员(Protestant Orangemen)举着他们的神圣象征在大街上游行,用这些饱含情感的活动提醒天主教中的新教徒们保持和复兴与新教沙文主义之间的关系。

1985年夏天,奥兰治会的领袖和政府官员之间爆发的一场激烈争论,为这种仪式的应用提供了一个典型案例。在此之前,新教徒每年都会举行仪式纪念奥兰治家族的威廉国王(King William of Orange)在1690年取得的波伊纳(Boyne)战役大捷,这场战役为英国统治爱尔兰奠定了基础。但英国当局根据一项禁止可能导致暴力的游行活动的规章,不允许奥兰治会的游行队伍通过阿尔斯特地区(Ulster)的一个罗马天主教教徒聚居地。往年每当游行队伍通过天主教街区时,总会发生损毁房屋、人身攻击等行为。很多天主教徒为了避开那些戴着圆顶硬礼帽、扎着橙色腰带的游行者而离开城市,那些游行者们挥舞着英国国旗,把人行道涂成红白蓝三色,并焚烧叛徒邦迪(traitor Bundy)的肖像。因为这条游行线路已经有150年的历史,所以奥兰治会会员牢骚满腹地威胁政府,如果坚持命令他们避开天主教街区,则可能会引发一些暴力活

---

① 参见 Reynolds(1978)。

动。但是英国军队已经准备就绪,游行者们最终不得不改道而行。① 当然,无论是否会发生枪击或入室抢劫,这种新教纪念仪式在政治上都是非常有影响力的。和其他的政治斗争一样,北爱尔兰的天主教—新教之争也对仪式方式多有倚仗。

---

① 参见 Jo Thomas,《阿尔斯特的紧张局势集中在被称作隧道(the Tunnel)的大街上》[街道的本名是奥宾斯大街(Obins Street)——译者注],载《纽约时报》1985 年 7 月 5 日,第 2 页;Tim Jones,《兰伯鼓声急促阿尔斯特的部落游行》,载《泰晤士报》1986 年 7 月 5 日,第 4 页;Tim Jones,《北爱尔兰皇家警察准备应对阿尔斯特游行》,载《泰晤士报》1986 年 7 月 12 日,第 2 页;《23 名警察在阿尔斯特的冲突中受伤》,载《纽约时报》1985 年 7 月 13 日,第 4 页。

第七章　冲突和危机

人类学家们都知道，生活在委内瑞拉和巴西的印第安部落雅诺马马人（Yanomamo）是世界上最好战的社群之一，他们的生活就是持续不断的争斗。村落之间的劫掠非常频繁。在战争中受伤的男人们常会因伤口感染而丧命，女性则提心吊胆地害怕被掳走。雅诺马马人为了保护自己的生命，一直都寻求结成村落之间的联盟。

一个雅诺马马村落为了结交一位盟友会举办一场宴会，邀请一到两个村落的村民参加。接受邀请的村落也会回请主人。客人们会在主人的村落住上几天，参加一些仪式。这些村落借此加强彼此的紧密关系，结成政治同盟。

然而宴会邀请并不能终结雅诺马马人政治生活中的无数猜忌和敌意。事实上主办宴会的村落被迫招待大量客人——受邀请村落中的男人、女人和孩子们全来了——接连数天的宴席本身就会导致冲突。主人指责客人既贪吃还偷食物，而客人则嘲笑主人过于吝啬。

主人们在为即将到来的宴会风风火火地忙碌着。女人们把红色的颜料涂在脸上,并把羽毛粘在身上。男人们在摆上大量的食物后开始为仪式做准备,他们彼此用一根长管子把迷幻药吹到对方的鼻孔中。很快客人们两人一组地走了过来,他们身上涂着颜料,头上插着白色羽毛。在主人的欢呼声中他们围绕着村里的空地跳舞。每位舞者都尖叫着走进空地,旋转着身体,站定后再向前迈几步,不断地重复着这些动作。他还带着武器,不时地指向主人们,脸上露出狂野的表情。然后所有的男性客人都聚集在一起,每个人站在自己选定的位置上,将手中的长矛指向天空;最后在一片欢呼声中挺起胸膛。

虽然这些宴会有助于确立同盟关系,但持续存在的紧张关系常会造成主客双方的争斗。人类学家拿破仑·查岗(Napoleon Chagnon)在雅诺马马人中生活了多年,描述了这种仪式性暴力的升级过程。在经过一天的食品和礼物交换以及唇枪舌剑后,到了傍晚客人们又带着斧头、棍棒和弓箭离开自己的营地尖声叫嚣着回到了主人的村落。他们围着村落挥舞着武器威胁主人,然后聚拢在村里的空地上。不过随后他们被主人们团团围住,陷入主人们的愤怒责骂中。

情绪激动的主客双方充满敌意地对峙着。似乎受到了某种暗示,双方各有一人走出人群,开始了一场仪式之战。其中一人双腿叉开、挺着胸膛向对方挑衅。对方用胳膊估摸着彼此的距离,并小心地积蓄全身的力量准备挥拳而出。然后他一拳打在对方的胸上,让对方打了个趔趄。被打者的胸膛上立刻出现了一道明显的伤痕,他摇摇头努力保持身体的平衡。如果他摔倒就意味着输了战斗,对方那群人就会爆发出巨大的欢呼声。挑战者等着他的还击;因为在对手击打之后,他有权回击对方。

经过三个小时的互相击打,双方情绪进一步高涨,这时一方向另一方挑衅,提出击打身体的侧面。击打身体侧面和击打胸膛的步骤基本相同,每位战斗者都故意把胳膊放在背后,露出侧面以让对方更好地进行击打。对方会竭尽全力击打对手的胸廓和髋骨之间的部位。进行到这一环节几分钟后,有一方被打晕在地,这激起了同伴的怒火。客人们激烈地对着主人挥舞斧头,而主人则拿出弓箭当场在箭头上涂抹毒药。就在冲突看似已经一发不可收拾时,客人们的领袖转身带着他的部下离开村落。虽然宴会的政治目的没实现,但避免了一场可能的血腥屠杀。①

人与鸟同?冲突的仪式化

在传统的功能主义观念中,用于争夺权力的仪式通常被解释为能够切实维持系统的和谐性。此观点认为,这种仪式是一道安全阀,能够以无害的方式释放掉政治对立情绪,让系统及其领袖免受伤害。

动物行为学家的研究为这种观点提供了科学基础,他们关注到有些动物在冲突情境下会做出一些程式化的动作——常被称作

---

① 这一描述基于Chagnon(1983)。

仪式。赫胥黎(Huxley)指出："大多数动物的行为模式都处于一种仪式化过程中。"①人种学家在这一方面的认识并不比动物行为学家少，他们注意到仪式是一种将冲突限定在可容忍范围内的方式。与人类学家一样，人种学家也把仪式定位为标准化的、不断重复的象征性行为。不过，研究人类行为的学者认为，象征是文化习得的产物，而动物行为学家则认为，仪式在一定程度上是生物的基因性的"硬件"。

不过有个基本观点对人类和动物都同样适用：当物种内部不可避免地争夺资源时，物种要想生存下去——尤其对于更高等级的物种而言——就必须有某种机制防止冲突以暴力对抗收场。这种机制是一套复杂的行为，很多动物通过它避免在冲突情境中发生身体上的攻击，动物行为学家将之称作仪式化。

康拉德·洛伦兹(Konrad Lorenz)曾创作了不少广为人知的描述动物仪式的作品，他指出，那些进化出仪式来控制种群内部冲突的动物与那些缺乏此机制的动物相比，在竞争上更具优势。②与其他动物类似，人类也面临着进化的压力，这促使他们发展出仪式化的方式以避免冲突。在讨论动物的这种利用仪式化以确保传达明确信息的行为时，洛伦兹认为人类行为中也存在这种模式："在进化中，仪式化行为使用各种方式确保传达出明确信息。如明显存在于人类仪式中的模仿夸张(mimic exaggeration)、多余的重复性行为和特殊的紧张状态等。尤其是'缓慢而有节奏'的速度、高频度和大幅度成为人类仪式性行为中的标志性特征。比如，院

---

① Huxley(1966：250).
② 参见 Lorenz(1964：48-49；1966)。

长步履沉着地走进大学礼堂;教会的牧师在做弥撒时严格按照礼拜式的规章用特定的音量和节奏吟诵。在文化史中,人类仪式在形式上不断翻新花样,其功能与动物在进化中的仪式化行为一样,两者令人惊讶地平行发展着。"①

人类仪式和动物行为学家所言的动物的仪式化行为的并行发展的确令人着迷,值得认真地去研究。不过,洛伦兹的研究中也潜藏着一个危险,那就是把人类的仪式简单地视作是动物程式化行为的高级形式。在人类的象征中,最为重要的并不是缺乏歧义,而是它们对于不同的人来说意义不同,即使对于同一个人来说也可能有不同的有时具有冲突性的意义。例如参加毕业典礼游行对于迫于社会压力不得不来的教授、兴高采烈的毕业生的母亲以及路过的清洁工来说,其意义大相径庭。②

人类的仪式不仅有助于消弭敌意,还可以用来化解那些原本会造成伤害的战争和暴力行为。当然,人类战争中最醒目也最常见的一个方面是,人们必须身穿标明身份的象征性衣着,以帮助参战双方明确击杀和保护的对象。这些装饰身体的象征还有一整套其他象征和相关仪式作为补充,它们被用来区分敌我双方,并为展开杀戮提供基本的理由。③

因此,动物的仪式模式不足以解释仪式的政治作用。当然在

---

① Lorenz(1966:281).
② 对于某些程式化行为类型而言,甚至可以承认它们是一种系统发生的遗留结构,或者受遗传因素所决定,从而避免将人类仪式简单地视作非人类"仪式化行为"的更为精致的版本。参见 Smith(1979)就此观点的讨论。
③ 参见 Calder(1966)对战争状态的仪式化行为中使用认同象征的研究。参见 Reay(1959:291)对新几内亚的备战仪式的研究。

很多情形中,仪式的确把政治上的紧张感疏导到一个比较安全的方向上。不过在探讨政治仪式究竟发挥了何种作用时,有必要具体问题具体分析。

前文提到过巴西人和其他很多国家的人一样,把国际足球比赛视作与他国之间的战斗,通过这一活动,他们的民族情感和对他国的敌意被仪式化地表达出来。这种把国际体育比赛当作一种国际冲突的象征方式,被四年一度的奥运会制度化了,在奥运会上,各国相互争夺得不亦乐乎。在西印度群岛有一个相似的例子。在西印度群岛队和英国队之间展开的板球比赛,为阶级地位较低的西印度群岛人和他们的传统大敌提供了一种定期的仪式化的战斗方式。板球运动本身是阶级地位较高的英国人进行殖民统治的象征,而在英国人自己的运动中击败他们,对于西印度群岛人来说意味着象征性地在被统治中获得了自由。不过经常被忽视的一个事实是,英国人如果赢得了比赛则会把之前得到控制的情绪又推到沸点。由此可见,用来转移政治敌意的仪式也会激发敌意。①

只要在群体内部存在敌意,就需要运用仪式把它们表达出来。这些仪式在全世界具有非常广泛的表现形式,有的会在人身攻击上有所克制,但同时往往会保持一定的紧张度。这些仪式在各种各样的场合中举行。在很多仪式中都有群体争斗的象征形式。小到一个社会中对立氏族和对立年龄群体之间的模拟争斗,大到对立部落之间的模拟冲突。② 其实在世界上很多地方,战争本身就

---

① 参见 Patterson(1969)。关于在国际政治斗争中使用运动象征的一个著名案例,参见 Kessler(1978:143-45)对马来西亚足球运动的记述。
② 参见 Norbeck(1963:1265)。

是高度仪式化的，它们在特殊的固定地点展开战斗，身体上有着特殊的装饰，唱着特定的歌曲或用特定的言语相互攻讦，以及在战斗中遵循一定的规则。在很多情形中，一旦有人身受重伤，敌对状态就会停止，随之开始新一轮的战后仪式。①

并不是所有调整群内紧张状态的仪式都需要双方的出场。很多仪式都是由单方举行的；它们明确敌人是谁，述说敌人的道德低劣性，同时对自己的群体大加赞颂。这种仪式激起了一种政治对立感，但不会将这种敌意推波助澜到人身伤害的程度上。例如在文艺复兴时期的威尼斯，大多数公共节日是庆祝曾经在战争中获得的胜利。通过这些庆祝活动，威尼斯人不断地指明谁是他们的敌人，并把敌人与大量贬损的象征联系在一起，与此同时他们称颂着自己城邦的美德。②

在那些直接导致暴力而不是将敌意转化为象征的仪式中，动物的仪式化模式在解释力上有着明显的局限性。北爱尔兰的例子虽不新鲜却很经典。在欧洲，天主教和新教斗争初期，仪式常会激化暴力。举例而言，在娜塔莉·戴维斯（Natalie Davis）所描述的16世纪法国定期举行的圣体节（Corpus Christi Day）仪式中，公众游行是其最突出的活动。游行线路沿途居住的天主教徒将他们的窗户极尽装饰以庆祝节日，与之相反，在游行队伍的十字架和旗帜

---

① 在新几内亚的达尼人（Dani）（Heider 1970）和澳大利亚的提维人（Tiwi）（Hart and Pilling 1960)中发现了一些有关战争状态的仪式化的典型案例。虽然在此我使用了现在时态[前一句话中的"发现"所用的时态——译者注]，但这种土著战争状态的形式在非国家社会遭遇殖民者第一次侵略时就已经存在了。这些形式在过去很常见，如今已经比较少见，至少是以这种形式表现出来的战争状态比较少见。
② 参见 Muir(1981:212-13)。

所经之处,新教教徒的住所皆没有任何装饰。

在仪式的催化作用下,象征之争常带来暴力活动,例如在1561年的里昂,天主教徒屠杀了冒犯他们的新教教徒。新教教徒在游行时经常受到石块的攻击,所以他们会带着武器以保护自己。有时,新教教徒又会被天主教徒的舞蹈、音乐和服饰所激怒而攻击天主教的神甫。戴维斯指出,这些仪式实际上非但不能促成和平共处,反而会令对立双方"丧失人性"。它们激化了仇恨,演变成了"暴力仪式"。①

作为政治安全阀的仪式

虽然仪式的确激化了政治冲突和群内敌意,但这不是它们唯一的作用。实际上仪式能够在政治紧张中充当重要的安全阀。下述案例可以说明这种安全阀是如何起作用的。

首先来看一个有趣的案例。在印度的金斯曼·格里(Kinsman Garhi)村,每年都会庆贺盛大的爱节(Festival of Love)。在该村做田野调查的人类学家麦基姆·马瑞特(Mckim Marriott)第一次看到这种仪式时,映入眼帘的是一片混乱。但当他深入了解了该村生活后,才认识到在这种哄闹之下潜藏着许多文化规范的系统性转换,而这些规范主导着日常的社会生活。富有的高等级种姓男性笑着接受女子们鞭打他们的小腿。这些兴致盎然的施鞭者是被鞭打者雇佣的低等级种姓劳工的妻子。一个平素欺负低等级种姓年轻人的高等级种姓男孩倒骑在一头驴子上,

---

① 参见 Davis(1973)。

而六名"五十开外的在乡村社会中地位显赫的婆罗门男子气喘吁吁地落荒而逃,后面跟着一群挥舞着棍棒的邦金(Bhangin)种姓的年轻人——他们的日常工作是为那群婆罗门打扫厕所"①。在世界其他地方的相似仪式中,下层民众在特定的日子里会与当权者转换地位;狄更斯主义者的梦想在仪式中变成了现实。

人类学家通常把这些转换仪式视作一种特殊的机制,通过这种机制,被压迫者能够释放被压抑着的挫败感和敌意,同时现状也得到了维持。艾娃·亨特(Eva Hunt)在她对墨西哥印第安人的研究中,对此提供了一种清晰的解释。在墨西哥印第安人中,群体间彼此冲突不断,也没有重塑他们关系的机制,对立者们只能生活在一起。亨特写道:"仪式既为潜在的对抗情绪提供了一个安全的宣泄口,也提供了一种限定性的框架,使得潜在的失序或混乱能够处于控制中。"总之,她指出仪式为消除焦虑提供了心理学的解决方式,同时也维持了"结构性的现状"。②

但是,为什么被压迫者甘愿在这种最终也不会改变他们命运的仪式活动中平复了下来呢? 或可从中理解为什么精英阶层渴望置身于这些仪式,但他们为何让那些清理厕所的人加入进来? 穆雷·埃德尔曼研究了美国政治生活中的这类仪式,提出这些仪式对很多人确有价值,因为这使人们在统治者面前感受到了自身的重要性。这种仪式的价值是心理学意义上的;它降低了人们的焦虑水平,并给予大家一种更为有益的印象,即人们确实能够在某种程度上控制自己的生活。

---

① Marriott(1966:211).
② 参见 Hunt(1977:144-45)。

这种观点令人想起了马林诺夫斯基(Malinowski)对特罗布里恩(Trobriand)群岛居民的巫术仪式的经典解释。马林诺夫斯基认为，巫术与众不同的特性在于，它是一种当人们处于心怀良好愿望却无力控制事态的情形时所展开的仪式操演。人们即便能力有限，依然感到有必要采取某些行动，因为这些行动能够让他们相信自己的确有控制自身命运的能力。于是他们就通过一些仪式行为来证明自己具有影响世界的能力。可见，神秘的巫术有其明确的动机。① 就美国的情形而言，新马林诺夫斯基主义者会主张，人们正是由于在心理感受上的偏好，才会认为自己对那些影响自身的政府政策有一定的掌控力，即便事实上他们的影响力微不足道。②

政治仪式的影响力并不总是如此明确，即便是那些旨在改变政治现状的政治仪式亦是如此。例如，群众的抗议游行是否是一种类似于转换仪式的宣泄不满的仪式化方式？其有助于体制持续吗？李(Lee)描述了一个案例，他把北爱尔兰的不抵抗主义者定期举行的和平游行称作"调停中的抚慰良心之举。他们仪式性的、权宜性的游行过程只是给那些他们想要影响的人打了一针社会麻醉剂"③。它们没有产生什么实际效果，仅仅让人们感觉到它们在政治生活中起了一些作用。

仪式除了能够多方疏导政治对立以免对体制构成威胁之外，也有助于社会处理各种危害社会生活、破坏共同体团结的人际冲突。例如，从最简单的社会到现代民族国家，司法程序都是高度仪

---

① 参见 Edelman(1971); Malinowski(1945)。
② 参见 Bennett(1977)。
③ Lee(1980:618).

式化的。法院的仪式和皇家的仪式基本一致。在这两种场合中，具有合法性的神圣形象借由仪式构建起来，同时攻击性行为被严厉地控制住，职权系统也得到了强化。

在缺乏国家直接控制的小型社会中，因为完全没有暴力机关（警察、军队、监狱），仪式形式在处理争端上尤为重要。例如人类学家维克多·特纳发现，在非洲西部的恩丹布部族中存在着这样一种模式："恩丹布社会中丰富的仪式形式和频繁的仪式操演在某种程度上表明了，世俗的权力机制无力协调和减轻地方群体之间以及血亲群体之间的冲突。"① 正如特纳所见，恩丹布的地方群体似乎有一种纠结于无休止的争执之中的天性。通常当一个人因某种不幸的原因如疾病或意外而痛苦时，他会立即将之归罪于另一个人，这就产生了冲突。只有通过解决痛苦的仪式才能转化这种敌意，让冲突处于控制之中。这些仪式维护了恩丹布人的共同利益，使他们能够在不伤害社会秩序的情况下，处理他们的疲惫情绪和敌意。② 按照这种维持系统的行为方式，这些仪式无须真正地解决矛盾，用格拉克曼（Gluckman）的话来说，只需要"实现暂时性的和解，并且有时把对立者的基本矛盾掩藏起来就行了"③。

这就为一些在现代西方人看来极为荒诞不经的司法过程提供了某种解释。很多社会以充满情感的力量而不是由人或一些外在于人的机构来裁决人际争端中的罪责，仪式在其中发挥了平息冲突的作用。把宪法当作一本凡人无法干预的《圣经》，的确是一种

---

① Turner(1957:289).
② 参见 Turner(1957:301-2)。
③ Gluckman(1962:47).

神秘化的方式,它令裁决超越于人的意志之上。无论是陪审员还是法官,都不会根据自己的善恶观作出决定,而是依据司法仪式所塑造出的形象去处理"事实",并允许法律条文决定有罪或无罪。①

在很多社会中,是通过特殊的占卜式的方法来处理有罪还是无罪问题的:用拷问来审讯。对被指控有罪的人进行痛苦的或者危及生命的折磨是为了给他们定罪。这样,受到指控者的罪行就不是由指控他的人来决定,而是由仪式来决定。正如在西方的法庭仪式中,审判是去人格化的,惩罚的权力来自于整个社会,与个人积怨无关。

在用折磨来审讯的情形中,仪式的显著特性之一是存在着身体上的疼痛。例如,在对20世纪初马达加斯加的塔纳拉人(Tanala)的研究中,林登(Linton)描述了一种烫伤拷问的仪式:"一个大锅中开水在沸腾,一颗用绳子绑着的石头像个铅垂一样吊着浸在锅里,但没有完全浸没在水中……犯罪嫌疑人洗过手后接受检查,看是否上面有疤痕以及是否被涂了药。在部落国王(Anakandriana)例行祈祷后,被指控者走近大锅,并从水中抓起石头,他的手完全浸没在沸水中。然后他再把手浸入冷水中。在包扎好手后,他被关进一个有守卫的房子里。一旦他的手起了水泡,就会被视作有罪。如果被这种巫术宣判为有罪,他就会被扔进锅里处死,或者如果国王发善心的话,他会被驱逐出部落,所有的财产也会被没收。"②

在马达加斯加西边的乌干达的巴干达(Baganda)部落中,使用

---

① 关于西方社会的司法仪式,参见 Arnold(1935)。
② Linton(1933:156-57),引自 Roberts(1965:187)。

毒药拷问来处理严重的纠纷。当没有明显的方法决定谁有理时，就会使用这种处理方式。争议双方会喝下一杯从曼陀罗属植物的果实中提炼出的毒药。双方坐等到药性发作后，处理争议的官员会要求他们起身走向他。能够走到官员面前并下跪感谢其处理纠纷的争议者就是无罪的。如果双方都无法做到这些，那么他们都有罪；而如果双方都能做到这些，则都会被判定为无罪。争议者死于毒药反应的并不罕见，但这只会被视作神灵对他的惩罚。①

政治危机的仪式应对

当社会遭遇突如其来的政治危机的破坏时，仪式可以为解决政治秩序受到的威胁提供一种关键的手段。从本质上来说，这些危机威胁的是人们的信念，使他们怀疑自己是否生活在一个安全的世界中。在此，所谓的安全建基于他们对世界的象征性构建，它意味着这个世界不存在什么不可测的意外之事。因此，对这套象征的信任构成威胁的危机会格外令人不安。同时，从政治系统自身的角度来看，持存就意味着需要有某些机制能够抵抗周期性的危机。仪式便是其中最为重要的机制之一。②

那些质疑一个经验丰富的国家是否会以象征性的态度去处理重要的政治危机的美国人应该考虑一下，美国是如何应对 1979 年驻伊朗大使馆发生的人质危机的。这一危机本身并不是被直接地强加于美国民众头上，而是通过一系列丰富的象征产物被营造出

---

① 参见 Roscoe(1911：341)。
② 关于仪式为何用于处理危机的原因，参见 Gluckman(1965：265)，Berger and Luckmann(1966：143)，Crocker(1973：49)，以及 Turner(1974：39)。

来,数千公里之外的很多行为被视作与国家认同以及民主和恐怖主义的抽象原则有关。人质们被象征性地转化为美国的形象,而绑架者则与大量丑恶的象征联系在一起。这是一场仪式之战,一方是伊朗人,举着他们的象征在德黑兰附近的大街上游行,造就了一种比美国大使馆本身更大的象征,另一方是普通的美国公众,他们通过一系列仪式广泛参与到这场国际纷争之中,包括抗议示威、降半旗仪式以及准备向绑架者寄送诉状等。当人质危机最终解决后,美国人又举行了另外一些仪式:游行、颁奖典礼和升旗仪式等。

我们下面详细讲述两个例子,以便更好地解释仪式是如何回应政治危机的。在两个例子中,政府的合法性都遭到了根本性的威胁,到最后都导致了国家领导人的被害。第一个是1978年意大利红色旅(Italian Red Brigades)绑架和杀害阿尔多·莫罗的例子,第二个是1984年锡克杀手枪杀英迪拉·甘地(Indira Gandhi)的例子。

红色旅

从1978年3月16日开始,意大利人经历了一段自法西斯和纳粹占领结束以来最糟糕的日子,他们在情感上饱受伤痛的同时,还要面对风雨飘摇的政局。在那天,红色旅不仅绑架了执政的天主教民主党领袖阿尔多·莫罗,还借由一系列的仪式展演,牢牢获得了数百万意大利人的关注。通过象征性的转换过程,政府本身摇身一变,成了人质。于是政府和红色旅之间开始了一场难分难解的认知和情感之战。即便多年以后,如果有人胆敢对这一事件作出与国家政治精英辛苦构建起来的形象相左的描述,仍会受到政府尖刻的谴责和威胁。①

3月16日的早晨,阿尔多·莫罗从家里出发坐车去国会,随行的有两车保镖。当车队通过住所附近的大街时遭到了伏击,保镖们被杀死,未受伤的莫罗在枪口的威胁下上了一辆候在一旁的车辆。警报很快发出,虽然袭击和绑架发生在光天化日之下的罗马大街上,而且还有多位袭击者,但是大量的警察却没有抓捕到任何人,更不要说找到失踪的天主教民主党主席了。在接下来的54天中,警察和军队展开了大规模的行动以搜寻莫罗及其绑架者。道路安全检查几乎令全国的交通陷于瘫痪,警察和军队突袭了数以千计的住所、仓库和废弃的建筑。但是莫罗一直都没有被找到。

这一事件所蕴涵的象征意义令其具有不言而喻的政治重要性。仅就当时的现实状况而言,这一事件直接导致了六人(保镖)被杀害。然后,即便这些死者引起了广泛的关注——袭击地点成了一个圣地,在当场还举行了一些仪式化活动——但很快被人们抛诸脑后。人们最为关心的是莫罗的命运。

在那个3月的早晨,莫罗是要去国会做出一项历史性的提议,希望天主教民主党政府得到共产党(意大利共产党)的支持。来自右翼和左翼的批评都攻击这个新联盟,左翼分子控诉意大利共产党为了和政府同流合污,而"背叛"了其作为工人阶级守护者的神

---

① 1986年11月上映的电影《莫罗事件》(*Il caso Moro*),在片头部分就给出了这种暗示。天主教民主党领袖们对电影的谴责在很多天中一直是意大利的头条新闻,他们抱怨着要起诉电影制作人,阻止影片中受到高度尊重的明星吉安·马利亚·沃隆特(Gian Maria Volonté)出现在国家电视台。影片对这一事件的呈现,并没有遵从政府千辛万苦地创造出来的方式。

圣角色。红色旅则一直指责意大利共产党和资本家们一个鼻孔出气,而把自己描绘成意大利真正的共产党,因此意大利共产党进入政府这一事件具有重大的象征意义。从红色旅的观点来看,正是意大利共产党对意大利工人阶级的铁腕统治,抑制了无产阶级真正的革命倾向。共产党支持天主教民主党政府,意味着意大利共产党最终露出了真实的面目。莫罗本身作为达成天主教民主党和共产党和解的主要缔造者,是共产党—天主教民主党联盟的重要象征,也是战后意大利占统治地位的两种政治力量的杰出象征。

与往常一样,红色旅在传达令人震惊的讯息时,总是周密地选择受害者和时机。但红色旅在政治情景剧的运用上并不止于此。绑架事件发展成一场错综复杂的仪式,充满了规范化、重复性、大众参与和包括革命符号在内的复杂象征。这种象征手法主要来自于共产主义革命的光辉年代,在混合了一些新的手法后,为红色旅塑造出一个与众不同的特征。最为著名的是一张广为传播的宝丽来相片,背景是一面红旗,正中是"*Brigate Rosse*"(红色旅)的字样和一颗星星,满面胡须的人质(莫罗)被迫坐在红旗前面。

红色旅在这种戏剧性的时刻运用仪式建构起了一种公开身份。像红色旅这样小规模的秘密群体需要在传播上使用非常经济的手段,他们不可能广泛地发动民众围绕其政治信条价值展开讨论。他们只能通过戏剧化的行为,快速地抓住公众的眼球。他们需要一种高效的方法传达出重要的讯息。通过与绑架相关的仪式,他们做到了这一点。除了吸引人们的注意力并把其自身与重要的象征系统联系在一起之外,正如大卫·莫斯(David Moss)所言,仪式还能"为它们的操演者提供一种历史感,并公开地刻写下一整套信念的逻辑性和连贯性;同时,这些仪式还能够鉴往知来"①。通过这种仪式,红色旅把绑架从一种随机的、血腥的和无意义的行动,转化为意义丰富的政治宣言,并就此作为一个主要角色登上意大利的政治舞台。

与红色旅之前的绑架活动一样,审判仪式在莫罗被囚期间仍然占据着重要的地位。这些仪式在完全相反的意义上使用了国家审判的象征。当国家机构用强力抓走一个人时,人们会把这一事件理解为逮捕,而不是绑架,这也不是犯罪行为,而是打击犯罪的行为。意义并不源自行动,而是源自对行动本身的解释。国家认为红色旅的行为犯了谋杀罪和绑架罪,而红色旅希望能够改变这种观点。通过审判仪式,红色旅把他们的行为描绘成对一个犯罪嫌疑人的合法拘押。基于这种象征意义的反转,他们把国家逮捕他们同志的行为,视作由警察实施的政治绑架。为了使他们的活动更有影响力,他们采用了很多国家司法系统中的象征形式。人质被转化为一名要面对"人民的审判"的被告人。

政治绑架活动明显地遵循了通过仪式的经典结构。受害者先是从正常的社会结构中被分离出来,在枪口的胁迫下离开了正常的社会。然后他被置于一种阈限场所中,不再扮演之前的角色,并被剥夺了接受正常刺激的权利。在这个阈限期中,他受到身体退化和社会退化的双重折磨。莫罗的例子和其他被绑架的例子一样,包括向绑架者恳求,请政府中的朋友满足红色旅的一些要求等。在这一阶段,人质失去了之前的社会身份,彻底脱离了正常的社会环境,成为危害社会之人:他不再拥有自我了。如果受害者最

---

① Moss(1981:272).

终被释放,那么他会再度融入社会,只是换了一个新的社会身份,这一身份是他所经历的阈限期的产物。① 对于莫罗来说,不幸的是当他再度融入意大利社会时,已然是一具冰冷的尸体。

最终的结果是,红色旅并没有在逐步上演的莫罗大戏中占据审判仪式的垄断权。在莫罗被红色旅审判的四年后,绑架他的人像动物一样被关在特制的笼子里接受法庭的审判。在这场审判开始之前,意大利的政治精英早就举行了一些反对红色旅的仪式。从一开始,政治家们就是以一系列仪式活动应对莫罗被绑架的新闻的。他们极为倚重这些仪式,要靠它们把民众的情感和认知引导到一个安全的方向上。

从国会大厦到城镇街道,再到全国的各个村庄,人们被广泛动员起来参加回应绑架事件的仪式。当绑架的新闻传到国会时,议员们——正准备就成立新政府举行历史性投票——纷纷起立,庄重地向在绑架地点被杀害的警察致敬,并表示坚定地和莫罗在一起。随后,他们以前所未有的速度,几乎没有争论地通过了成立新政府的投票。在外面的大街上,和执政党关系密切的各种国家工人组织号召举行一场大罢工,有1600万人参加了联合游行示威。这些活动至关重要,它们引导意大利公众将焦虑愤怒的矛头指向红色旅,而非看上去有些脆弱的新政府及新的党派联盟。示威活动的重要政治价值还在于表现出了共产党和天主教民主党之间的团结性,在那天的国会投票之前,两党内部一直有人对联合执政持反对态度。②

---

① Moss(1981:273-74)曾提到过绑架和通过仪式之间的这种相似性。
② 参见Katz(1980:26-28),Moss(1981:277)。对莫罗绑架事件在社会戏剧意义上的分析,参见Wagner-Pacifici(1986)。

第七章 冲突和危机

共产党为了与红色旅区别开来，面临着特殊的象征性挑战，因为红色旅表示自己是共产党遗产的继承人，其格外倚重的象征在历史上与包括意大利共产党在内的各种共产党派别息息相关。由此，红色旅举行的仪式对意大利共产党而言别有威胁；意大利共产党反受自己的仪式和象征所害。一方面，共产党在面对保守的怀疑论者时经历千辛万苦才成功建立起来的值得信赖的改良主义者形象遭到了红色旅的破坏，因为后者在谋杀和绑架中炫耀的正是神圣的共产党象征；另一方面，红色旅对意大利共产党历史性象征的征用，对意大利共产党声称自身是光荣的革命传统继承者也构成了威胁。意大利共产党宣称从马克思、列宁以及反法西斯抵抗运动中获得了象征性的遗产，但经由红色旅的仪式表演，这种合法性受到了质疑。在共产主义的象征背后潜藏着一个妥协的政党，因此这些仪式反而意味着是对资产阶级统治的支持。在这种高度紧张的时刻，意大利共产党的领导人明白，如果他们还公开宣称持有这些神圣的象征，就必须举行他们自己的仪式活动。

意大利共产党面临着一个棘手的任务，既要复兴那些在公众眼中与共产党有关的革命象征，同时还要表明自身与天主教民主党团结一致反对"恐怖主义"的立场。在绑架事件及其余波中，意大利共产党领导人举行了一系列仪式以表达这种团结性。据说当莫罗已遭杀害的消息传到共产党总部时，在这个特别悲痛的时刻，共产党领袖恩里克·贝林格（Enrico Berlinguer）在其他意大利共产党官员的陪同下，走到附近的天主教民主党总部，对该党领袖贝尼诺·扎卡尼尼（Benigno Zaccagnini）以及总理和政府领袖朱利奥·安德烈奥蒂（Giulio Andreotti）致以同情。

在红色旅与国家领袖及政党领导人的象征之战中，最高潮爆发在5月9日,红色旅打了一个电话给警察,让他们到罗马市中心找一辆汽车,它停在天主教民主党总部和共产党总部中间,距离两者都在100米左右。警察在车里找到了当天被杀害的阿尔多·莫罗的遗体,而此前警察和军队在全国展开了拖网式巡查,尤其对首都地区进行了集中排查,却一直毫无收获。没有比这一刻更能凸显出国家的无能了。人们在此制作了一块纪念该事件的饰板,使这一地点成为莫罗遭到绑架之后留下的又一处圣地遗迹。在莫罗遭到绑架后,大批市民每天都会到绑架地点献花,现在他们可以到莫罗的生命终结之处完成他们的仪式之旅。

不过,莫罗的仪式征途和他的身体之旅还没有完全结束。政治领袖的死亡总是被高度仪式化,他们的葬礼也被用来服务于某种政治意图。莫罗的死亡令政府及其领袖的合法性遭到了质疑,这种仪式化现象举足轻重。天主教民主党和共产党都极力需要用莫罗的葬礼来解释究竟发生了什么,并继而获得那些可能对他们的执政能力产生怀疑的民众的支持。

可以预见,莫罗的死会引发各种政治党派展开仪式之争,全国各地的政党总部都降半旗致哀。不过政治领袖们信心满满的仪式计划很快被终止,莫罗的遗孀艾丽奥诺拉(Eleonora)发表了一则令他们惧怕的说明。烈士的遗体归家庭所有,而不是国家的财产,或者如艾丽奥诺拉·莫罗所言:"我们家族希望国家和政党充分尊重阿尔多·莫罗清晰的遗嘱。即:不举行公开的游行、纪念或演讲;不举行国家哀悼仪式、国葬或发行纪念章。家族会保持缄默,也请求免于打扰。历史会对阿尔多·莫罗的一生作出评价。"[①]随后,莫罗

---

① 引自Katz(1980:243)。

家族宣布,天主教民主党领袖扎卡尼尼和其他所有权贵都不会受邀参加家族的哀悼仪式。

莫罗家族的这一决定,将他们在莫罗被绑架期间和天主教民主党之间愈演愈烈的冲突摆在了桌面上。莫罗家族一直恳求通过谈判让莫罗获释,但党内领袖们拒绝了这个提议,认为谈判意味着在一定程度上承认了红色旅的合法性。在囚禁后期写的一封信中,和在早先的信件中一样,阿尔多·莫罗仍然呼吁展开谈判。他坚称,如果他遭到了杀害,那么任何政治领袖都别想通过纪念仪式或葬礼从他的死亡中获益。他的家族完全支持这个意见。

虽然天主教民主党和共产党的领袖想尽一切办法劝说莫罗家族发发善心、允许举行国葬,但遭到了严词拒绝。不过这并没有难倒那些政治家们,他们一直寻求通过有力的仪式手段,将灾难转化成一个可以被接受的政治结局。这些领袖们需要一场仪式来充分表明政府是团结一致的,并且把他们与牺牲的莫罗所具有的有力英勇象征联系在一起。如果缺少了这场仪式,要做到这些是不可能的。①

于是,在莫罗家族暗地里把阿尔多·莫罗的遗体从罗马运到

---

① 在列宁逝世的案例中可以发现一个有启发意义的类似情形,虽然两者的政治环境极为不同。对于列宁的离世,他的遗孀向国家的官员们发出了一个公开的呼吁。她写道:"不要采用任何针对他个人的外在致敬形式来哀悼伊里奇(Ilich,列宁的中间名——译者注)。不要为他建造纪念碑,不要用他的名字给建筑物命名等;因为这些在他的生命中轻若鸿毛;它们对来说只是个累赘。"然而,出于和意大利政治领袖们在莫罗死后继续举行纪念活动有些相似的理由,这是一个苏联当局难以尊重的请求。因为当老的领导人去世后,很重要的事情便是积极地将其象征用于增加新领袖的合法性,以及将他们的行为和伟大领袖的行为结合在一起。由此,苏联当局非但没有避开对列宁的仪式化,还迅速地把彼得格勒(Petrograd)更名为列宁格勒(Leningrad),宣布列宁逝世的日子为国家节日,在所有的大城市竖立列宁纪念碑,并将列宁的遗体保存在克里姆林宫供无数的市民前来朝圣(Binns 1980:599)。

一个乡间教区匆匆埋葬的同时,政府领袖则计划举行一场盛大的国葬,不仅要让意大利的千家万户通过电视看到,而且要通过卫星让全世界的观众看到。这是一场没有遗体的仪式,不过政治家们迫切想要落葬的并不是阿尔多·莫罗的遗体,而是他的绑架和死亡所产生的政治灾难。

5月13日,就在莫罗的遗体在一个地点不明的乡间教区下葬后的第三天,教皇保罗四世本人离开梵蒂冈,到拉特兰的圣约翰教堂(basilica of St. John in Lateran)主持了纪念莫罗的仪式。教堂的长椅上平素坐着纪念圣彼得的民众,而现在坐着的是意大利的政治精英。实际上,偌大的教堂里除了国家和党的官员外没有其他人。这场仪式描绘出了一幅政治团结的图景,在电视台的摄像机镜头里,贝林格、扎卡尼尼和安德烈奥蒂坐在一起,在共同的人性光辉中相融无间。

刺杀英迪拉·甘地

与莫罗的例子一样,在1984年震惊印度的血腥冲突中,各方都把仪式当作重要的斗争手段。不过与莫罗遭绑架不一样的是,实际上印度的这场冲突造成了大范围的暴力行为,导致数千人死亡。印度的例子表明,要将现实的影响和仪式的影响分离开来是非常困难的。从挑战政府的造反者占领锡克教金庙(Golden Temple),要求获得旁遮普省的政治自治权,到政治家们围绕英迪拉·甘地的骨灰罐展开的争夺,政治战斗不仅依靠刀枪和拳头,也依靠仪式。

到1984年春天,事态已然一发不可收拾。一大群锡克教造反者为了获得旁遮普地区锡克教教徒的广泛支持,在锡克教教徒最崇高的圣地金庙建立了一个武装基地。这一象征性的举动为造反者带来了双重收益,既把他们和锡克教的神圣事物联系在一起,又使得政府很难在不破坏神圣的锡克教象征的前提下驱逐他们,由此造反者的行为得到了支持。神庙中的锡克教武装分子在描绘着锡克教圣徒殉难的血腥场景的画作之下,部署了大量武器,这将他们的武装行为和神圣的自卫传统联系在一起。①

在英迪拉·甘地最终命令印度军队将武装分子从神庙中清除出去时,没想到对方武装精良,拥有 30 挺机枪。事后指挥官们沉痛地告知公众,军队为了避免在神庙内部的圣殿中开火,使得人员的折损大大高于预期。②

如果政府官员认为这些方式会避免锡克人的敌对反应,那么他们就大错特错了。在神庙中死去的数百人成为了烈士,而军队和政府不仅是凶手,更是圣地的亵渎者。锡克人在全印度范围内举行了抗议游行,很多都以暴力冲突收场。在很多城市中,锡克人关闭他们的商铺以表示象征性的抗议,著名的锡克历史学家库什万特·辛格(Khushwant Singh)在抗议中公开将自己的莲花装勋章(Padma Bhushan)还给了总统,此勋章是印度最高等级的荣誉之一。印度的所有锡克人都带着黑色的头巾,以表示对锡克教牺牲者的哀悼,同时有 3000 人到德里主要的锡克神庙举行集会,他们叫嚷着成立一个独立的锡克国,并焚烧了一个被装扮成英迪

---

① 参见 Douglas C. McGill,《阿姆利则(Amritsar)的金庙:锡克教的最高圣殿》,载《纽约时报》1984 年 6 月 4 日,第 6 页。
② 参见 Michael Hamlyn,《锡克人的圣殿如何变成一个"杀戮场"》,载《泰晤士报》1984 年 6 月 15 日,第 26 页。

拉·甘地的稻草人。这些仪式远不能阻止锡克人的愤怒所带来的政治性的破坏力,反而强化了之前被视作极端主义的锡克自治运动。①

政治领袖们不遗余力地借助他们的反对仪式来缓解局势,但收效甚微。在发动袭击后不久,为了应对锡克人的反对运动,英迪拉·甘地决定亲自去金庙,这趟朝圣之旅被精心地拍摄了下来。到达金庙内部之后,她跪倒在地板上,用裹着头巾的额头触碰金色圣殿的地面,并向神庙敬献了一笔钱。在接下来的传统仪式中,她咀嚼着麦片粥,这粥象征着神庙提供的款待和庇护。她的所有活动都被拍摄下来,通过电视传播到全国各地。②

虽然不愿意将军队从金庙中撤出,但因为担心锡克人会对圣地遭到破坏产生过激反应,政府最终还是妥协了。而政府最终作出将神庙还给锡克教教徒的决定,则是因为锡克人对政府下了最后通牒。通牒中说,如果政府在 30 天内仍不归还神庙,那么将会举行一个无数锡克人参加的"解放游行",其目的地就是金庙。③

就在一个月之后,亵渎金庙的行为遭到了报复。英迪拉·甘地的两名锡克教保镖在其官邸的草坪上射杀了她。仇恨锡克人的

---

① 关于许多其他记者对锡克教教徒回应金庙遭袭的记述,参见 Michael Hamlyn,《德里焦急等待旁遮普的回应》,载《泰晤士报》1984 年 6 月 8 日,第 10 页;《锡克人在金庙中抵抗:出现更多暴力》,载《纽约时报》1984 年 6 月 9 日,第 4 页;James M. Markham,《金庙遭袭令锡克人"狂暴不已"》,载《纽约时报》1984 年 6 月 12 日,第 6 页;以及《愤怒的锡克人在印度各地举行集会》,载《纽约时报》1984 年 6 月 18 日,第 3 页。
② 参见 William K. Stevens,《甘地夫人访问被占领的金庙》,载《纽约时报》1984 年 6 月 24 日,第4 页。
③ 参见 Mohan Ram,《金庙恢复安定》,载《远东经济评论》(*Far Eastern Economic Review*)1984 年 10 月 11 日,第 47 页。

印度教教徒早就准备对锡克人在旁遮普及其他地区的军事行为作出回应,这一事件令他们怒火中烧,在全印度范围内,愤怒的印度教群众焚毁了大量锡克人的住所、店铺和神庙,并殴打或杀死他们发现的锡克人。英迪拉·甘地此前在印度苦心经营了 20 多年的良好局面;但在刺杀事件的激发下,国家面临分裂的危险。

在如此血腥的背景中,甘地的儿子拉吉夫(Rajiv)精心策划了一系列复杂的仪式,以求重新稳定国家、修复政权以及建立他个人的领导权。这些仪式集中关注两种合法性象征:印度教葬礼仪式和英迪拉·甘地本人。就像其他去世的国家领导人一样,甘地的遗体被庄重地摆放在总理官邸中供人瞻仰。但是,她的死亡所引发的混乱并不容易平复。当 30 万怒不可遏、泪流满面的哀悼者穿过总理官邸的栅栏时,警察们不得不挥舞着防暴警棍、发射催泪瓦斯以维持秩序。不久,当数以百计的锡克人正在遭受恐怖袭击或被谋杀时,来自各国的政治领导人则聚集在新德里向甘地家族和政府领导人们致以慰问。

在葬礼中还包括一场历时四个小时的游行,队伍在城市的街道上走了 7 英里,这是一个在 20 年前为纪念约翰·肯尼迪而举行的游行的印度版。甘地的遗体也放在一辆灵车上,同时由三军领袖担任主要的护柩人。他们的终点是一个檀香木的火葬柴堆,旁边坐着一排各宗教的重要神职人员,他们代表着印度的各种宗教,除了一个:没有任何锡克教的牧师参加。实际上,在游行路线沿途以及观看葬礼的大量人群中,看不见一个锡克教头巾。因为在那些日子里,很多锡克人的命运被掌握在充满敌意的人手中,因此不难想象为什么没有锡克人参加这些活动,即便他们愿意前来致哀。然而政府急切地需要表达出锡克人也是国家系统的一部分,他们还迫切地需要把锡克人不应被视作叛徒或杀手的讯息发送出去。于是,三名来自于甘地的国大党(Congress party)的锡克教政治家被劝说坐在那排神职人员中,虽然他们并不是牧师。同样,在军队的仪仗队中,还可以清晰地看到六名戴着红紫相间头巾的锡克人。

英迪拉·甘地的遗体上覆盖着国旗和花环。按照古代仪式的要求,遗体被放置在火葬柴堆的顶部。她的儿子拉吉夫举着一根檀香木火把,绕行一周后点燃了柴堆。总统宰尔·辛格(Zail Singh),一个锡克教教徒,爬到柴堆旁边的高台上,把手中的米粒洒在燃烧着的英迪拉·甘地的遗体上。这个河边的火葬柴堆离圣雄甘地(Mahatma Gandhi)的火葬地点仅有几百英尺远,离英迪拉·甘地的父亲、印度独立后的第一任总理贾瓦哈拉尔·尼赫鲁(Jawaharlal Nehru)的火葬地点也差不多远。①

虽然英迪拉·甘地的遗体在柴堆中被火化了,但她具有合法性的神圣美德却流传了下来。面对英迪拉·甘地被害后的动荡政局,对于要赢得大众支持的主流政治家来说,把自己与牺牲的领袖联系在一起的行为无疑是最安全的方式。这对于甘地的儿子拉吉夫来说尤为如此,他缺乏政治经验,但希望显赫的身世对其获得民主选举的总理职位有所助益。对他来说,他和其母亲、祖父之间的关系便是一切,他需要尽其所能地把握住这种关系。仪式则是达

---

① 参见 Michael Hamlyn,《火葬台将成为新的朝圣地》,载《泰晤士报》1984 年 11 月 5 日,第 5 页;Bob Secter and Rone Tempest,《数千人观看甘地的儿子将其遗体送入神圣的火焰中》,载《洛杉矶时报》(Los Angeles Times)1984 年 11 月 3 日,第 8 页;James M. Markham,《新德里的河边,两个哀悼场景》,载《纽约时报》1984 年 11 月 4 日,第 12 页;《葬礼》,载《真档案》(Facts on File)第 44♯2296 卷,1984 年 11 月 16 日,第 845-46 页。

到这一目的的最有效的手段。

当火焰熄灭之后,英迪拉·甘地的骨灰被收集起来并被分成很多份,每一份都装入铜质、银质或金质的骨灰罐中。在拉吉夫的带领下,31个骨灰罐被送往不同的省或地区。通过围绕这些骨灰罐举行的仪式,全国民众紧密地与国家政权联系在一起。在很多展示骨灰罐的地区,当地的政治家为了获得这些神圣的骨灰罐爆发了激烈的争斗。两个月后举行的国家选举令政治家们更为紧迫地感受到,要努力地与去世的领袖建立起仪式性的关系。实际上,拉吉夫的竞争者们抱怨,精心安排的将骨灰罐送往全国各地的仪式像是为拉吉夫的全国竞选活动拉开的序幕。不过他们不敢公开地抱怨。这正是仪式的力量。

拉吉夫·甘地本人在最后也没有看到骨灰。他穿着白色的衣服,身边跟着一些摄像师,把一个骨灰罐送到了印度北方尼赫鲁家族的领地。在那儿,他主持了一个入葬仪式,与20年前他为其祖父尼赫鲁举行的入葬仪式完全一样,把他母亲的骨灰罐埋在了一棵树下。几天之后,当所有的骨灰罐完成了它们的观瞻之旅回到首都后,拉吉夫把新旧象征混合在了一起。为了尊重她母亲要把骨灰撒在喜马拉雅山的遗愿,作为前飞行员,拉吉夫飞到了据说印度教主神湿婆(Shiva)居住的山洞上方,把骨灰撒在了那儿,到此正式结束了长达12天的国丧期。随后不久,拉吉夫在国会选举中以巨大的优势获胜。[①]

对于活着的人来说,死亡——尤其是那种未曾预料到的死

[①] 参见 James M. Markham,《甘地骨灰入葬家族领地》,载《纽约时报》1984年11月10日,第3页;Rone Tempest,《英迪拉·甘地之子将其骨灰撒在喜马拉雅山中》,载《洛杉矶时报》1984年11月12日,第12页。

亡——会造成情感上的混乱和不安。同样,政治领袖的突然离世,也会为人民带来迷茫的情绪和痛苦的不确定感。在这两种情形中,编织一张仪式之网有助于产生新的平衡,在神圣化逝者的同时安定生者。

狂欢节政治

人们应对危机和冲突的仪式并不只是政治精英的产物,无论他是保守派还是革命派。相反,这种仪式最重要的一方面在于,他们为无权者提供了攫取权力的手段,并为那些缺乏正规手段的民众提供了获取政治影响力的方法。利用仪式,无权者可以克服他们在政治上的软弱孤独感,改变由于官僚组织的缺失造成的弱势,也能团结起来挑战精英们的地位。

在欧洲历史中,这种仪式最稳定的形式是基督教的群体性仪式。其中最重要的是每年在四旬斋(Lent)开始之前举行的狂欢节。统治者和政治精英们早就清楚群众欢庆的重要价值,在节日当天,人们可以嘲讽权威的象征,情绪性地表现出放浪形骸的一面。这种反抗仪式的安全阀效应早在被人类学家总结出来前就已经自行其是了。就此而言,一位16世纪的法国律师曾写道:"有些时候,允许民众调笑玩乐也是一种权宜之计,至少比对他们过于苛待从而把他们逼上绝路要好……没有这些取乐的活动,他们就会去酒馆,喝个酩酊大醉后开始胡话连篇,不再安分守己,而是去编排国王、王子们……国家和法官,并且胡乱写着造谣中伤的小册子。"[①]当然,这种观点可以回溯到罗马人那儿,甚至在更早时期的

[①] 引自 Davis(1971:41)。戴维斯不同意仪式只是安全阀的观点。

欧洲就存在了,毫无疑问,在任何建立了等级制政治制度的地方,政治精英们都会有这个想法。①

然而,即便精英们意识到了这些群体性仪式具有潜在的政治价值,但他们也看到了其中蕴藏的危险。民众嘲讽权威之举不啻是在玩火。例如,在文艺复兴时间的威尼斯,狂欢节从圣诞节的次日一直延续到四旬节开始,其间会举行种类繁多的仪式。这是大众的享乐时刻,乔装打扮的百姓们挤到大街小巷和广场上纵情吃喝。他们赶公牛、叠罗汉、演喜剧和放烟花。威尼斯的权贵们对此又爱又恨,因为这些仪式既给了他们在群体性生活中发挥关键作用的机会,同时又潜藏着庆祝活动失控的威胁。为了确保能够控制这些仪式,精英们承办了最昂贵和奢侈的演出活动。他们甚至参加平民的转换仪式,一起上演嘲弄统治阶层和政府管理方式的滑稽戏。在模仿公爵出行的戏码中,队伍的规则——等级制的象征——发生了翻转。②

这种狂欢节庆祝活动有时会出现乐极生悲的情形,造成统治者和被统治者以及富人和穷人之间的直接对抗。在 1580 年的法国城市罗曼斯(Romans),一群身着狂欢节服饰的工匠遇到一群富人后威胁要吃掉他们。这些富人显然没有领会对方的节日精神,而是把对方仪式性的威胁理解为不可容忍的放肆行为,于是对这些游行者展开了攻击,并杀死了他们。③

但是穷人也会展开复仇行动,大众仪式就经常被当作煽动反

---

① 关于狂欢节的安全阀观点的讨论,见于 Scribner(1978)。
② 参见 Muir(1981:156)。
③ 参见 Muir(1981:157)。

抗情绪和传达革命讯息的手段。1647年,被压迫的那不勒斯群众利用狂欢节仪式起身反抗贵族统治者。随后命运多舛的起义活动遭到了镇压,但民众用各种仪式形式进行了反击。例如当卡拉法(Caraffa)兄弟刺杀起义群众领袖马萨尼洛(Masaniello)失败后,他们不是被简单地处死,起义民众举行了一场精心设计的公开审判仪式。他们的尸体被拖曳过那不勒斯的大街,愤怒的群众纷纷将垃圾砸向尸体。随后这些尸体被砍掉头颅,伴随着鼓声,头颅被插在长矛上游街示众。作为背叛行为的象征,一顶"假黄金"王冠被放在一个头颅上,而马萨尼洛自己则扯着另一个头颅的胡子以示轻侮。唯恐这种羞辱仪式传递出的讯息还不够明确,尸身周围还被放上了一些海报,上面写着"人民的叛徒"。另外一些方式也传递出了同样的讯息。当起义者把一个特别不得人心的官员的头颅放在一份比萨的中间时,上面还盖着一层厚厚的甜瓜皮和橘子皮。之所以如此装扮,是因为这个头颅之前属于一个征收水果税的官员。①

就利用年度举行的群体性仪式尤其是那些狂欢节仪式以表达阶级冲突和政治抗争而言,法国有一份保存完好的漫长历史记录。普通市民只有通过狂欢节仪式才能宣泄他们压抑已久的对精英的愤恨,其目标包括上至国王、下至地方上的收税官在内。带有政治主题的戏剧性表演,经常出现在这些庆祝活动中。在一台普通的滑稽戏中,国王受到了一些邪恶的顾问的蒙骗,后者密谋对一切事物进行征税,并劫掠和偷窃所有东西。在这种象征形式中,一些身份特殊的官员也是被攻击的对象。例如在1576年的第戎

---

① 参见 Burke(1983:15)。

(Dijon),人们嘲弄国王在勃艮第(Burgundy)的河流和森林大臣,说他殴打妻子,并利用职务之便通过采伐森林谋取私利。对狂欢节仪式的政治性应用已达到很高水平,以至于这些戏剧性的活动有时会被落成文字,其印刷品广为流传。①

毫无疑问,这种仪式时常能够宣泄出那些郁结已久的政治敌意,并在不威胁到政治现状的前提下驱散这些情绪。但事实上这些仪式激发了对当权者的嘲弄,也使得它们成为可以更直接地威胁到政治秩序的绝佳场合。1513 年,在瑞士,受一些群体性欢庆活动的诱使,来自附近村庄的 300 名农民决定跑到伯尔尼(Berne)去惩罚那些欺压他们的人,最终他们洗劫了这座城市。在荷兰的一场起义中,狂欢节的风俗和象征被运用于一个革命的情节中,当时穿着小丑服的反叛者举着小丑的手杖,杖头是被鄙视的市长卡迪那·格兰维尔(Cardinal Granvelle)的头颅。而 1588 年在法国的罗纳河谷(Côte du Rhône),一场狂欢节演变为一场起义,最后以政府的血腥镇压而告终。②

在接下来的几个世纪中,群体性欢庆活动在政治生活中一直发挥着重要作用,它为没有政治选举权的人们提供了一种建立组织和公开表达他们意见的途径。1849 年席卷法国乡村的民主社会主义运动,通过群体性仪式的转型在城市和乡村中给大众留下了深刻的印象。例如,蒙彼利埃(Montpellier)的制桶工人每年都会举行一场庆祝活动向其守护神致敬,他们会响声震天地敲着手鼓、高举着旗帜在大街上游行。但是在 1849 年,这种公共仪式中

---

① 参见 Davis(1971:68)。
② 参见 Davis(1971:69)。

出现了一个新的元素。当人们敲着手鼓游行的时候,嘴里还喊着"白色①已倒,红色永存!"②

随着不可遏制的山岳党运动越发壮大,群体性仪式也表达出更为明确的政治象征意义。典型的例子是1851年在雷恩(Rennes)附近的一个村子里举行的圣体节(Corpus Christi)游行。这场游行与之前的群体性庆祝活动唯一的不同之处在于:人们高高地举着一面巨大的耶稣画像,而耶稣被画得像个革命英雄,旁边还有一条标语清楚地写着:"耶稣是山岳党。"③

这些抗议仪式的象征在打击地方上的明确目标时,会表现得极为清晰。比如,1849年在纳博讷(Narbonne)的一场狂欢节上,一群戴着面具的男子簇拥着一个被套上国民自卫队(National Guard)制服的人体模特。他们将这个人体模特斩首,又把它扔进了河里。两年后,在布鲁(Brou)举行的狂欢节上针对的目标更加明确。一大群穿着节日服装的人焚烧了一幅画像,上面绘着测量员行业的象征和两面白色的旗帜。当时的保守派市长正是个测量员,他带着当地的警察冲向事发地点。当他们抵达那儿时,人群爆发出阵阵呼声:"共和国万岁!打到贵族!打倒王室!打倒市长!"④

这一时期的游行时常带有精心制作的阶级斗争的象征表达。在一些游行中,扮成牧人的富人驱赶着像牲畜一样的劳动者,而另一些游行则以乌托邦式的手法呈现出相反的景象,工人阶级和农

---

① 当时法国的皇家旗是白色的。——译者注。
② Berenson(1984:207).
③ Berenson(1984:213).
④ Bezucha(1975:238-39).

民阶级对戴着镣铐的僧侣、贵族和资产阶级的扮演者颐指气使。①

1851年在地中海岸边的科利乌尔（Collioure）村举行的狂欢节游行便是一个很好的例子。队伍的前方是两名代表着自由女神的女子。她们极尽荣耀地被抬着穿过街巷，后面跟着十几个身穿红衣的男子。两位女神一手持短剑，另一手持法国革命的三色旗。村民们面对守旧政权展示出了法国革命的象征。在1851年的法国，乡村激进主义已经遭到严酷的政治迫害，所有正式的政治社团和失地农民的组织都被封禁了。狂欢节游行则为推翻当时的政治世界和宣明人民的意愿提供了一个途径。②

在此情形下，政治上的反对派必须利用一切可能的公共仪式来表达他们的反对态度，即便这意味着要参加教会主办的仪式。由此，就无须奇怪为什么在1850年到1851年之间一帮激动的反教会人员为了引导游行发挥一定的政治作用，会经常参加到耶稣受难节（Maundy Thursday）游行的唱诗班中去。③

当权者即便有时无能为力，但是当他们在这些仪式中遭到侮蔑时也不会忍气吞声地袖手旁观。实际上有关官员在几个世纪中多次努力阻止举行这样的仪式。法国国王弗朗西斯一世在1538年禁止举行狂欢节式的游行，以防它们带有反政府性质的改良主题。④ 一个世纪之后，在1647年，那不勒斯大主教担心发生暴动，取消了纪念施洗者圣约翰的例行游行。⑤

---

① 参见 Bezucha(1975:242-43)。
② 参见 McPhee(1977:241-42)。
③ 参见 McPhee(1977:242-43)。
④ 参见 Bercé(1976:66-67)。
⑤ 参见 Burke(1983)。

与此相似,19世纪中期的法国当权者对攻击他们的仪式进行了回击。上文提到的装扮成革命女神的两位科利乌尔女子被以有伤风化罪关进了牢房,但她们在释放后被视作英雄受到了村民们的热烈欢迎。地方检察官会定期地向国家有关部门汇报他们的社区中发生的此类事件,有时会对示威者提出指控。例如1850年在一个名叫普罗文斯(Provence)的村子里举行的圣灰星期三(Ash Wednesday)游行就受到了地方检察官的关注。一群农民和工匠沿着社区的主要街道游行,领头的一个人举着一根杆子,杆子上挂着一个代表头颅的灯笼。在他后面抬着一个穿着白衣的假人。当抵达村里的一个广场时,人们成立了一个特别法庭,一个人用斧子砍下假人的头,根据一名当地检察官的报告,假人的头颅"被抛入开心观看的人群中,人群里爆发出令人厌恶的叫声。"一瓶红酒倒在假人身上,模仿喷出的血液。仪式的主持人们将身穿白衣的假人称作"白色"(blanc),由此指代市长和更为普遍意义上的法国官僚。毋庸多言,假人的斩首仪式具有可怕的意味,让人想起了革命时期的断头台。①

即便在群体性仪式中没有直接地夹杂政治象征,这些庆祝活动还是会为无权的群众提供一个不可多得的聚集在一起的场合。例如,1850年在科尔内拉拉里维埃(Corneilla-la-Rivière)的一个社区中,教区传统的庆祝守护神日的活动就提供了这样一种场合,来自这一地区的农民激进分子都聚集到一起。这种合法的农民聚会对他们来说很有好处,因为他们可以传播他们的讯息,同时农民自身也展示出他们的团结。随后农民中的积极分子们在人群中发表

---

① 参见 McPhee(1977:243)。

鼓动性的演说,一名警察试图把一名积极分子衬衫上的红色标记撕下来。被激怒了的人群开始带着威胁冲撞警察,200名激动的农民把石头砸向一名政府任命的治安法官。①

狂欢节庆祝活动在当代一些欧洲国家和其他一些基督教国家中依然存在着。在一些情势还不错的地方,狂欢节仪式为政治上的无权者提供了建立组织和发挥作用的重要途径。两位20世纪的西班牙独裁者——米戈尔·普里莫·德里维拉(Miguel Primo de rivera)和弗朗西斯科·弗朗哥(Francisco Franco)——都认识到了狂欢节仪式中潜藏着难以控制的力量,因此干脆就严禁举办这些仪式。②

在另一方面,关于这些仪式是否发挥出安全阀作用的争论仍在继续。曾经对一个安达卢西亚社区进行研究的斯坦利·布兰德斯(Stanley Brandes)说过,狂欢节是"一个象征性的方式,当政者可以在它的帮助下为普通市民们提供慰藉"。它通过象征性地反对"现存的社会关系"而使这些关系得到"强化"。布兰德斯的认识非常深刻,因为他没有简单地认为地方精英通过狂欢节操控大众、"蒙蔽他们",而是指出,如果没有社会控制体系的话,狂欢节中表现出来的社会性混乱就会一直存在,因为人们会"自大地以为能够完全地掌控社会生活,并可以得心应手地运用这些掌控手段"。③就此观点而言,狂欢节具有重要的政治作用,但主要是被当作一种支持等级制政治秩序的手段。

---

① 参见 McPhee(1977:244-45)。
② 参见 Kaplan(1984:173)。
③ 参见 Brandes(1980:90)。

然而,即便在这种文化背景中,狂欢节仪式也有助于为阶级冲突煽风点火,而不是简单地平息冲突。实际上,在丰马约尔(Fuenmayor)的安达卢西亚社区,人类学家大卫·吉尔摩尔(David Gilmore)就发现了这种模式。在那儿,为期四天的狂欢节庆祝活动是一个"人民的节日",参与者和主持者主要是来自城镇的底层民众。虽然对于这些阶层来说,这是一年中最快乐的也是最受期盼的大事,但富家小姐们(Señorita)却对之深恶痛绝,纷纷在此期间离城而去。参与者们则群情激昂,抛开了平日里的羞耻之心,在节日里随心所欲。实际上,他们的所作所为在平时都是不被允许的:男扮女装或者女扮男装,公开地打情骂俏,行为极其粗野。①

因为丰马约尔的劳动阶级分布在一个相当广阔的范围内,所以狂欢节在建构该阶级的团结性上尤为重要。只有在狂欢节期间,所有劳动阶级的人民才能实实在在地汇聚到一起,远离上层阶级及其代理人的直接控制。狂欢节也允许人们以戏剧性的方式表现劳动阶级的价值观。就像其他地方一样,对于在过去的一年中违背这些价值的村民,会在仪式中予以嘲弄。于是,劳动阶级的价值观就取代了国家法律——与精英统治相关的法律——成为地方统治的基本规范。虽然现场也有一些未携带武器的警察,但在此期间,"官方的国家法律及其强制性要求被穷人们的非正式的道德规范所取代,留在城里的人必须服从于这种权力。"②

丰马约尔的狂欢节不仅是一种安全阀,还强化了政治等级制

---

① 参见 Gilmore(1975:339 - 40)。关于巴西狂欢节中阶级地位的转换的分析,参见 Da Matta(1977)。
② Gilmore(1975:344).

度,它进一步使得社区两极分化,加剧了阶级冲突。虽然在某种意义上,村民在节日期间把当地的精英赶出城去,但那种仇恨并没有随之消失。同时,市民们还将精英不愿意和他们共同过节的行为视作是对劳动阶级的蔑视。从历史上来看,地方性的狂欢节庆祝活动所激发出的强烈的阶级对抗情绪,会自然而然地导致阶级暴力的产生,有时会造成人员伤亡。就此而言,弗朗哥很清楚禁止狂欢节仪式有什么好处。①

具有丰富象征意义的、加强群体团结的公共仪式,它们强烈的情感遗产,以及通过在不断的仪式操演中与他人共享而获得的力量,它们所产生的权力都来自于一种集体的欢腾(*joyeusetés collectives*)。② 它确实是一种能够转移社会紧张的力量,但它还可以作用于多个方面。几个世纪以来,仪式制造"令人激动的颠覆"的能力,以及提供充分理由的能力,都令当权者颇为畏惧。③ 正如福尔(Faure)所言:"狂欢节就像是暴动一样。"④历史中充满了各种造反行为,它们从群体性仪式营造的特殊氛围中喷薄而出。然而,仪式的革命潜力并不局限于地方性的热情所导致的难以压抑的自发行为。在适当的环境中,仪式可以在政治变化中发挥出更具系统性和自觉性的作用。

---

① 参见 Gilmore(1975:344)。另参见 Gilmore(1987:96-125)。"五一节"是第二国际在 1889 年设立的一个国际性的工人节日,其历史显示出它和阶级团结仪式有着类似的重要性,有时对于资本主义制度来说,它非但不构成威胁,而且还为其保驾护航。参见 Mosse(1975:167-68)、Hobsbawm(1984:76-79)、Perrot(1984),以及 Dommanget(1972)。关于一个相似的欧洲工人阶级的团结仪式,即杜伦矿工节(Durham Miner's Gala)的研究,参见 Rodger(1981)。
② 这种描述来自于 Bercé(1976:73)。
③ 让·杜维纳(Jean Duvignaud)使用的这个短语引自 Rearick(1977:437)。
④ Faure(1978:92)。

第八章 革命的仪式

群情激昂的巴黎人民为了庆祝新制度的建立,走到市中心去参加新法国联邦政府的成立仪式。这一天是1790年7月14日,攻占巴士底狱一周年的纪念日,1.4万名国民自卫队和武装力量的代表聚集到巴士底狱,他们组成方阵高举83面标明他们所在部队的旗帜。在他们的行进时,大街两侧的群众欣喜若狂、又喊又唱。虽然天空阴雨连绵,但没有让人感到丝毫寒意。

当队伍进入一座天然大广场时,高潮时刻来临了,30万国民挥舞着三色丝带并致以狂热的欢呼。国民议会的议员、市政府的官员和皇室成员坐在一个特殊的廊台上。巨大的中心地带很快挤满了几千名国民自卫队士兵(Fédérés),每个方阵中的年龄最长者骄傲地举着他们的队旗。一队士兵高举着王旗,礼炮的一声巨响宣布了庆典的开幕。

在中间的祭台上,欧坦(Autun)教区的大主教塔列朗

(Talleyrand)在一队教士的协助下为国民自卫队的旗帜和王旗祈福。教士们看上去比平常更加喜庆,在长袍外扎着象征爱国主义的三色腰带。塔列朗主持了一场弥撒,宣告这场盛事的开场。随后国民自卫队的英雄司令官拉法耶特(Lafayette)走上崭新的国家祭坛。他代表台下数千名来自法国各地的代表朗读了公民誓言(civic oath),宣布效忠于国民议会颁发的新宪法。在结束时,他宣誓道:"在永不破裂的友爱纽带下,所有的法国人休戚与共",下面无数人跟着大喊"我发誓"。紧接着国民议会的成员们也宣读了相似的誓言,不过在兴高采烈的大众看来,随后的国王个人宣誓少了点热情。对于革命的爱国者来说,这是令人振奋的一天。正如一名国家代表所写:"我绝对相信,在这世界上不会再有比这更美好的场景了,如此之多的心灵在同一时刻共享同样的愉悦。"①

法国各地的民众都满怀喜悦地举行了相似的庆祝活动。主题五花八门,包括向新政权效忠和增进大众团结等,表达的方式也各不相同。例如在斯特拉斯堡(Strassburg),人们聚集到一个祭坛下方,在祭坛的顶部搭建着一个六英尺高的小土丘。在祭坛上,一名天主教神父和一名新教牧师热烈地称颂着爱国主义自豪感,他们的身边是一群国民自卫队士兵和市政官员。伴随着炮声和鼓声,聚集在一起的国民自卫队士兵们与他们在巴黎的同胞在同一时刻宣读同样的誓言。数以千计的兴奋不已的公民加入进来,大喊着"我发誓!"和"国家万

---

① 引自Shafer(1943:92)。我对在巴黎举行的首届联盟节的描写基于Dunn(1939:9-10)和Sanson(1976:13-14)。

岁！宪法万岁！国王万岁！"①

仪式有益于革命运动和新政权的因素，也对所有的政治系统具有同样的重要价值：仪式满足了重要的组织需求，它在神秘化现实权力关系的同时，还为这种关系提供了合法性，即便在明显缺乏共识的地方它也能够促成公众团结，它还帮助人们以某种方式构想他们的政治世界。在某些方面，比起建立已久的政治组织或政权，仪式对于革命运动和革命政权更加重要。激进的政治变革如果最终要建立起一个制度化的政权，就必须得到强有力的支持，这就需要人们放弃陈规旧俗和先前的世界观。

探讨仪式如何发挥这种作用的最好方式，莫过于通过一些革命和革命政权的例子，观察仪式在其中所发挥的作用。法国大革命和纳粹主义的兴起，分别代表着民主（或从另外一个角度来看，代表着资本主义）革命和极权主义运动，它们都值得细加分析。对其他一些革命和暴动的简要考察——从美国革命到伊朗国王的倒台——则会为这种分析锦上添花。

法国革命

一套巨大的仪式装置反映出了法国革命的兴衰，这套装置以惊人的速度在18世纪最后10年的革命运动中被建立起来。虽然不能简单地把革命的成败与同时期存在的仪式斗争相关联，但革命的仪式并不是毫无用途的摆设。这些仪式不单是政治斗争的反映，还是政治斗争的有力武器。

---

① 对斯特拉斯堡纪念活动的描写见于 Shafer(1943:86-87)。

第八章 革命的仪式

法国大革命的领袖们在创造和操控仪式为政治目标服务上有着惊人的自觉性。他们的灵感来自于两个方面。一方面,在法国政治中,各种节日作为一种吸引群众参与的机制有着悠久的历史,从精心设置的皇家出场式到难以控制的乡村狂欢节都属此类。另一方面,几位很有影响力的政治理论家也认为公众的庆祝活动具有政治价值。卢梭(Rousseau)在给波兰政府的建议中早就呼吁创造一些公民的节日。他写道,这些节日将有助于"增强民族性,巩固新习俗",并让"所有的情感充满新的活力"。卢梭认为,参与到这些节日中有助于消除那些隔离民众的藩篱、促进社会的团结,这种观点后来为涂尔干所采纳。①

在法国大革命初期的紧张斗争中,仪式犹如武器得到同等的重视。仪式不仅有助于支持新的团结,而且有助于创造出新的政治忠诚和政治观念。在1792年,也就是国王被送上断头台和雅各宾派开始恐怖统治(Reign of Terror)的前一年,各方政治势力在巴黎大街上举办了各种具有竞争性质的公共仪式。纪念武装起义者的自由节和纪念被害的艾坦普(Etampes)市市长的西蒙诺(Simmoneau)节,便是这种仪式之争的重要例子。两者前后相距不足六个星期,在革命发展到流血冲突之前,它们就已经让雅各宾派和保守派大打出手。

温和派和革命派之间的冲突日趋紧张。1790年拉法耶特在巴黎带领国民自卫队向新成立的共和国效忠,而就在一年之后的

---

① 对卢梭关于市民狂欢节的讨论见于Duvignaud(1965:239),此处的引文也见于该书。需要指出,Mathiez(1904:77)声称,为法国大革命的领袖举行"公民崇拜"(civic cult)仪式的想法并不是来自于政治理论上的设计,而是来自于1789年遍及法国各地的地方性自发仪式。

1791年7月17日,他又带着他的士兵制造了战神校场惨案(Massacre of the Champ de Mars)。他在那儿监督着士兵射杀手无寸铁的请愿者,后者聚集在广场上要求审判国王并成立新政府。由于当时是温和派立宪主义者掌权,革命者未能举行一场悼念这些牺牲者的公共仪式,但他们成功地组织了另一个节日,以纪念一群类似的牺牲者,即在1790年被杀死的瑞士武装起义者。

博耶(Bouillé)将军很适合作为此故事中的反派,他早就对1790年的联盟节保持警惕,用他的话说,这个节日"毒害了军队的精神"①。在这个节日过后一个月,驻扎在南锡(Nancy)的几个团起兵反对他们的贵族军官。博耶的部队被派往南锡,他们残酷镇压了起义,并把活着的起义士兵关进牢房。在这些生存者中有一些是老城堡(Chateauvieux)瑞士团的士兵。国民议会的议员们支持对兵变进行镇压,但革命派却被激怒了。被囚禁的瑞士士兵曾经所属的团在1789年巴黎群众解放巴士底狱时拒绝对群众开枪,这一行为使得他们的资历有着特别重要的象征意义。

被囚士兵的支持者们不仅成功劝说当局把他们从牢里释放出来,还说服了巴黎的市政官员举办一个节日以示奖掖。在向市政当局的请愿中,发起者的动机很明确:"这个感人的节日将在所有存在恐怖的暴政和心怀希望、团结一致的爱国者的地方举行。"②保守派对这一纪念"凶手"和"公众之敌"的仪式表示愤恨,强烈批评它是对光荣的国民自卫队的侮辱,以及对兵变的鼓励。在节日开始前的几周里,首都充满了紧张的气氛,温和派也竭尽所能地阻

---

① 引文出自这位将军的回忆录,见于Dowd(1948:54)。
② 引自Dowd(1948:56)。

止这一节日的举行。随着日子的到来,暴力威胁的阴云越来越重。

作为这一以自由为主题的节日的英雄,40名生还的瑞士士兵带着断裂的镣铐行进在街道上。大量的群众加入到游行队伍中为他们而欢庆,普通的巴黎民众也纷纷涌上街头。纪念活动中充斥着雅各宾派精心策划的痕迹。四名男子高高地举着几块刻着《人权宣言》的牌匾;卢梭、伏尔泰和本杰明·富兰克林的半身像被抬着走过巴黎的街道,还有两具石棺分别被敬献给起义者和在南锡被杀死的国民自卫队士兵。在巴士底狱,领导人们敬献了一座代表自由的雕像,上面雕刻着一些革命活动的场景。让君主主义恐惧但让雅各宾派开心的是,当游行队伍经过一座路易十五的雕像时,有人在雕像头上放了一顶红帽子,并用布条蒙住了他的眼睛。

对于参与者来说,这是令人振奋的一天,不过,保守者则轻蔑地将之视作一件粗鄙而可悲的事,是一个"令人作呕的丑闻",用一位保皇党人的话来说,它"充分表现出了罪恶的胜利"。托泽尔公爵夫人(Duchess of Tourzel)从她的角度出发,贬斥这个节日只是一场"可怜的逃兵们的荒谬而下流的散步"而已。但一些更为精明的保守派观察家认识到了这场游行对于革命运动来说是一个有力的刺激。他们知道,厄运要降临到某些人的头上了。①

在认识到雅各宾派主导的节日具有巨大的政治力量后,保守派也迅速地谋划用仪式进行反击。就像革命者把瑞士起义士兵的释放当作他们的"自由"节象征一样,君主立宪派利用1791年3月3日被害的艾坦普市市长雅克·西蒙诺的葬礼大做文章。前一个

---

① 关于1792年4月15日举行的这场节日的描述,基于Dowd(1948)和Ozouf(1976)。引文出自Dowd(1948:62)。

节日赞颂的是起义者,保守派则针锋相对地把赞颂的对象放在叛乱的受害者身上。西蒙诺市长是被请求他控制粮价的暴民们以私刑处死的。

在西蒙诺死后不久,保守派和革命派就前者提出的举行公共仪式纪念西蒙诺之死的计划展开了争论。到4月份法国和奥地利开战之时,保守派指出自由节鼓励了叛乱活动,必须借助仪式性的矫正手段彻底地转变其意义。在第一次军事失利(将军们将之归咎于部队缺乏纪律性)的余波中,保守派向国民议会请愿,号召举行一场公共纪念仪式,以给予"宪法的敌人""致命一击"。请愿者们提出,是"时候证明法律具有不可动摇的地位了"。在一份给国民议会的报告中,一名拥护这种仪式的保守派成员清楚地指出:国家节日"既能激起混乱,也能平复混乱、赢得遵从,并强化对法律的尊重。"正如德昆西(de Quincy)所宣称的那样,纪念西蒙诺的节日"在令人遵守秩序这一点上,比最严苛的法律还有效"。国民议会克服了激进主义者的抗议,最终同意举行这一节日的请求。①

狂热的公众刚度过喧嚣混乱的自由节,几个星期后西蒙诺节于1792年6月3日在同一地点拉开序幕,它刻意表达出了一种不容抗拒的讯息:为了法律和秩序。虽然仪式中使用了一些(相当沉重的)经典的主题——如自由表现为一个身穿白色罗马长袍的女子——但主要的元素是军事力量的展示,荷枪实弹的士兵排成长长的队伍走在游行队伍中。参与游行的市民主要是公职人员。尊重法律这一核心主题不仅象征性地体现为军事力量的震慑,而且通过游行中的一些象征物表现出来:一把巨剑、一个放置着法律书

---

① 引文出自 Dowd(1948:68-69)。

籍的金色王座,以及穿着罗马短袍的奴隶抬着的一座巨大的手持权杖的法律女神雕像等。仪式中还出现了一些与西蒙诺有关的纪念品,包括他的半身像、赞颂他的纪念牌模型以及记录谋杀事件的浮雕等。

左翼批评者谴责这场耀武扬威的游行是对人民的羞辱。他们对游行中的象征格外关注。例如,其中一个非常古怪的景象是,西蒙诺的鼓吹者在游行中举着一根串着鲨鱼模型的铁锹,在鲨鱼的身体上写着"尊重法律"。革命者认为这是对人民的威胁,鲨鱼代表着揭竿而起的民众,铁锹则代表着军事力量。但也有一篇革命者的文章称:"相反,我们相信铁锹代表着人民",而鲨鱼代表着专制统治、贵族制度和宗教狂热分子。① 最富争议性的是一座浮雕,内容是西蒙诺被一群手持长矛的人杀害,而长矛是一种象征着革命的武器。这种象征解释对于左翼来说是一种亵渎,因为在他们看来这些凶手是"反革命分子",不配使用神圣的革命武器。② 在这场盛大景观结束后的第四天,罗伯斯庇尔(Robespierre)在国民议会上站出来反对此节日,声称它不是国家的节日,而是公职人员的节日。他指出,这个节日令人想起古代的政权:刀枪和制服"怎能被用来装饰自由人民的节日!"③

罗伯斯庇尔本身就是一个坚定拥护利用节日推动革命事业的人。1794 年他就在国民议会上提出了一个关于举行一系列公共

---

① 这取自《法国革命》(Révolutions de Paris)杂志中对此节日的记述,转引自 Ozouf(1976:86)。
② 引自 Dowd(1948:75)。
③ 从罗伯斯庇尔的话到 1792 年 6 月 7 日的国民议会,引自 Ozouf(1976:89)。我对西蒙诺节的描写主要基于该书以及 Dowd(1948)和 Mathiez(1904:56-58)。

节日的法令草案,建议以制度化的形式在新的历法中规定每旬的最后一天举行一个不同的节日。①

　　1794 年 6 月 8 日在巴黎举行的最高主宰节(Festival of the Supreme Being)反映出罗伯斯庇尔在国家节日合法化和政权神圣化上的尝试,他希望用一种革命国家的神圣仪式系统来取代教会和君主政权的仪式。在一系列精心策划的纪念活动中,50 万人民——几乎都是巴黎人——作为观众和参与者共同为营造崭新气象而努力。为了节日,搭建起了临时性的看台,建造了巨大的纪念碑,游行路线沿途被装扮一新,甚至还竖起了一座庞大的假山。身着盛装的罗伯斯庇尔手举火炬点燃了一个象征无神论的纸质神像,它的燃烧殆尽象征着潜藏于其中的完美的智慧女神形象显露出来。不过,最后呈现出来的智慧女神——只是一团有害的烟雾——令雅各宾派十分沮丧。在罗伯斯庇尔发表了两场演讲后,游行开始了,他在国民公会(National Convention)成员的陪同下登上一座专门为节日而建的假山,大量人群聚集在山下唱着革命歌曲以示庆祝。在一支包括 200 名鼓手的庞大乐队的带领下,人们唱起新创作的《马赛曲》,伴随着礼炮轰鸣声,他们不断重复咏唱着歌曲的最后部分,在这一时刻纪念活动达到了高潮。

　　这场仪式标志着雅各宾派政权达到了权力的顶峰。它是一个盛大的、令人印象深刻的节日,同时它也彰显出罗伯斯庇尔拥有独裁统治的权力,当然最终这并不能阻止罗伯斯庇尔的垮台。② 虽然罗伯斯庇尔和他在专政期间杀害的人落得了同样的下场,但他

---

① 参见 Kohn(1967:327)。
② 关于最高主宰节的记述是基于 Brinton(1934),Ozouf(1976),以及 Dowd(1948)。

关于革命仪式的观点仍为新政府所继承。在1794年攫取了政权的热月党人(Thermidorians)面对来自左派和右派的攻击,他们在很大程度上接纳了罗伯斯庇尔关于公众节日的主意。从某些方面来说,他们更加需要通过创造新的仪式来赢得公众的支持。他们一方面缺乏丰富的天主教徒和保皇党人的象征与仪式,另一方面又缺乏让公众欢迎的革命热情,所以只能摸索着利用一些仪式为他们的中间道路寻找支持。虽然学校里已经使用新课程对年轻人进行政治社会化,政府控制的出版社也对识字的成年人施加一定的影响,但仍需要利用节日来为目不识丁的群众提供相似的教化。①

在政府各部门之间以及政府和教会间广泛存在着仪式之争。国家在1792年取消了所有的通过仪式——从浸礼到婚礼和葬礼——这些仪式曾长久地把人们和教会联系在一起。新的执政者用《人权宣言》取代了《圣经》,作为人们宣誓效忠的圣典;用革命赞歌取代了教会的圣歌;并用纪念重大革命事件的节日取代了各地的圣徒日游行活动。甚至以神圣的星期天为中心的七天制历法也被政府的革命性的十天制历法所取代,并用一系列新的世俗节日使其得到巩固。②

革命也催生了大量自发性的仪式化活动。蔚为壮观的仪式即便只是在巴黎的大街上举行,却也会产生全国性的影响。日常生活中的最简单的事物都可能有着重要的象征意义。比如不同的服

---

① 参见 Ozouf(1976:236-38),Dunn(1939:132)和 Kohn(1967:83-86)。
② 很多学者都注意到了这种革命仪式和信仰系统,与宗教尤其是天主教仪式和信仰系统之间的相似性。参见 Mathiez(1904:62),Sohoul(1957:199),Kohn(1967:42),以及 Ozouf(1976:322-25)。

装代表着不同的政治立场,如果穿错了颜色和裤长,或是戴错了帽子,都可能引发街头混战。法国历史学家林恩·亨特(Lynn Hunt)注意到这些日常的象征不仅表达出了个人的政治立场,而且通过"政治立场的表明,使他们的拥护、反对或中立的态度显露无余"①。

别在帽子上的三色帽徽就是一个很好的例子。在某些仪式场合中,戴着这种帽徽就意味着是对革命的支持,它会激发出巨大的情感。在1789年,一群妇女受谣传所鼓动向凡尔赛(Versailles)进发,在谣传中,那儿的士兵在帽子上别着波旁王朝(Bourbons)的白色帽徽,并穿着反对革命的贵族的黑色衣服。在这一时期,各种政治派别还没有清晰地形成,鲜少有组织性;政治斗争中的各派别正是通过这种象征的公开展现才逐渐明确自己的形象。人们在未来政治斗争中对某一方的忠诚感也在这些仪式中得到培育。②

象征的创造和操控在法国大革命中占据着关键的地位,但并不是所有仪式化行动都是成功的。在能够清晰地区分政治群体、有效地激发政治斗争的仪式形式和那些明显荒谬的失败仪式形式之间,仅有一线之隔。当一些革命派用唤起革命忠诚的仪式取代教会和传统政权的仪式时,常会被这条线绊倒。例如,在一些被革命政权没收充公的教堂里,祭坛被用来供奉马拉(Marat)或其他革命英雄。但是在很多城镇和乡村中,用"爱国主义的十字架"向马拉、勒佩勒提耶(Le Peletier)、自由女神和死神祈祷的活动都极不光彩地遭到了失败,比如在一个教区,误入歧途的爱国者们妄想通

---

① Hunt(1984:53).
② 参见 Hunt(1984:57-59)。

过重新给"爱国主义的圣水盂"祝圣,来表达他们的革命热情,其结果可想而知。①

虽然法国大革命的仪式有着更为轻松的时刻,但也有其残酷的一面。毫无疑问,在公共场合砍下革命敌人的脑袋是最受关注的革命仪式之一。在这种仪式中,英雄和恶棍之间的地位发生了迅速的转换,政府由此界定清楚谁是人民的敌人。如果在牢房里秘密地处死这些人,那就无法产生在断头台上处死他们造成的政治效果。同时,血腥仪式的规模也会放大这种政治效果。在雅各宾派专政的一年半中,为了教化大众,有 2632 人被公开斩首。在此,被仪式化了的是死亡而不是葬礼。实际上,在 1793 年 1 月路易十六被斩首后,唯一公开举行的一场葬礼并不是给路易十六的,而是给一名在处死路易十六前夜遇刺身亡的国家代表。凶手是一名前皇家卫兵,其行凶的动机是为了报复那名代表在投票中赞成处死国王。②

在法国大革命中被设计出来的仪式不仅用来称颂而且也用于教化,不仅用来创造团结也用来灌输恐怖。断头台并不是唯一的恐吓方式。有很多仪式都需要人民发誓公开支持新政权。就像国王路易十六在 1790 年的联盟节上因为恐惧而宣誓忠于新政府那样,在随后的几年中,越来越多的民众在仪式中处于相似的恐惧之下。奥祖夫(Ozouf)描绘了其中一个场景:"所有的一切都是为了将恐惧打造成节日的真正基础:神圣的准则被用大号字体写在国

---

① 参见 Brinton(1934:154-57)。
② 被斩首人数来自于 Duvignaud(1965:248)。关于为代表米歇尔·勒佩勒提耶·德·圣-弗尔戈(Michel Le Peletier de Saint-Fargeau)举行的国葬,参见 Dowd(1948:99-100)。

家的圣坛上；要宣誓就得爬上很多层台阶；身体必须像英雄那样保持挺拔，同时两臂垂直；周围的旁观者噤若寒蝉。"①从参与者们的脸上可以明显地看出他们的恐惧，他们非常明白拒绝参加仪式会带来的危险：一些准备登记参加仪式的人紧张地晕了过去，其他人则被这突如其来的场面吓呆了。

这一整套复杂的仪式在大革命时代的法国政治进程中有多重要？一些历史学家指出，法国大革命正显示出了仪式对政治事件的进程影响甚微。他们的论据是，经过十年疯狂的仪式化后，革命失败了，而且仪式本身也崩塌了。实际上，正如埃德加·基内(Edgar Quinet)所称，所有的革命仪式都没能成功地"替换掉一名乡村圣人"。② 莫斯(Mosse)同样认为，节日不可能"被人为地创造出来以团结人民并支持他们的领袖"，他的论据是，随着革命的结束，革命节日也随之消失了。③

然而，革命仪式这一庞然大物在19世纪初的轰然崩塌，并不能证明仪式在政治上无足轻重。恰恰相反，革命领袖发现他们自身需要替换掉政治秩序的旧有观念——国王、贵族和教会在其中占据着中心地位——取而代之以一个完全不同的观念。毫无疑问，仪式在这过程中扮演着重要的作用。仪式是一种激发政治斗争的手段，反动分子和革命者都认识到了这一事实。它被用来合法化一个全新的政权并消除传统政权的合法性，借助民主的象征和神秘化新兴的专政制度，并在对整个局势持完全不同意见的民

---

① Ozouf(1975:383).
② 引自 Ozouf(1976:316)。
③ 参见 Mosse(1971:172)。另参见 Soboul(1957:213)。

众中塑造团结。在缺乏一个像国王那样可以象征整个国家的人物的情况下,这些仪式性的表现是民众认识国家的重要方式。① 仪式不单表达出了之前关于何为正当的政治关系和制度的普遍观念,而且在创造这些观点和理念上也发挥着主要作用。②

这些仪式事实上并没有这么容易烟消云散。在革命十年中出现的仪式继续在法国下一个十年的政治生活中扮演着重要作用。例如庆祝巴士底日的活动就为不同的政府和各种意见相左的群体提供了一个展现自我的舞台。在大革命结束半个世纪后的1848年,新革命政府在首次公开亮相中就组织了一场前往巴士底广场的游行,并在那儿宣布成立新的共和国。几天之后,举行了一场葬礼仪式以纪念那些为建立新政权而牺牲的起义者;这场游行的终点是巴士底狱。在那儿,为建立新政权而牺牲的起义者被埋在死于1830年起义中的牺牲者旁边。虽然新的象征和仪式不断涌现,但往日仪式的政治遗产却留存了下来。③

拿破仑对革命节日的镇压并不意味着它们在政治上无足轻重,反而表明了政治和仪式之间具有紧密的相互关系。拿破仑非常清楚,新政权需要不同的象征。以广泛参与和查纠内部敌人为标志的革命节日,应让位于颂扬军事实力、征服和击败外国敌人的

---

① 对由于国家缺乏合适的人格化代表而引发的问题的讨论,参见 Agulhon(1985)。革命政权在考虑如何处理国家硬币时就遇到了这个人格化象征的困境。国王的头像是肯定不能再用了,那么在这个新的民主社会中应该选用谁的头像呢? 不可能铸造出一个没有头像的硬币,所以最后决定使用具有寓意的自由女神的头像(1985:188)。
② Hunt(1984)受克利福德·格尔茨的启发,将相似的重要性归因于法国大革命的仪式。
③ 参见 Agulhon(1979:67)。

仪式。拿破仑也有一个礼仪大臣,他写于1806年的给国王的一份报告显示,拿破仑对革命中的政治仪式依然兴致盎然。有两个重大节日被提上议程:一个是敬献给和平与正义的节日,两样都代表着拿破仑所带来的新秩序;另一个是赞颂拿破仑的年度性节日,在拿破仑加冕周年纪念日之后的第一个星期天举行。① 对拿破仑的崇拜取代了对革命的崇拜,不过两个节日的结局都不太体面。

美国革命

长久以来仪式在法国大革命中的作用得到了公认,毫无疑问革命者自身对这种重要性的认知也在其中起到了推波助澜的作用。然而,人们对美国革命中仪式的重要性却知之甚少,并且评价不高。和其他的革命者一样,美国的爱国者需要消除已建立的政治秩序的合法性,并围绕一系列新的政治象征促进公众团结。他们分散在13个殖民地,因此需要一种方式使他们认识到自己是同一个运动的参与者。当然,他们起草的大量文献——后来引起了历史学家们的深入关注——在创造新的团结和认同上有着重要的意义,同时,在精英中间尤其是在将精英行为和普通民众生活相联系的过程中,仪式也发挥了重要的作用。

革命的一个主要需求是消除君权的神秘性。这并非易事,因为多年来美国的爱国者——一直遵循千百年来的政治传承——在很大程度上把他们遭受的欺压归咎于国王的大臣和议院,而非国

---

① 参见礼仪大臣波塔利斯(Portalis)的报告,转引自 Bercé(1976:225 - 27)。关于拿破仑对国家节日的态度,参见 Kohn(1967:86)。

王本人。事实上直到 1776 年，在庆祝国王生日的活动中，聚集的爱国者仍然通过祝酒等仪式向国王致敬并以此激发大众的热情。①

直到《独立宣言》出现，才真正象征着与国王的决裂。要让大众关于政治关系的观念发生剧烈的转变，依靠发行一些文件是远远不够的。在所有的殖民地，公开宣读《独立宣言》之后往往还会举行仪式性的处死国王的活动。随着乔治三世的人像被焚烧，为他举行模拟葬礼，以及打碎他的雕像以示他在宣言中被驳得体无完肤，他的君权也一同被摧毁了。在佐治亚州萨瓦纳（Savannah）的一场规模空前的集会上，人们为国王举行了"非常庄严的葬礼游行"。在纽约城，一群人在朗读了《独立宣言》后把一座镀金的国王骑马塑像扔在地上打碎。在波士顿，只要包含皇冠或狮子的商店标牌都被扔进火堆。在巴尔的摩，爱国者们举着国王的雕像游街，游行的高潮是将雕像付之一炬。总之，殖民地的爱国者们发现最直接的摧毁国王权威的方式就是举行反抗仪式。②

对于被分裂成多个独立的殖民地且每个殖民地都处于英国直接统治之下的政体而言，使用各种仪式形式来实现组织目标、表达共同的忠诚和政治敌意是非常重要的。例如，弗吉尼亚的政治领袖就通过一系列仪式表达出对革命的拥护，在这些仪式中他们把自己与在北方数百英里外发生的事件③联系在一起。弗吉尼亚各地的代表聚集在威廉斯堡（Williamsburg），由下议院④（House of

---

① 参见 Shaw(1981:14)。
② 关于这些事情的描述见于 Jordan(1973:306-07)和 Shaw(1981:15)。
③ 指的是波士顿倾茶事件。——译者注
④ 弗吉尼亚在殖民地时期成立的民选政府。——译者注

Burgesses)宣布6月1日——英国国会决定从这一天开始强制关闭波士顿的港口——是绝食和祈祷日。为了打击这种象征性行为,总督解散了这场集会。代表们在次日又举行了另一场集会,89名市民代表公开签名,号召对这一危机采取统一的应对措施。他们就此复兴了一种公共抗议的仪式形式,这种形式后来在革命中被所有殖民地广泛采用。到了6月1日,在议长和一个举着权杖的人的带领下,市民们游行到总督官邸前的教堂,在那儿绝食抗议。同时,在弗吉尼亚的其他很多行政区也举行了相似的仪式。①

但在此之前,自由树仪式在大革命之前举行的众多的仪式中占据着核心地位。在波士顿倾茶事件爆发后,所有的殖民地在抗议印花税法案(Stamp Act)时都会举行向自由树献礼的活动,此后自由树成为波士顿很多抗议和庆祝活动的焦点。这些被政治纪念章和旗帜装饰着的树得到了精心守护,就像法国人守护三色帽徽一样。事实上,英国士兵试图砍倒自由杆(Liberty Pole)的举动引发了纽约规模最大的一场暴动。

在革命发生前的几年里,自由树为那些传播反英情绪和鼓励团结抗敌的反抗活动提供了一个关注点。通常,这些仪式中都有悬吊模拟像的活动,那些模拟像代表着某些人或诸如印花税法案这样不受欢迎的皇家法令。当政治紧张情绪愈演愈烈时,在举行那些用来威吓保皇党人和告密者的涂柏油与插羽毛仪式中,自由树成为了首选地点。②

在这一时期,爱国者反抗敌人的现实暴力活动在赢得支持或

---

① 参见 Isaac(1976:367)。
② 参见 Shaw(1981:181-84)和 Jordan(1973:305)。

困扰英国及其盟国上的效果并不明显,倒是具有攻击性的仪式化活动增强了抗议者的力量。在一场盛大而热烈的公共仪式中象征性地处死国王,比在一个后巷里伏击和殴打一个保皇党人更具政治影响力。① 要发动一场有效的革命,人们必须把自身放在一个被压迫者的位置上,并把受压迫的原因归结于英国的统治,而且还要成立一个组织,它既能提供有效的革命力量,又能为他们带来值得期待的政治未来。在所有这些方面,仪式对美国革命的发动起到了重要的作用。

国父们都很清楚仪式的重要性,不仅是为了革命需要,而且有助于为新政府打造一个坚实的基础。在约翰·亚当斯(John Adams)和他的同侪宣布殖民地脱离英国独立时,他写道,投票决定独立的日子"应该被后代们当作一个重大的节日,每年都为之举行纪念活动"。他认为:"它应该被隆重地庆祝,要有盛大的场面、游行、演出、游戏、运动、鸣枪、敲钟、篝火和彩灯,从美国大陆的一端到另一端,年复一年地举行。"②

鉴于亚当斯如此重视政治仪式,他后来关于总统职位仪式化的观点也就不足为奇了:"人们不需要王座和皇冠,"他在1790年写道:"该到和所有的统治和审判说再见的时候了。"但实际上,他甚至对"总统"这个名字都不太满意,认为它看上去过于普通,缺少一种高贵感。随后不久,他的继任者所采取的行动,将总统的地位和围绕总统职位及其权力的仪式之间的关联凸显了出来。杰斐逊对华盛顿的盛大就职典礼颇有微词,他在1801年为自己操办了一

---

① 此论来自于 Shaw(1981:20-21)。
② 参见 Inglis(1967-69:22)。

个很朴素的就职典礼,当天他从自己的公寓走到国会,然后在那儿向国会联席会议发表了他的就职演说。这个仪式以及其他削弱总统职位的仪式基础的行为所产生的政治效果是,总统的职权被弱化了,而国会的权力则随之得到了增长。直到另一位总统安德鲁·杰克逊(Andrew Jackson)入主白宫后,由于他对总统职位的象征意义表示出的高度兴趣,于是总统的力量又回来了。①

纳粹

虽然所有的政治运动都经由仪式和象征而为人所知,但能够呈现政治和仪式之间最为生动关系的例子或许是纳粹运动。希特勒本身成为了一个符号,他是纳粹运动最主要的两种基本象征的化身:万字饰(纳粹党徽)袖章和纳粹致敬礼。虽然纳粹的权力归根结底是一种军事权力,但这种权力的创造在很大程度上伴随着仪式的使用。《我的奋斗》(*Mein Kampf*)是纳粹运动的圣经,但群众根本不需要阅读它,用乔治·莫斯的话来说:"《我的奋斗》中的理念被转译成了礼拜形式,使得其中的书页成为一种国民性或雅利安崇拜的群众仪式。"②若非成功地利用了仪式,纳粹的崛起是不可想象的。

希特勒和罗伯斯庇尔一样都敏锐地意识到,要赢得革命胜利必须发展出各种仪式形式。他最初关心的是建立起有力的象征,能够利用它们明确革命运动的成员身份,表现他们的力量以及吸

---

① Novak(1974:21).
② Mosse(1975:10).

引那些归附者。在第一次世界大战刚结束时,希特勒为缺乏这种能够标识身份的象征而悲哀,后来他提道,"最大的不足在于,党员们根本没有能够标志他们共同属性的外在记号",这种象征"能够在反对国际敌人时显现出来"。实际上,希特勒正是从他的社会主义敌人那里认识到象征和仪式对于革命事业的重要性。他谈及战后不久在柏林参加的一场马克思主义者组织的群众示威游行时说:"那是一片红旗的海洋,至少在表面上,红色的领巾和红色的花朵让这场示威游行——看上去非常有震撼力。"但权力并不只是一种徒有其表的东西,正如希特勒所言:"我个人能够体会和理解,人群中的一员在面对这种盛大而动人的景观所具有的充满暗示性的魅力时,根本无力抗拒。"①

希特勒后来在创造国家社会主义的象征中投入了大量的精力。他选择红色作为纳粹党旗的底色,是因为红色是"最令人兴奋的颜色"。选择万字饰则是因为它能够让纳粹运动拥有一个独一无二的标记。希特勒在谈到他和他的同伴们在 1920 年一同缝制了第一面党旗时,心中充满了"孩子般的开心";那面旗帜"令人心旌摇荡",他兴奋地说,"就像是一支熊熊燃烧的火炬那般动人"。②

自那以后,在几乎所有的纳粹集会中都会展示纳粹党旗和万字饰。实际上,如果一场集会中没有这些象征和相应的仪式,就不能说是纳粹的集会。就在两年之后的 1922 年,希特勒去科堡(Coburg)参加一场城里的游行。当地的组织者告诉他,他们已经同意了在游行中不展示纳粹党旗的要求,听到此言希特勒"断然拒

---

① Hitler(1939:730-31).
② 参见 Hitler(1939:736,734,506-7)。

绝"参加游行,他咆哮着说:"这太丢人了!"①或许他是对的,没有了红旗和万字饰,示威游行还能给他带来什么好处呢?

随着运动的发展,仪式的种类也不断得到丰富,它们在象征意义上影响到了历史关系。在1923年11月9日失败的政变(啤酒馆暴动)中丧命的16名纳粹分子很快被追认为烈士,他们携带的"血染的党旗"(Bloodflag,血旗)成为纪念他们牺牲的最好证物。旗帜中的红色代表着为运动而献身的烈士们的神圣鲜血,这面血旗被当作一个圣物受到膜拜。实际上纳粹一年只会展示这面旗帜两次:一次是在啤酒馆暴动纪念日,另一次是纽伦堡党代会召开日(Reichsparty-day rallies at Nuremberg)。在纽伦堡党代会召开期间,纳粹会举行盛大的仪式,每个党组织的旗帜和标语都会受到希特勒的触摸以获得某种神圣的意义,同时它们还会碰触那面最初的血旗。②

对于希勒特而言,大众集会很重要,既能鼓舞追随者为夺权而斗争,也能在夺权后强化他对权力的控制。在希特勒的眼中,集会的重要性来自于群众的心理状况。他写道:"一个人在成为一场新运动的拥护者的过程中会感受到孤独……他第一次感受到[在群众集会中]一个更大的共同体的形象,这个共同体能够对大多数人施加强化和鼓励的影响力。"集会中的个人置身于人海之中,"富有暗示意味的陶然气氛所带来的强大影响使其激动得不能自已。"对集体心理颇有研究的希特勒继续指出,围绕在他身边的民众聚集在一起所给予他的热情支持表明了"新信念的正确性"。他写道:

---

① Hitler(1939:806).
② 参见Taylor(1981:508-9).

第八章 革命的仪式

"原本带着怀疑和犹豫来参加聚会的人现在在心中留下了一个牢固的烙印:他成为了共同体的一分子。"① 或者正如一名纳粹冲锋队领袖在随后指出的那样:"每个走在万字饰下的冲锋队员都是对旁观者的热情召唤:加入我们吧,同志。"②

一年一度召开的纳粹全国党代会是这些仪式中的典范,其中首届党代会于1923年在慕尼黑举行,在1927至1938年间该会议都是在纽伦堡召开。在此会议上,新党员的献身精神和热情得到了强化,他们的世界观也发生了转变。同时,纳粹还在集会中释放出一个强有力的讯息,即他们定会取得最终的胜利。

从1923年的第一届党代会开始,很多重要的仪式元素便引起了人们的关注。集会以纪念"一战"死难者的仪式拉开序幕,这个活动将纳粹和战争牺牲者的象征联系在一起。身着制服的冲锋队高举着无数纳粹党旗行进。实际上,8万名身穿制服的参与者使得1923年的党代会有着浓厚的军事意味,并唤起了人们的爱国主义情感,这种情感与军队以及刚过去的那场战争紧密相关。③

到1920年代末,这种仪式已经得到极大的发展。在1929年的党代会上,有25面崭新的军旗和11面崭新的冲锋队队旗接受检阅,当旗帜从希特勒面前经过时,希特勒用血旗触碰它们,与此同时,聚集的队伍大喊三声"德国,醒来吧"。直到希特勒掌权后,这些集会才得到了大操大办,大量的公共资源被投入到营造纪念性的建筑中。这些建筑物堪比古埃及和罗马时期的建筑,通过它

---

① Hitler(1939:715-16).
② Ernst Roehm,引自 Unger(1974:83)。
③ 参见 Burden(1967:26-29)。

们,千年第三帝国的形象被清楚地呈现了出来。①

1933年的集会有16万名纳粹党员参加,标志着一个新纪元的开始。来自全国各地的党支部领袖一排排地站在观礼台上,一群旗手从受阅队伍的后方站起,整齐地从他们面前走过。在当天晚些时候,6万名希特勒青年团(Hitler Youth)的代表聚集在一处也展现出类似的壮观场面。正如《纽约时报》的报道所言:"他们以营为单位行动……旗帜招展,成片的万字饰旗遮天蔽日地盖住了每个军团,每根旗杆都装饰着象征胜利的绿色橡树叶,每个人的帽子上都有一朵花或绿色的绳结。"记者也清楚仪式透出的讯息,他总结道:"年轻的德国展示出了它的力量。年轻的德国十分强大。"②

纳粹运动在其发展过程中使用了大量的传统仪式元素,用于合法化其组织以及塑造忠诚感。最为明显的是不断地使用与"一战"死难者相关的纪念物以及在展示纳粹象征时演奏国歌。当纳粹掌权后,他们不仅寻求建立自己的常规仪式系统,而且也破坏那些与之竞争的仪式。这常常意味着他们要将已经存在的仪式改造成纳粹的仪式。

作为将劳动阶级和社会主义运动关联在一起的最重要的仪式,五一节(May First)便是这种仪式之争的首批牺牲者之一。纳粹并没有禁止五一节庆祝活动,而是将这一天改成了国家友爱节

---

① 参见 Burden(1967:50-57)。
② 引自 Burden(1967:73)。莱妮·莱芬斯塔尔(Leni Riefenstahl)的著名影片《意志的胜利》(*Triumph of the Will*)记录了1934年在纽伦堡举行的纳粹全国党代会。影片包括了此处讨论的纪念活动的所有方面,令人对仪式具有的情感冲击力留了下极为深刻的印象。关于影片的讨论,参见 Barsam(1975)。

(Festival of National Brotherhood),庆贺在纳粹政权下实现了新的国家统一。5月16日是悼念"一战"死难者的追忆节(Remembrance Day),也被改成了和德军的重建以及军队的光荣相关的"追忆英雄节"(Heroe's Remembrance Day)。国旗——已经变成了上面绣着万字饰的红旗——不再降半旗以示哀悼,而是高高地飘扬着,象征着新国家的自豪感。① 随着时间的流逝,对诸如复活节和圣诞节等神圣的和教会相关的庆祝活动的改造也越发频繁。

纳粹在取代与教会相关的仪式上并不如他们在发明新仪式上那样成功。例如,即便付出了相当大的努力,他们对教会的婚礼和葬礼的改造也只取得有限的胜利。相对于那些完成改造的仪式,纳粹的婚礼仪式保留了一些传统元素——如交换戒指以及教父、教母要出场等。新娘和新郎各自会收到一面结婚纪念床单,上面绣着爱国主义的象征符号和一句合乎时宜的元首讲话;一位地方党组织官员取代了神父或牧师向新人祝福,勉励新婚夫妇为了祖国多生孩子。然而,和他们东方的邻居苏联一样,人们对纳粹的这种改造反应并不热烈。②

群众集会是纳粹最具戏剧性的仪式,随着第三帝国的建立,它成为向政权效忠的日常仪式,在纳粹治理社会的过程中扮演着最为重要的作用。党员被要求在任何时候都得佩戴纳粹的徽章,在出席公共集会和示威游行时则要穿着党的制服。当一名市民在公共场合中遇到别人用纳粹礼向他打招呼时,如果不说"希特勒万

---

① 参见 Unger(1974:171)and Taylor(1981:506)。
② 参见 Unger(1974:176-82)。

岁"就会造成不堪设想的后果。拒绝在仪式中采取合作态度,是最严重的反政权之举;基于同样的理由,仪式化的形式能够帮助政权辨识反对者或者摧毁这些反对者的自尊心。笃信者的热情致礼诚然在其他人面前展现出了纳粹政权的力量,但那些怀疑者的被迫合谋或许更令人对纳粹的力量感到胆战心惊。①

伊朗革命

1978 年在伊朗发生的革命集会算是近年来最具戏剧性的革命集会了,它直接导致了一个政权的垮台。伊朗的抵抗仪式生动地呈现出象征的仪式操纵所具有的力量。它们也反映出伊朗在仪式的政治应用上有着历史悠久的谱系。实际上,伊朗大众通过与伊斯兰教仪式有关的游行动员来反对政府的做法已经存在了几百年。② 在整个 20 世纪,这样的仪式在伊朗政治中屡见不鲜,它们为群众在国家层面上影响决策提供了一个至关重要的方式。群体性活动在推动 1904 年立宪革命(Constitutional Revolution)的兴起中和破坏 1919 年益格鲁(英国)—波斯(伊朗)协定(Anglo-Persian Agreement)中,都起到了关键性的作用;群众示威在 1924 年帮助维护了君主制,在 1941 到 1953 年期间,则是人民党(Tudeh Party)和民族阵线党(National Front)向当政者施加压力的主要政治武器。③

1978 年,一场突如其来、声势浩大的群众仪式成就了革命的胜利,这场伊斯兰教仪式原本是为了纪念在 1300 年前死于罪恶的

---

① 参见 Unger(1974:86 – 87)。
② Chelkowski(1980:35)提到 17 世纪就有这样的例子。
③ 参见 Abrahamian(1968:191 – 92)。

第八章 革命的仪式

耶齐德（Yazid）之手的殉难者侯赛因（Hussein）。海乌科夫斯基（Chelkowski）生动地描述了这场群众示威活动："数以百万计的示威者有节奏地敲打着他们手中的鼓，游行在德黑兰的主要街道上。那些走在队伍前列的人穿着白色的丧服，吟诵着一个古老的故事：在680年（伊斯兰教历）的1月，可恶的耶齐德·哈里发的军队残忍地杀害了穆罕默德的孙子侯赛因以及侯赛因的家人和追随者。他们一边吟唱一边散发着传单，上面列数了穆罕默德·礼萨·巴列维国王（Shah Muhammed Reze Pahlavi）给伊朗人民造成的伤害。"①

多年来，反抗国王的政治领导人一直试图在象征意义上将国王和耶齐德等同起来，这样他们在反对君主政府时作出的牺牲就可以被视作伊斯兰教所称颂的那种牺牲。1978年的群众仪式在一定程度上实现了这种象征性的同化，它不仅极具戏剧性，而且当群众面对国王的武力镇压时唤起了民众的狂热情感。游行者们不仅在传统的自我鞭挞仪式中忍受痛苦，而且在面对国王的军队时他们身穿的具有象征意义的丧服表明他们已经为最终的牺牲做好了准备。40天后，在全国范围内，民众们公开地聚集在一起，举行仪式哀悼那些被杀害的示威者。这些仪式又导致了更多的示威者被杀害，使得反政府的仪式一波接一波地举行，在这个过程中，革命运动得到了蓬勃发展。②

---

① Chelkowski(1980:30).
② 参见 Chelkowski(1980:37)。另参见 Hooglund(1981)。

仪式和反抗

当人们难以抵挡一个军事实力强大的政权的压迫时,尤其是当他们没有传统的机制可以帮他们构建大规模的政治组织时,仪式能够为抵抗和造反提供一条基本路径。实际上,缺乏等级制的政治组织往往意味着军事力量的薄弱;许多外国占领政权能够游刃有余地对付缺乏武器的抵抗者,这更使得抵抗者处境艰难。由于抵抗者缺乏的是组织,所以殖民政权总是致力于阻止殖民地出现现代的组织形式。

在此情形下,有助于催生这些组织的是已存仪式的仪式专家和已存仪式的变型,或者是创新仪式形式的开拓型领导者。仪式为公共认同和传播提供了基础,为新政治关系的确认以及当前权力关系的去合法化提供了基石。

圣雄甘地先后在南非和印度拓展了此类抵抗仪式的形式。缺兵少将的英国之所以能够统治幅员辽阔的印度次大陆,在一定程度上依靠的是宗教、地方势力、种姓和其他力量来阻止全国性的反抗运动的形成。当暴力抗英活动未能赢得广泛支持且遭到无情镇压时,鉴于正式的政治组织无力打破阶级、种姓、地域和宗教藩篱,甘地开始考虑借助仪式活动的潜力。

在 1920 年代末期,甘地提出了 11 点声明,但几乎没有什么政治影响力。虽然最终的目的是印度独立和结束英国统治,但甘地决定先集中关注那些相对较小的问题,提出了终止盐税和殖民政权的盐业垄断。他在象征的选择上的确非常高明。借助仪式性地攻击盐税,他挑战了英国的统治权;而殖民政府的任何镇压盐税抗议者的行为都显得有些不得要领,并且很容易激起民众的愤怒情绪。

在1929年3月,甘地启动了一场历时一个月、行程240英里、以海边城市但地(Dandi)为目的地的朝圣之旅,甘地计划在那儿取海水自制食盐。诸如此类的仪式有很多先例可以遵循,甘地得心应手地运用了所有的象征。78名精心挑选出来的男性支持者陪伴在他身旁,他们代表着印度大多数地区以及不同的宗教、种姓和年龄。他们晓行夜宿,沿途只讨要最简单的食物。在一定程度上这段旅程与殖民当局官员在乡间的旅行形成了强烈的对比,后者总是在饮食上索要无度。甘地在每个村庄都发表演讲,一路上以朝圣行为向村民宣教,并通过媒体间接地让无数人获知他的观点。在一位简朴、自信而平和的伟人的带领下,这场朝圣之旅给所有人都留下了深刻的印象,并让很多人都紧密地团结在一起。

随着旅程的继续,越来越多的人关注此事,队伍所到之处万人空巷。这种激情对那些充当殖民当局代理人的村长们造成了很大的压力,因为甘地曾呼吁他们全体辞职。事后,200多名村长辞职。最终,当甘地带着万众期待到达海边并取水煮盐时,结果如他所料,他被逮捕了。随后,在全国各地爆发了大量的抗议示威活动和暴动,而英国本土对独立运动持有同情态度的人也越来越多。很快印度各地纷纷举行相似的抗议盐税仪式。虽然此时距成功独立尚有很多年,但这些仪式激发出的对殖民地法律和殖民地合法性的不满,以及给当地国会委员会造成的刺激,在革命斗争中发挥出了重要的作用。[1]

---

[1] 关于盐税抗议活动的描述基于 Brown(1977)。

在所有的殖民地,当当地统治者在冲突中无力与欧洲统治者抗衡时,都会选择复兴传统仪式形式并将之与新元素结合起来的方式进行对抗。他们明白,在军事力量上与欧洲人相距甚远,但认为如果选择了正确的仪式步骤就会取得最终的胜利。在19世纪的北美,鬼舞(Ghost Dance)仪式就反映了这种观念。平原印第安人(Plains Indians)相信,参加这些仪式可以帮助他们抵挡住美国骑兵的子弹。很少有仪式的象征世界如此直接地与物质世界进行对抗,当子弹穿透仪式之盾时,印第安人的鲜血冲垮了他们精心构建起来的象征世界。①

类似的对殖民地政权的仪式回击也席卷了非洲大陆和太平洋诸岛。1901年在肯尼亚就兴起了相似的运动。作为缺乏集权政治组织的民族,古西人(Gusii)在军事抵抗英国殖民统治者惨遭失败后,转而用仪式的手段组织人们进行抵抗。他们改造了基于传统信仰和实践的芒博(Mumbo)巫术,以应对殖民地的新环境。与散布在殖民地世界的其他运动一样,芒博巫术拒绝欧洲习俗,号召回归古西人的传统。参与者们相信,只要按照仪式的规定行事,就能够迎来他们的黄金时代,那时欧洲人将都被驱逐出去。他们认为,如果穿上由动物皮毛制作的芒博披风和帽子,就不会受到任何伤害。英国人将之视作对他们权威的挑战,于是殖民地官员在看到这种芒博法衣时就会没收和烧掉它们。由于仪式性穿着遭到了禁绝,在殖民地当局附近工作的古西人就更为低调地把山羊皮制作的徽章佩戴在外套里面。②

这些本土居民对抗殖民统治的仪式化抵抗行为并非是简单

---

① 关于鬼舞及其相关的美国原住民的反抗活动,参见 Mooney(1965)。
② 关于芒博巫术,参见 Wipper(1977)。

的、无伤害性的方式。例如,1940年代,在肯尼亚西部离古西人不远的地方,爆发了一场名为崇信祖先之灵(Dini ya Msambwa)的抵抗运动。这场运动联合了21支在政治上独立但在语言和文化上相近的路亚人(Luhya)群体。伴随着鼓动起义的浩大仪式,出现了一些更为实际性的造反行为,包括烧毁殖民当局的建筑等。

从1947年由5000名崇信祖先之灵成员组成的朝圣中,可以看出这场起义是如何使用仪式的以及仪式有何等力量。他们穿着传统的勇士披风,在先知般的运动领袖马辛德(Masinde)的带领下行进至鲁谷路堡(Lugulu fort),他们的先人曾在1895年与英国人在此地展开激战。在这个如今已经成为抵抗圣地的地方,马辛德带领他的追随者举行了一场仪式。由于半个世纪之前被杀死的勇士们当时并未得到安葬,因此他们先举行了葬礼以安抚逝者的悲伤灵魂。随后马辛德献祭了一只黑色的公羊,回忆起在战争失败后不得不和英国人停战的情形。接着他举起一只里面放着一张象征停战协约纸张的瓶子说:"我谨献此祭,以纪念战争结束后白人和布库苏人[一个路亚人群体]之间的停战。"说完后他先把瓶子埋进土里,然后再挖出来,把公羊的血洒在上面,并打碎了瓶子,烧掉了象征性的文件。为防止仪式的意义还不够明确,他宣称,通过他的献祭仪式,他们和政府之间的停战协约已经被打破了,白人的统治该结束了。这场混合了传统象征和基督教象征的仪式,有力地鼓动了民众积极地投身到反抗运动中去。①

---

① 马辛德的祭词参见 Wipper(1977:142-43)。此处我以 Wipper 的记述为基础。有大量的人类学文献对与受压迫者宗教相关的现象进行了研究。其中的经典研究参见 Lanternari(1963)和 Worsley(1968)。

直到今天，非洲仍依靠仪式来表达和组织反抗统治政权的造反运动，而诸如白人主导的南非政府也通过其他方式阻止黑人群体建立抵抗组织。在造反仪式中，最具戏剧性的莫过于被警察杀害的黑人的葬礼，它激起了群众的抵抗运动。实际上全世界的革命运动都会使用这一策略。

通过简单了解1985年对葬礼的政治性应用，可以看出其在南非黑人反抗白人统治的斗争中成为了一种极为有力的政治手段。例如，在4月13日，为27名被警察杀害的黑人——大多数是年轻人——举行了一场群体葬礼。他们中的大多数是聚集在另一场葬礼中哀悼时被警察枪杀的。根据报纸的统计，有6万人参加了这场仪式，"既有庄严的举止也有政治活动，既有哀悼也有演说，既有握紧的拳头也有非洲歌曲的轻吟。"棺材被黑、绿、金三色织品覆盖着，这是不合法的非洲人国民大会（African National Congress，简称"非国大"）的颜色。① 现场的情绪达到了高峰。

虽然这些仪式无疑能让民众宣泄出因自身无权无势而激起的不满和愤恨，但不能把它们简单地视作一种有助于政权避免严重威胁、延续其统治的安全阀。在缺乏全国性的政治组织形式，并且政府更为直接地镇压此类全国性的抗议和起义的背景下，上述的葬礼提出了对国家领导权的诉求，它们创造了一种公共认同，促使更广泛的反政府力量团结一致。同时，它们也有助于创造出关于未来政治世界的替代性构想，并逐步将强烈的反政府情感灌输给

---

① 引文来自于 Richard Bernstein，《六万名黑人参加南非的葬礼》，载《纽约时报》1985年4月14日，第3页。另参见 Ray Kennedy，《小镇群体葬礼后四人死亡》，载《泰晤士报》1985年4月15日，第7页。

民众。

与法国以及美国的革命运动一样,南非的革命不仅用仪式塑造团结,而且用仪式灌输恐慌情绪并传播了一种替代性的权力源泉。在这类使用象征的例子中,没有比"项链"更令人胆寒的了。"项链"指的是浇上汽油的轮胎,它被套在与政府合作者的脖子上然后点燃。原本这些政治敌人可以在私下场合被更加简单地(和安全地)处死,但在公开行刑中使用"项链",就使得普通的轮胎成为一种极具威力的象征武器。例如在1985年9月为18名被杀的黑人举行的葬礼上,4万人激动地聚集在一起。在仪式中,人群叫嚷着"项链万岁",有两名白人在途中不幸遭遇刚从葬礼离开的人群,结果被残忍地杀害了。在当天的另一场葬礼中,一名牧师赶到现场正想解救一名受到惊吓的年轻黑人,但群众以为他是警察的线人,就把他绑起来套上一只橡皮轮胎准备活生生地烧死他。①

10月里举行的另一场葬礼也表明葬礼并不仅仅是怒火的宣泄,也是界定并组织政治对抗和造反的重要元素。有个人在开普敦(Cape Town)发生的暴乱中被杀后,1.5万人参加了浩大的葬礼游行。这一活动的重要政治意义在于,死者是一名穆斯林男人,游行的领导者则是一些阿訇。游行者们手挽着手大喊着"Allahu Akbar"("真主至大")。在游行中,有些人举着非国大的旗帜,还有人举着写着非国大口号和古兰经诗句的海报。这场仪式显然反映出从前保持平和的穆林斯群体中已经涌现出越来越浓的政治对

---

① 参见 Ray Kennedy,《两名白人在群体葬礼后被哀悼者袭杀》,载《泰晤士报》1985年9月2日,第6页。

抗情绪,正因如此,此事引起了政府的格外重视。但它的作用不仅如此,它还在建立抵抗组织和促进政治对抗中扮演着极为重要的角色。① 它标志着一种新行为方式的出现,并呼吁穆斯林群体表达出一套新的政治态度。

由此,南非政府越发地警惕这些葬礼仪式。在 1985 年 7 月,国际社会呼吁南非允许自由地举行葬礼仪式,尽管这一呼吁有着重要的象征意义,但政府还是发布了禁止在政治动荡地区举行室外葬礼的禁令,也不允许同时为一位以上的死者提供丧葬服务。展示旗帜和标语都被视作非法行为,主持葬礼的牧师们也不得在仪式上发表任何政治言论。《纽约时报》驻约翰内斯堡(Johannesburg)的记者说道:"一些黑人时事评论员曾说过,他们把葬礼当作一种宣泄愤怒的安全阀,但警察则认为它们是在对持异见者有组织地煽风点火。"②对于那些坐在书斋里的理论家们的枯燥争论,政治斗争的参与者们总是嗤之以鼻。

在南非,反对黑人解放运动的仪式斗争方式不仅包括白人对黑人仪式的压制,还包括白人自身对有力的政治仪式的运用。南非白人对于历史上重大象征性事件的纪念活动,如 19 世纪的大迁徙和血河之战,是加强政治团结,以及在打击不断增多的威胁活动时宣扬合法性的重要方法。甚至右翼势力对比勒陀利亚政府(Pretoria Government)的抵抗,也是借由仪式极具戏剧性地表现出来的,1986 年 5 月为纪念共和国日(Republic Day)而举行

---

① 参见 Ray Kennedy,《被困的白人在开普敦受攻击时杀死了黑人》,载《泰晤士报》1985 年 10 月 21 日,第 1 页。
② Alan Cowell,《为防黑人骚乱造成伤亡,南非禁止群体葬礼》,载《纽约时报》1985 年 8 月 1 日,第 1 页。

的集会就是一个明证。后来在南非宣布脱离英国独立25周年的纪念日上,右翼势力为反对总统波塔(Botha)的种族改革方案举行了规模空前的集会。8000名南非白人聚集到巨大的先民纪念碑下。纪念碑上的壁画描绘了第一代南非白人定居者在17世纪非洲内陆开展运动的场景。在纪念仪式上,大量的人穿着准军事制服,举着南非白人抵抗运动的旗帜。在红旗的中间是一个很像万字饰的黑色图标,让人很容易想起另一个时代的一面旗帜。有些象征是很难被消灭的。①

---

① 参见 Alan Cowell,《右翼分子在比勒陀利亚的集会中大肆挑衅》,载《纽约时报》1986年6月1日,第7页。

第九章　权力的仪式

……一个带着旗帜的人可以无所不能,甚至把一个民族带领到理想国度。

——西奥多·赫茨尔(Theodore Herzl)①

一个人唱《马赛曲》自然是因为其歌词,但如果他是专为群情激奋的大众而唱,那么《马赛曲》就能唤醒我们的潜意识。

——莫雷斯·巴雷斯(Maurice Barrès)(1902)②

在考察过政治仪式在诸多不同的民族、地域和历史时期有何不同的表现后,我想是时候讨论这些表现对于政治生活的本质来说有何教益了。我努力推翻一种肤浅的观点,即政治只是不同的兴趣集团争夺物质资源的产物,但我也力图避免走到另一个错误

---

① 赫茨尔在此为他曾经花费无数心血为一个还没有成立的国家设计国旗的行为辩护。他的话转引自 Mosse(1976:49)。
② 引自 E. Weber(1977:172-73)。

的极端上,即把人们描绘成被囚禁在象征世界中的、无力作出任何改变的行尸走肉。

象征和仪式对于政治生活来说至关重要,这一事实并不意味着人们只是按照文化以及其中占主导地位的神话所规定的方式去看待世界。最重要的是,权力必须披着象征的外衣才能表现出来。象征是支持政治统治秩序的必需品,而对于推翻这种秩序或用不同的政治制度来取代这种秩序来说,象征也是不可或缺的元素。这些新的象征系统来源于何处?如果我们只是占统治地位的象征系统的囚徒,假如象征系统决定着我们的世界观,那么我们有关政治生活的理解又何从改变?

在此很难驳斥一种生物学的类推。进化只能在存在遗传多样性的地方产生,因此,随着环境的变化,之前某些很罕见的基因会渐渐地成为常见的基因。一个种群的遗传多样性本身主要通过两种方式形成:一是自然的变革(变异),二是物种从一个种群到另一个种群的偏移(基因漂移)。在一个类似的但绝不雷同的方式上,象征多样性存在于所有社会中,这种多样性主要通过两种方式得到增补:一是象征的发明,二是与具有不同象征系统的群体进行接触。由此,我们的象征系统不是把我们锁在某种政治世界观中的牢房,而是象征知识的大杂烩,我们通过持续不断的一系列协商来争夺赋予各种事件意义的权力。①

这样的斗争意味着在人们之中存在着利益冲突。在比较稳定的政治结构中也会爆发冲突,比如很多人围绕有限的职位展开竞争。在

---

① Turner(1985:154)在此意义上把文化视作"行为体为了赋予他们共同参与的行为以某种意义而产生的无休无止的协商"。

此,象征系统本身为冲突和冲突需要遵守的条件提供了动力。然而,就哪些象征的解释更为贴切而言也会产生冲突:何种角色可以存在,有哪些"议题",以及何种象征值得去争夺等。文化斗争在某种程度上是为了争夺占统治地位的象征范式或者说是为了争夺霸权。这种争夺无休止,用福克斯的话来说,其原因在于"统治权必定会被不断地重建"①。在这种斗争中,特权阶级通过在民众中培育某种特殊的利己主义观点来维护他们的地位。这一过程的关键步骤是塑造民众的认同感。还有什么其他方式能够更好地解释,人们为了这种看不见的认同,心甘情愿地为国家或人民的意愿这样的抽象实体而献身?②

但是,文化观念无法解释我们的象征系统和人类活动的现实世界之间的相互作用,结果会导向一种神秘的人类学,在这种人类学看来,世界缺乏任何跨文化的规则,其中的历史变化完全是偶然的。人们的象征和行为的确在变化着,有时还会变化得非常迅捷,并且这种变化与外部事件之间有着极其紧密的关系。

有个案例可以帮助我们更好地理解这种抽象的讨论:19世纪英国皇家仪式的发展进程。从表面上看,这些仪式的变化是为了维持象征的持久性,尤其是那些面对现实世界重大变化而作出改变的仪式。然而,如今英国皇室仪式如此多姿多彩的华丽设计,不仅是对悠久传统的继承,而且是借助仪式的重新设计以更好地适应政治环境的变化。

在19世纪的大部分时间中,和英国皇室的家族活动相关的仪式都相当低调,任何人都不会严肃地认为它们有助于培养民众共

---

① Fox(1985:204).
② 参见 Bennett(1979:107)。

同的政治认知。1830 年,当威廉参加他的前任乔治四世的葬礼时,在整个葬礼上他几乎说个不停,并在葬礼结束前就无礼地离开了。他自己的加冕礼也很仓促,以致成为了权贵们风言风语的话题。威廉在自己的葬礼上也没有受到任何仪式性尊崇。漫长的仪式索然无味,一些出席者就在他的灵柩旁或谈笑风生或窃窃私语。而随后举行的维多利亚的加冕礼,没有排练过的神职人员们胡乱地站着,坎特伯雷大主教无法将小戒指套在女王胖乎乎的手指上,而两个托裙侍女一直闲谈着,对庆典旁若无睹。①

直到 19 世纪最后的 25 年,皇家庆典才重新在公众面前展现出其辉煌的一面,为民众呈现出了一个盛大的场面。这是出于回应君权的衰微、国内阶级冲突的增多以及为殖民地提供统一象征的需要。之前和君权争夺政治影响力的其他权力源泉,不再畏惧那些展现皇家威望的仪式活动。非皇室的精英们能够全身心地支持神圣统治者的象征性重建,这种重建有助于为等级制的社会结构提供支持。仪式稳定了人们的情绪,同时,通过把这些仪式和想象中的一个更为强盛的历史联系在一起,在一定程度上提高了人们的自豪感。要理解这些仪式的力量,就必须考察象征的力量;但要理解仪式为何如此发展,则必须了解发生在英国的权力斗争,以及是谁控制着这些仪式性产物。②

在"二战"的那些黑暗岁月中,当伦敦准备应对德军的空袭时,如果没有鸣放庆祝的烟花,就很难通过象征的限制因素来解释仪

---

① 此处记述基于 Canadine(1985)。
② Bloch(1986)为了说明将仪式内容的影响因素和仪式政治功能的影响因素区分开来非常重要,举了一个很好的例子。

式行为的变化。现实世界总是会和象征的世界发生冲突。格尔茨认为:"现实和想象一样,都是被想象出来的。"① 毫无疑问,我们只能通过心理过程来感知和理解周围的世界,这种过程表现世界的方式极其有限。但我们生活在这个世界中并不需要一味服从我们的想象。为了理解在何种情形下不需要服从于想象,我们来看看象征有何弱点。在高度分层化的社会中,精英们必须尽力在民众中构建起象征系统,而民众的生活对这种系统有着潜在的破坏力,因此对于精英来说,他们希望最好能够强化具有统治性地位的象征结构,它规定了社会的运作原则。但是,精英们无法消除所有的潜在危险和象征内部的所有冲突,也无法消除替换性象征系统的所有痕迹。来自其他系统的碎片以及内部的象征冲突,使政治世界中各种被质疑的观念永远处于将被取代的威胁中。②

---

① Geertz(1980:136).
② Bloch(1977b;1986)尝试通过对物质世界和引导人们生活的象征结构之间关系的分析来处理这个问题,他指出人们具有两种不同的认知系统:一是自然主义的系统,它直接与物质世界联系在一起,认为文化之间没有什么区别;二是文化意义上多变的象征系统,如仪式中所使用的象征系统便属此类。他哀叹道:"不幸的是,很多人类学家依然沉迷于那些异乡情调,仅关注在仪式中所呈现出来的那个世界。"他继续总结道:"他们把我们据以了解世界的系统和隐匿世界的系统混淆起来。"(1977b:290)我同意他的概括性观点,世界上的各种文化有一些重要的规律,而这些规律最终都以物质世界的规律为基础。然而,我也发现了他的两分法过于简化和缺乏说服力。在布洛赫所言的建基于我们对自然的直接感受之上的"日常交流",和他所言的作为"……社会的策略性的和想象的模式"的"仪式交流"之间,并不能作如此简单的划分。仅在物质世界对仪式交流产生巨大的影响力时,日常理解才会高度地受制于"想象的模式"。我们并不能在自然主义的宇宙观念和神秘化的象征观念之间自如地切换;自然主义世界渗透在我们的象征镜头中,不管通过这种镜头看到的是什么。

第九章 权力的仪式

我们厌倦政治仪式了吗?

无论在非洲、南美还是亚洲,传教士们都在如何处理当地的传统仪式上颇感棘手。如果他们试图禁止这些仪式,就有可能引发民众的愤恨,并使他们在共同体中站稳脚跟的努力付之东流。在另一方面,如果允许民众保留自己的仪式系统,就意味着传教活动的失败,即把自己的地盘拱手让与其他竞争者。通常而言,传教士们解决这一仪式难题的方法是,竭尽所能地把教会渗透到那些传统仪式的活动中。

如果备受困扰的传教士为此而偶感不安的话,不妨想想他们的前辈在欧洲曾遇到的相似困境,或许可以给他们带来些许宽慰。例如在俄罗斯,忏悔节(Shrovetide)原本是当地的节日,人们在这一天用庆祝活动催促春天的来临,但是它最终被俄罗斯东正教会接管了——不过从未彻底地被教会控制——教会在其神圣的历法中,把对太阳的崇敬放到这种仪式中。① 在法国存在很多民间仪式,教会的牧师们往往要耗费九牛二虎之力才能控制它们。例如在整个 19 世纪,当遇到大旱之年时,涅夫勒(Nièvre)的农民们就会组织游行,到福宝兰的圣母泉(Fountain of Nôtre Dame de Fauboulain)去求雨。当地的牧师虽然愿意在路上充当众多祈雨者的领路人,但他对仪式最后的高潮部分并无热情。因为在抵达泉水后,每个祈雨者都会脱下一只鞋,盛满泉水后浇在牧师的头

---

① 参见 Lane(1981:132)。

上。① 当教会因为受到无礼对待或者仪式中的象征有些不合时宜等原因而拒绝承认这种仪式时,就会激发起民众的愤恨。

这种以愚昧不堪的农民和屈尊俯就的牧师为主角的稀奇故事所塑造出的仪式的普遍形象,已经在很大程度上被文明程度更高的民族抛弃了。马林诺夫斯基极具影响的理论模式指出,人们对自然的了解越多,对仪式的依赖就越少;很多巫术已经被科学所取代。人们不再需要用仪式控制他们周围的世界,因为科学揭去了生命中的很多神秘面纱。②

马克斯·格拉克曼在他对非洲的研究中总结道,社会关系的仪式化是小型社会的特征。③ 后来的一些学者虽然认识到了政治仪式对于现代国家社会也有着重要的意义,但都赞同这种仪式的价值对文盲和大众来说比对受教育者和精英更具吸引力。④ 最有代表性的是莱恩的观点,她认为苏联的国家仪式的目标受众是那些"完全无法提高他们的批判能力的人"。仪式被用来克服苏联社会中的冲突,她指出:"与文化上更为落后或不成熟的社会等级相关,这一等级中的人们未能意识到,不平等才是社会中的基本冲突。"就此而言,她总结道,仪式"只能在那些不加批判地接受了他们的社会秩序的社会或社会领域中,才能成功地掩饰冲突(或解决分歧)"。⑤

---

① 参见 Berenson(1984:61)。
② 参见 Malinowski(1948)。
③ 参见 Gluckman(1962:38;1965:261-62)。
④ 关于仪式之所以对受教育程度较低的阶层中的讯息传播重要的一些原因,参见 McPhee(1977:244)。
⑤ 参见 Lane(1981:26, 32)。这种观点亦见于 Lane(1984)。

有人认为,仪式是用来欺骗那些容易上当者的,是受到良好教育的人剥削那些受教育程度不高的人的工具,这种有些傲慢的观念在很长一段时间内颇有市场。但是里根访问比特堡仅对那些受教育程度不高的人才有意义吗?卡特未能成功出席铁托的葬礼,难道对南斯拉夫的精英们没有影响?这些精英们只是把葬礼当作仪式而不是真正的政治活动吗?难道焚烧征兵卡的仪式行为对受到高等教育的参与者或者对决定着越战事务的政治精英毫无意义?

政治仪式对于所有社会来说都很重要,因为任何地方的政治权力关系的呈现和变更,都需要借助象征性的表达方式。当然,在一些政治环境中,有的政治仪式显得更为重要。例如,阿罗诺夫(Aronoff)推测,政治仪式在一党制的新政权中最为常见,很多非洲国家便是如此。① 新国家的创建的确需要在象征系统上投入大量精力,以构建统一感或者对国家这种抽象实体的新认同。对此,仪式能够发挥出重要的作用。因为之前没有国家认同观的民众很难对象征性的概念产生一种真实感,所以,在构建象征系统时理所当然地常常要创造出国家的人格化形象。由此,新国家的仪式通常以构建这种人格化形象为中心,把他打造成能够带领人民走向美好未来的英雄人物。②

相反,各种反抗群体为了消除新秩序的合法性而展开的象征之争也异常激烈。埃塞俄比亚的国旗和国家领导人门吉苏(Mengitsu)的画像在邻国厄立特里亚(Eritrea)遭到了践踏,但它

---

① 参见 Aronoff(1979:306)。
② 关于新国家对仪式化的需要,参见 Apter(1963)和 Verba(1965:530)。

们在亚的斯亚贝巴则受到了仪式性的尊崇。对于一个泰米尔人(Tamil)来说,在斯里兰卡北部的城市贾夫纳(Jaffna)唱国歌,会给他带来很大的危险。如果围绕国家认同展开的斗争在一定程度上是通过象征以及相关的仪式进行的,那么为了自由而展开的革命斗争更是如此。想要获得解放的真实意义上的国家和可能被分裂的观念中的国家同样是象征的产物。

于是,在新的国家中,并不只有政治当局处理文化管理事业,在政治舞台中的所有角色都对之有兴趣。只要国家的概念还没有得到普遍认同,创造仪式来支持或者摧毁这一概念的需求在政治生活中就非常关键。就这一点而言,爱尔兰、苏丹、寻求独立的魁北克或者想要自治的旁遮普,都是很好的例子。在新的国家实体中,不管文化有多少人造的痕迹,也不管其历史有多少偶然性因素,都必须把这个实体塑造成一个神圣的统一体,使其看上去像是自然的社会整体。以印度尼西亚为例,它是一个由横跨数千英里的无数岛屿组成的国家,包含了很多毫无关联的民族。印度尼西亚的政治领导人对国家的悠久历史总是敷衍而过,他们强调的是印度尼西亚 350 年的殖民地史,即便整个印度尼西亚的概念只是个 20 世纪的发明,而且很多现在被划归于国家以内的地方还是荷兰殖民者在 19 世纪末才侵占的。① 没有仪式和象征,就没有国家。

---

① 参见 Anderson(1983:19)。

政治仪式的效力

仪式的力量在很大程度上建基于其象征和社会环境的影响力。政治仪式可能大而无当，或更为常见的是难以做大。数个世纪以来，许多学者都认为，政治仪式之所以可以成功，在于它能够产生出热烈的大众情感。因此，想要设计出有效的政治仪式的精英们被告知，要想设计出成功的政治仪式，就必须找到让大众全情参与的方式。

苏联的官员们也接受了这一建议。在早先的后革命时期中成功的自发性仪式，能够产生"混乱的热情和共同感"，但它们的经验并不适用于如今已成惯例的国家仪式。① 有位学者提醒道："壮观的新风俗所具有的人造痕迹并不能唤起人民的太多热情。"一个俄罗斯民俗专家认为，就此而言，"我们的新节日和仪式面临着一种威胁……它们可能会变得相当干瘪和庸常，成为官僚机构的枯燥无味的活动。"②"没有信仰，"斯特鲁维（Struve）写道，"就没有仪式。"③

虽然看似无可辩驳，但这种关于政治仪式的本质和重要性的观点过于狭隘了。要深入讨论这一观点，有必要看一位持此观点的学者所提供的一个苏联的例子。莱恩为纪念五一节和十月革命的大众仪式制作了一份编年史。从中可以看出，曾经让大众癫狂的仪式已经成为由官僚机构组织的事务，它们没有给自发的个人

---

① 参见 Binns(1980:588)。
② Struve(1968:760).
③ Struve(1968:763).

参与提供多少空间。"即便是坚定的共产主义者,"莱恩写道,"也承认游行已经变成了一种'纯粹的仪式'。"如果要举出哪些仪式反映出了"毫无创造力的同质性",还有比在士兵昂首阔步地接受检阅时播放早已录制好的音乐更好的例子吗?①

不过,这是官僚机构主办的完美的惯例性国家仪式。但是如果说它已经退化为"纯粹的仪式",则意味着什么呢?无论国家对仪式的控制有多严厉,也无法否定这一事实:"它的庞大规模令人产生了前所未有的深刻印象,包括外国观众和饶有兴趣参加仪式的无数苏联人民。"②军事力量的炫耀、国家领袖所处的深有含义的场所、红色旗帜的海洋以及开国者们受人尊敬的画像,囊括这些因素的仪式仍具有重要的政治效力。若非如此,苏联的领导人又怎会每年克服诸多困难、耗资无数地确保这些效力得以维持呢?

人们在政治仪式中的情感参与当然是政治仪式力量的关键源泉之一,但在兴奋之情外还有许多其他的情感:就像阿兹特克人的食人仪式、纳粹的致敬礼和法国大革命的宣誓所显现的那样,政治仪式在激发出恐惧的同时也能产生巨大的效力。仪式的效力还依赖于它们能够有效地传递认知讯息,在此并不需要人们一定要对发送或接受的讯息产生一种群体性的热情认同。当1985年12月11位西方国家的外交官参加一个为十几名被害的南非人举行的集体葬礼时,他们有可能开心,也有可能害怕被杀。无论他们的情绪是怎样的,他们出席仪式本身就向南非政府、南非人民和他们自己国家的人民传递了一个强烈的讯息。同样,当一名臣民向国王

---

① Lane(1981:185–86).
② Lane(1981:186).

鞠躬时无论怀有何种情感,很显然国王可能感受到的情感才决定着臣民的致敬效果如何。总之,我们不仅使用仪式相互交流,而且使用仪式界定我们和他者的关系。政治仪式时常有助于我们缓解恐惧,但也能创造出我们前所未有的焦虑。①

如果仪式可以被当作精英的有力武器,那么它们也可以成为无权者最有力的武器之一。精英们拥有有助于他们施行长久统治的正式组织和物质资源,而在这两方面都很匮乏的受压迫者只能寻找其他方式构建一种新的集体感。这种使用仪式和象征构建起来的集体感,不仅向人们提供了一种不同于精英所力促的认同,而且能帮他们招兵买马。如果反抗势力缺乏自身的特殊象征和仪式,是不可能取得长足发展的。基于同样原因,想要镇压反抗运动的政权也尤须关注他们对手的仪式和象征。例如,乌克兰的民族主义者在 1960 年代控诉苏联犯下了"灭杀象征(symbolcide)"的罪行,后者系统性地驱除了乌克兰独立的所有象征。一个乌克兰人说:"要分裂人民、驱其为奴是不可能的,除非偷走他们的神圣节日,踩毁他们的圣殿。"②没有茅茅(Mau Mau)③仪式就不会有茅茅运动;同样,反越战运动如果缺少了仪式就会湮没无闻。

仪式、象征和政治生活的本质

将政治生活置于更为理性的基础上的诉求,在西方有着漫长

---

① 最后的观点来自于 Radcliffe-Brown(1952:148-49)对马林诺夫斯基用于分析仪式的焦虑减少理论的反驳,不过他的语境与我文中的语境有些不同。
② Kowalewski(1980:102).
③ 1950 年代肯尼亚的反对英国殖民统治的爱国武装组织。——译者注

的历史,而启蒙时期的哲学家使其成为了普遍性的共识。根据这种观点,政治生活中没有为仪式留下多少空间,因为仪式被视作激情的产物,而不是理性的反应。① 人们必须脱离他们的"非理性的迷狂"②。而缺乏改革精神的马基雅维利指出,"一般而言,人们的判断更多地是基于现象而非实质,因为有眼者众,有心者少。"据此,他建议统治者"用节日和戏剧充盈人们的生活"。③ 然而在理性主义者看来,必须被改变的,恰恰是大众的这种基于"现象"而非"实质"作出判断的愚昧而固执的做法。

随着墨索里尼和希特勒的崛起,西方的观察家们再次愤怒地指出,政治仪式在诱惑容易上当受骗的民众方面扮演了一个阴险狡诈的角色。卡西尔甚至将政治仪式和道德责任的丧失联系在一起,声称:"在所有使用仪式进行统治和管理的原始社会中,并不存在个人责任。"④莱特(Light)则指出,政治仪式的世界是一个政治偶像崇拜的世界,"而一个没有偶像的世界,并非不适合生活。假象是一种诅咒。"⑤

但如果假象是一种诅咒,那它也是一种我们无从挣脱的诅咒。没有象征以及相关的仪式,就没有政治。任何政治制度都不可能简单地建立在理性原则的基础上,并摆脱象征的含义。或许会出现这样一个世界,所有人都认为他们的政治制度和政治观念是理性的。这尤其令人想起吉尔伯特和苏利文(Gilbert and Sullivan)

---

① 在这一点上,参见 Fernandez(1977:103)对洛克的评论。
② Lipsitz(1968:533).
③ 马基雅维利的话转引自 Muir(1981:74-75)。
④ Cassirer(1946:285).
⑤ Light(1969:198).

的戏剧《皮纳福号军舰》(*H. M. S. Pinafore*)中的一段合唱:"然而,不管有何种诱惑,属于哪个国家,他仍然是一个英国人,他仍然是一个英国人。"政治忠诚不是来自于文化中立(culture-free)的判断,而是有关宇宙秩序的充满象征性的观念。①

一些观察家虽然认识到这一点,但包括弗洛伊德在内的学者又设想了一种未来:社会有可能会进化到一个更加高级也更加理性的层面上。巴杰特(Bagehot)的解释更富文学色彩,或者说更加含糊:"在君权政府中,国家关注的是君主一个人做有意义的事情。在共和国政府中,国家的注意力被分散给很多人,他们都做着一些无意义的事情。因此,只要人心强大,哪怕人理智薄弱,君权也会强大,因为它能吸引那些纷乱的情感,但是共和国会衰弱,因为它诉求的正是人们的理智。"②然而,人们总是不禁会被他们的情绪影响,而且永远无法独立于他们使用的象征之外作出判断,仪式则对这些象征有着强大的控制力。

在美国和在其他地方一样,理性主义偏见占据着有利的位置,政治仪式的力量被人轻视,并时常受到误解。没有比约翰·肯尼斯·加尔布雷斯(John Kenneth Calbraith)更加尖锐的评论家了,他在考察1960年举行的四年一次的美国政党大会时认为,仪式是一种传统孑遗,离其寿终正寝的日子不远了,但人们对此观点并未给予足够的认同,这令其恼火不已。他写道,这种大会"几乎不会有任何作用。它显然还是一个阴谋中心,试图阻止这一基本事实

---

① Borhek and Curtis(1975:105) 在一个有些相似的语境中也引用了吉尔伯特和苏利文的这些话。
② Bagehot(1914:107).

[即大会无用]被人所了解"。它"几乎失去了所有的原初的功能,也没有生成任何新功能"。对于加尔布雷斯而言,现代国家其实无须使用政治仪式,虽然它们的消逝带来一种乡愁式的或有些盛气凌人的评论:"在美国,我们的纪念活动和仪式很少有合法性的历史基础。大会已是我们拥有的最好仪式了。因此每个人都不愿意它们消失——或不得不承认,它们和骑兵冲锋这种作战方式一样,已经消失了。"①

受与此观念相似的自由主义精神的影响,吉米·卡特就任总统之初就昭告天下,要废止以前的一些和总统相关的仪式。在就职典礼完成后回到白宫的方式上,他没有动用车队而是选择步行;他去掉了白宫卫兵肩章上的金色穗带,并要求总统的正式出场仪式一切从简。② 不过,他很快就认识到了不应该轻视这些仪式和象征的力量。总统职务的去仪式化使其"泯然众人",为此他付出了沉重的代价:他被普遍地认为缺乏总统该有的个人魅力——这种个人魅力可是一种神圣的光环。

在尊崇理性的例子中,最具说服力的是法国大革命,革命领导人一直致力于去除迷信、荣光理性,并忙不迭地创造理性仪式。理性与无知之间用象征和仪式展开了战斗。三色法国国旗作为将国家从教会和贵族的愚民与压迫中解放出来的象征,在1789年巴士底狱被攻占的次日便被创造了出来。当拿破仑在1814年被流放到厄尔巴岛(Elba)后,复辟政府上台的第一件事就是恢复象征贵族统治的白旗。一年之后,拿破仑从流放地回来后又立即换上了

---

① Galbraith(1960).
② 参见 Hahn(1984:275)。

三色旗。在随后的岁月中,这种图腾拉锯战一直持续着。随着拿破仑遭遇滑铁卢大败,三色旗又一次被白旗所替换。不过,虽然斗争转入了地下,但在仪式中三色旗仍具有强大的影响力,有助于汇聚对民主政治的忠诚感以及集中力量反对政权。1830年7月,旧政权再一次被推翻,当一些起义者偷偷地爬上巴黎圣母院和市政大楼的顶上竖起被禁止的三色旗时,对其他起义者产生了极大的鼓舞作用。升起的旗帜不仅宣告了政局的变化,而且它本身就是一种斗争的手段。一位观察家写道,它对起义起到了"令人激动不已的"[1]影响力。

一个世纪之后,在法西斯执政的意大利,一整套致敬仪式将人们和法西斯政权绑缚在一起,包括罗马致敬礼和1935年的信念日(Day of Faith)活动等。在信念日上,所有的意大利人被迫将他们的结婚戒指交给国家,熔化后资助非洲殖民部队,以此表明对政权的忠诚。社会主义者和共产主义者受到了严厉镇压,他们的领导人被关进大牢或者驱逐出境。在那些黑暗的日子里,在工人阶级活动的意大利北部地区,每个五一节神奇地飘扬在工厂烟囱上的红旗,给予了反对墨索里尼政权的革命者最大的希望,也最为有力地提振了他们的反法西斯情感。象征的媒介带着对政治现实的新理解和社会团结的新基础,在恐怖镇压中得以保存;抵抗仪式把所有反法西斯的斗士团结到了一起。

如果加尔布雷斯发现仪式消失在现代政治生活中了,那么只能说他的视角有问题,或者更有可能的是,他未能看到仪式具有多种层次,现代政治生活就被囊括其中。这很容易理解,因为我们自

---

[1] Agulhon(1985:190).

己的仪式和象征是最难被观察到的。它们看上去就像是自然而然的行为和不证自明地表现世界的方式,它们的象征本质被深深地隐藏了起来。这实际上就是仪式和象征的权力的源泉,因为就它们所具有的支配地位而言,它们创造了一个令人信服的世界;它们还使我们不去关注它们的偶然性,而是相信我们所见到的世界就是其真正的样子。你无法对一面旗帜说三道四,特别是当你没有一面与之不同的、属于自己的旗帜时;你不能为了一首歌与人争执,除非你还有另一首歌可以吟唱;你亦很难对大众政治领袖的葬礼仪式中所体现出的世界观指手画脚,当阿尔多·莫罗家族在夜里将其血迹斑斑的尸体偷运出去后,共产党人和天主教民主党人都心怀恐惧地认识到了这一事实。

参考文献

Abelson, Robert P., and David E. Kanouse. 1966. Subjective acceptance of verbal generalizations. In Shel Feldman, ed., *Cognitive Consistency*, pp. 171–97. New York: Academic.

Abercrombie, Nicholas, and Bryan S. Turner. 1978. The dominant ideology thesis. *British Journal of Sociology* 29:149–70.

Abrahamian, E. 1968. The crowd in Iranian politics, 1905–1953. *Past and Present* 41:184–210.

Abu-Zahra, Nadia M. 1972. Inequality of descent and egalitarianism of the new national organizations in a Tunisian village. In Richard Antoun and Iliya Harik, eds., *Rural Politics and Social Change in the Middle East*, pp. 267–86. Bloomington: Indiana University Press.

Adler, Alfred. 1982. *Le mort est le masque du roi: La royauté des Moundang du Tchad*. Paris: Payot.

Agulhon, Maurice. 1979. *Marianne au combat: Imagerie et symbolique républicaine en France de 1789 à 1880*. Paris.

—— 1985. Politics, images and symbols in post-revolutionary France. In Sean Wilentz, ed., *Rites of Power*, pp. 177–205. Philadelphia: University of Pennsylvania Press.

Aho, James A. 1977. Huitzilopochtili's feast: Sacramental warfare in ancient Mexico. *Sociological Symposium* 18:84 – 107.

Anderson, Benedict. 1983. *Imagined Communities: Reflections on the Origin and Spread of Nationalism*. London: Verso.

Anglo, Sydney. 1969. *Spectacle, Pageantry, and Early Tudor Policy*. Oxford: Clarendon Press.

Apostolides, Jean-Marie. 1981. *Le roi-machine: Spectacle et politique au temps de Louis XIV*. Paris: Editions de Minuit.

Apter, David E. 1963. Political religion in the new nations. In Clifford Geertz, ed., *Old Societies and New States*, pp. 57 – 104. Glencoe: Free Press.

Arnold, Thurmon W. 1935. *The Symbol of Government*. New Haven: Yale University Press.

—— 1937. *The Folklore of Capitalism*. New Haven: Yale University Press.

Aronoff, Myron J. 1977. *Power and Ritual in the Israel Labor Party*. Assen: Van Gorcum.

—— 1979. Ritual and consensual power relations: The Israel Labor Party. In S. Lee Seaton and Henri J. M. Claessen, eds., *Political Anthropology: The State of the Art*, pp. 275 – 310. The Hague: Mouton.

—— 1980. Ideology and interest: The dialectics of politics. In Myron J. Aronoff, ed., *Ideology and Politics, Political Anthropology*, volume 1, pp. 1 – 30. New Brunswick, New Jersey: Transaction.

—— 1986. Establishing authority: The memorialization of Jabotinsky and the burial of the Bar-Kochba bones in Israel under the Likud. In Myron J. Aronoff, ed., *The Family of Authority, Political Anthropology*, volume 5, pp. 105 – 30. New Brunswick, New Jersey: Transaction.

Bagehot, Walter. 1914. *The English Constitution*. New York: Appleton.

Balandier, Georges. 1970. *Political Anthropology*. New York: Pantheon.

Bandura, Albert. 1977. *Social Learning Theory*. Englewood Cliffs,

New Jersey: Prentice-Hall.

Barsam, Richard Meran. 1975. *Triumph of the Will*. Bloomington: Indiana University Press.

Bauman, Zygmunt. 1973. *Culture as Praxis*. London: Routledge and Kegan Paul.

Beattie, John. 1960. *Bunyoro: An African Kingdom*. New York: Holt, Rinehart and Winston.

Beidelman, T. O. 1966. Swazi royal rituals. *Africa* 36:373–405.

Bellah, Robert N. 1967. Civil religion in America. *Daedalus* 96:1–21.

—— 1968. Response to comments on "Civil religion in America". In Donald R. Cutler, ed., *The Religious Situation*, pp. 388–93. Boston: Beacon.

Bennett, W. Lance. 1975. Political sanctification: The civil religion and American politics. *Social Science Information* 14:79–106.

—— 1977. The ritualistic and pragmatic bases of political campaign discourse. *Quarterly Journal of Speech* 63:219–38.

—— 1979. Imitation, ambiguity, and drama in political life: Civil religion and the dilemmas of public morality. *Journal of Politics* 41:106–33.

—— 1980. Myth, ritual and political control. *Journal of communication* 30:166–79.

Bercé, Yves-Marie. 1976. *Fête et révolution: Des mentalités populaires du XVIe au XVIIIe siècle*. Paris: Hachette.

Berenson, Edward. 1984. *Populist Religion and Left-Wing Politics in France, 1830–1852*. Princeton: Princeton University Press.

Berger, John. 1968. The nature of mass demonstrations. *New Society*, no. 295(23 May), pp. 754–55.

Berger, Peter L. 1967. *The Sacred Canopy: Elements of a Sociological Theory of Religion*. New York: Doubleday.

—— and Thomas Luckmann. 1966. *The Social Construction of Reality*. Garden City, New York: Doubleday.

Bergeron, David M. 1971. *English Civil Pageantry*. London: Edward

Arnold.

Bergesen, Albert J. 1977. Political witch hunts: The sacred and the subversive in cross-national perspective. *American Sociological Review* 42: 220 - 33.

Bernardi, Tiziana. 1986. Analisi di una cerimonia pubblica. L'incoronazione di Carlo V aBologna. *Quaderni Storici* 61:171 - 199.

Bettelheim, Bruno. 1960. *The Informed Heart*. Glencoe: Free Press.

Bezucha, Robert J. 1975. Mask of revolution: A study of popular culture during the Second French Republic. In Roger Price, ed., *Revolution and Reaction*, pp. 236 - 53. London: Croom Helm.

Binns, Christopher A. 1980. The changing face of power: Revolution accommodation in the development of the Soviet ceremonial system, part 1, *Man* 14:585 - 606.

Biondi, Dino. 1973. *La fabbrica del Duce*. Florence: Valecchi.

Birnbaum, Norman. 1955. Monarchs and sociologists: A reply to Professor Shils and Mr. Young. *Sociological Review* 3:5 - 23.

Bloch, Maurice. 1974. Symbols, song, dance and features of articulation: Is religion an extreme form of traditional authority? *European Journal of Sociology* 15:55 - 81.

—— 1975. Introduction. In Maurice Bloch, ed., *Political Language and Oratory in traditional Society*, pp. 1 - 28. London: Academic.

—— 1977a. The disconnection between power and rank an a process: An outline of the development of kingdoms in Central Madagascar. *Archives Européennes de sociologie* 18:107 - 48.

—— 1977b. The past and the present in the present. *Man* 12:278 - 92.

—— 1980. Ritual symbolism and the nonrepresentation of society. In Mary L. Foster and Stanley H. Brandes, eds., *Symbol as Sense*, pp. 93 - 102. New York: Academic.

—— 1986. *From Blessing to Violence : History and Ideology in the Circumcision Ritual of the Merina of Madagascar*. Cambridge: Cambridge University Press.

Blum, Albert A. 1961. Collective bargaining: Ritual or reality?

Harvard Business Review 39:6:63-69.

Blumer, Herbert. 1974. Social movements. In R. Serge Denisoff, ed., *The Sociology of Dissent*, pp. 4-20. New York: Harcourt, Brace.

Blumler, J. G., J. R. Brown, A. J. Ewbank, and T. J. Nossiter. 1971. Attitudes to the monarchy: Their structure and development during a ceremonial occasion. *Political Studies* 19:149-71.

Blustain, Harvey S. 1980. Caste, ideology, and power in north central Nepal. In Myron J. Aronoff, ed., *Ideology and Politics*, *Political Anthropology*, volume1, pp. 127-50. New Brunswick, New Jersey: Transaction.

Boggs, Carl. 1976. *Gramsci's Marxism*. London: Pluto Press.

Borhek, James T., and Richard F. Curtis. 1975. *A Sociology of Belief*. New York: Wiley.

Brandes, Stanley H. 1980. Giants and big-heads: An Andalusian metaphor. In Mary L. Foster and Stanley H. Brandes, eds., *Symbol as Sense*, pp. 77-92. New York: Academic.

Brian-Chaninov, Nicolas. 1931. *The Russian Church*. Translated by Warre Wells. New York: Macmillan.

Brinton, Crane. 1934. *A Decade of Revolution, 1789-1799*. New York: Harper.

Brown, Judith M. 1977. *Gandhi and Civil Disobedience*. Cambridge: Cambridge University Press.

Bryant, Lawrence M. 1976. *Parlementaire* political theory in the Parisian royal entry ceremony. *Sixteenth Century Journal* 7:15-24.

Bucci, P. Vincent. 1969. *Chiesa e Stato: Church-state Relations in Italy within the Contemporary Constitutional Framework*. The Hague: Martinus Nijhoff.

Burden, Hamilton T. 1967. *The Nuremburg Party Rallies, 1923-1939*. New York: Praeger.

Burke, Kenneth. 1950. *A Rhetoric of Motives*. New York: Prentice-Hall.

—— 1959. *Attitudes toward History*. Los Altos: Hermes.

―― 1966. *Language as Symbolic Action*. Berkeley: University of California Press.

Burke, Peter. 1983. The Virgin of the Carmine and the revolt of Masaniello. *Past and Present* 99:3-21.

Calder, P. R. 1966. Ritualization in international relations. *Philosophical Transactions of the Royal Society*, series B, 251:451-56.

Cannadine, David. 1985. Splendor out of court: Royal spectacle and pageantry in modern Britain, c. 1820-1977. In Sean Wilentz, ed., *Rites of Power*, pp. 206-43. Philadelphia: University of Pennsylvania Press.

Cantor, Nancy. 1891. A cognitive-social approach in personality. In Nancy Cantor and John F. Kihlstrom, eds., *Personality, Cognition, and Social Interaction*, pp. 23-44. Hillsdale, New Jersey: Erlbaum.

Carlyle, Thomas. 1908. *Sartor Resartus, On Heroes, Hero-worship and the Heroic in History*. London: J. M. Dent.

Cassirer, Ernst. 1946. *The Myth of the State*. New Haven: Yale University Press.

―― 1955. *The Philosophy of Symbolic Forms*, volume 2, *Mythical Thought*. Translated by Ralph Manheim. New Haven: Yale University Press.

Chagnon, Napoleon. 1983. *Yanomamo: The Fierce People*. Third edition. New York: Holt, Rinehart.

Chastel, André. 1960. Les entrées de Charles Quint en Italie. In Jean Jacquot, ed., *Fetes et cérémonies au temps de Charles Quint*, pp. 197-206. Paris: Editions du Centre National de la Recherche Scientifique.

Chelkowski, Peter J. 1980. Iran: Mourning becomes revolution. *Asia* 3: 30-37, 44-45.

Cherniavsky, Michael. 1961. *Tsar and People: Studies in Russian myths*. New Haven: Yale University Press.

Cleveland, Les. 1973. Royalty as symbolic drama: The 1970 New Zealand tour. *Journal of Commonwealth Political Studies* 11:28-45.

Cohen, Abner. 1969. *Custom and Politics in Urban Africa*. Berkeley: University Of California Press.

—— 1974. *Two-Dimensional Man*. Berkeley: University of California Press.

—— 1979. Political symbolism. *Annual Review of Anthropology* 8: 87–113.

—— 1981. *The Politics of Elite Culture*. Berkeley: University of California Press.

Committee on Un-American Activities. 1967. *The Present-Day Ku Klux Klan Movement*. Washington, D.C.: Government Printing Office.

Conrad, Geoffrey W., and Arthur A. Demarest. 1984. *Religion and Empire: The Dynamics of Aztec and Inca Expansion*. Cambridge: Cambridge University Press.

Converse, Philip E. 1964. The nature of belief systems in mass publics. In David E. Apter, ed. *Ideology and Discontent*, pp. 206–61. New York: Free Press.

Cook, Rhodes. 1976. *National Party Conventions, 1831–1972*. Washington D.C.: Congressional Quarterly.

Crick, Malcolm. 1982. Anthropology of knowledge. *Annual Review of Anthropology* 11: 287–313.

Crocker, J. Christopher. 1973. Ritual and the development of social structure: Liminality and inversion. In James D. Shaughnessy, ed., *The Roots of Ritual*, pp. 47–86. Grand Rapids, Michigan: Eerdmans.

—— 1977. The social functions of rhetorical forms. In J. David Sapir and J. Christopher Crocker, eds., *The Social Use of Metaphor*, pp. 33–66. Philadelphia: University of Pennsylvania Press.

Dahl, Robert A. 1961. *Who Governs?* New Haven: Yale University Press.

Da Matta, Roberto. 1977. Constraint and license: A preliminary study of two Brazilian national rituals. In Sally F. Moore and Barbara G. Myerhoff, eds., *Secular Ritual*, pp. 244–64. Amsterdam: Van Gorcum.

d'Aquili, Eugene G., and Charles D. Laughlin, Jr. 1979. The neurobiology of myth and ritual. In Eugene G. d'Aquili, Charles D. Laughlin, Jr., and John McManus, eds., *The Spectrum of Ritual: A*

Biogenic Structural Analysis, pp. 152-82. New York: Columbia University Press.

Davis, Marvin. 1980. Two dimensional politics: Political action and meaning in rural West Bengal. In Myron J. Aronoff, ed., *Ideology and Politics*, Political Anthropology volume 1, pp. 57-96. New Jersey: Transaction.

Davis, Natalie Z. 1971. The reasons of misrule: Youth groups and charivaris in sixteenth-century France. *Past and Present* 50:41-75.

—— 1973. The rites of violence: Religious riot in sixteenth-century France. *Past and Present* 59:51-91.

Deal, Terrence E., and Allan A. Kennedy. 1982. *Corporate Cultures: The Rites and Rituals of Corporate Life*. Reading, Mass.: Addison-Wesley.

DiMaggio, Paul J., and Walter W. Powell. 1983. The iron cage revisited: Institutional isomorphism and collective rationality in organizational fields. *American Sociological Review* 48:147-60.

Dommanget, Maurice. 1972. *Histoire au premier mai*. Paris: Editions de la Tête De Feuilles.

Douglas, Mary. 1966. *Purity and Danger*. New York: Praeger.

Dowd, David L. 1948. *Pageant-Master of the Republic: Jacques-Louis David and the French Revolution*. Lincoln: University of Nebraska Press.

Duncan, Hugh D. 1962. *Communication and the Social Order*. New York: Bedminster Press.

—— 1968. *Symbols in Society*. New York: Oxford University Press.

Dunn, Seymour B. 1939. *The National Festival in the French Revolution, 1974-1977*. Ph. D. diss.: Cornell University.

Durkheim, Emile. 1915(1974). *The Elementary Forms of the Religious Life*. Translated by Joseph Swain. Glencoe: Free Press.

Duvignaud, Jean. 1965. La fête civique. In Guy Dumur, ed., *Histoire des spectacles*, pp. 238-64. Paris: Gallimard.

Eckardt, A. Roy. 1986. The Christian World Goes to Bitburg. In

Geoffrey Hartman, ed., *Bitburg in Moral and Political Perspective*, pp. 80 – 89. Bloomington: Indiana University Press

Edelman, Murray. 1964. *The symbolic Uses of Politics*. Urbana: University of Illinois Press.

—— 1969. Escalation and ritualization of political conflict. *American Behavioral Scientist* 13:231 – 46.

—— 1971. *Politics as Symbolic Action*. Chicago: Markham.

—— 1977. The language of participation and the language of resistance. *Human Communication Research* 3:159 – 70.

Elias, Norbert. 1983. *The Court Society*. Translated by Edmund Jephcott. New York: Pantheon.

Engell, Ivan. 1967. *Studies in Divine Kingship in the Ancient Near East*. Second edition. Oxford: Blackwell.

Evans-Pritchard, E. E. 1949. *The Sanusi of Cyrenaica*. Oxford: Clarendon Press.

—— 1964. *Social Anthropology and Other Essays*. New York: Free Press.

Fairbanks, James D. 1981. The priestly functions of the presidency. *Presidential Studies Quarterly* 11:214 – 32.

Fairman, H. W. 1958. The kingship rituals of Egypt. In S. H. Hooke, ed., *Myth, Ritual, and Kingship*, pp. 74 – 104. Oxford: Clarendon.

Faure, Alain. 1978. *Paris Carême-prenant. Du Carnaval à Paris au 19e siècle*. Paris: Hachette.

Fernandez, James W. 1965. Symbolic consensus in a Fang reformative cult. *American Anthropologist* 67:902 – 29.

—— 1971. Persuasions and performances: On the beast in every body... and the metaphors of everyman. In Clifford Geertz, ed., *Myth, Symbol and Culture*, pp. 39 – 60. New York: Norton.

—— 1977. The performance of ritual metaphors. In J. David Sapir and J. Christopher Crocker, eds., *The Social Use of Metaphor*, pp. 100 – 31. Philadelphia: University of Pennsylvania Press.

Festinger, Leon. 1957. *A Theory of Cognitive Dissonance*. Evanston,

Illinois: Row, Peterson.

Firth, Raymond. 1951. *Elements of Social Organization*. London: Watts.

Fishwick, Duncan. 1978. The development of provincial ruler worship in the western Roman Empire. *Aufstieg und Niedergang der romischen Welt*, Part 2, 16:1202-53.

Fiske, Susan T., and Donald R. Kinder. 1981. Involvement, expertise, and schema use: Evidence from political cognition. In Nancy Cantor and John F. Kihlstorm, eds., *Personality, Cognition and Social Interaction*, pp. 171-90. Hillsdale, New Jersey: Erlbaum.

Foner, Anne, and David I. Kertzer. 1978. Transition over the life course: Lessons from age-set societies. *American Journal of Sociology* 83: 1081-1104.

—— 1979. Intrinsic and extrinsic sources of change in life course transitions. In Matilda White Riley, ed., *Aging from Birth to Death*, pp. 121-36. Boulder, Colorado: Westview Press.

Fortes, Meyer. 1940. The political System of the Tallensi of the Northern Territories of the Gold Coast. In Meyer Fortes and E. E. Evans-Pritchard, eds., *African Political Systems*, pp. 239-71. London: Oxford University Press.

—— 1945. *The Dynamics of Clanship among the Tallensi*. London: Oxford University Press.

—— 1962. Ritual and office in tribal society. In Max Gluckman, ed., *Essays on the Ritual of Social Relations*, pp. 53-88. Manchester: Manchester University Press.

—— and E. E. Evans-Pritchard. 1940. Introduction. In Meyer Fortes and E. E. Evans-Pritchard, eds., *African Political Systems*, pp. 1-24. London: Oxford University Press.

Foster, Elizabeth Andros, ed. 1950. *Motolinia's History of Indians of New Spain*. Berkeley: The Cortes Society.

Fox, Richard G. 1985. *Lions of the Punjab: Culture in the Making*. Berkeley: University of California Press.

Frazer, James G. 1925. *The Golden Bough*. Abridged edition. New York: Macmillan.

Freud, Sigmund. 1907. Obsessive actions and religious practices. In James Strachey, ed., *The Standard Edition of the Complete Psychological Works of Sigmund Freud*, volume 9, pp. 117-27. London: Hogarth Press.

Frey, Frederick W. 1968. Socialization to national identification among Turkish peasants. *Journal of Politics* 30:934-65.

Fry, Peter. 1976. Spirits of Protest: *Spirit-Mediums and Articulation of Consensus among the Zezuru of Southern Rhodesia (Zimbabwe)*. Cambridge: Cambridge University Press.

Fustel de Coulanges. 1901. *The Ancient City : A story of the Religion, Laws, and Institutions of Greece and Rome*. Tenth edition. Bosto: Lee and Shepard.

Galbraith, John Kenneth. 1960. Conventional signs. *The Spectator* (29 July) 205:174-75.

Garfinkel, Harold. 1956. Conditions of successful degradation ceremonies. *American Journal of Sociology* 61:420-24.

Garrow, David J. 1978. *Protest at Selma*. New Haven: Yale University Press.

Geertz, Glifford. 1964. Ideology as a cultural system. In David E. Apter, ed., *Ideology and Discontent*, pp. 47-76. New York: Free Press.

—— 1966. Religion as a cultural system. In Michael Banton, ed., *Anthropological to the Study of Religion*, pp. 1-46. London: Tavistock.

—— 1977. Centers, kings, and charisma: Reflections on the symbolics of power. In Joseph Ben-David and Terry N. Clark, eds., *Culture and its Creators*, pp. 150-71. Chicago: University of Chicago Press.

—— 1980. Negara: *The Theatre State in Nineteenth-Century Bali*. *Princeton :* Princeton University Press.

Gerlach, Luther P., and Virginia H. Hine. 1970. *People, Power, Change: Movements of Social Transformation*. Indianapolis: Bobbs-Merrill.

Giesey, Ralph E. 1960. *The Royal Funeral Ceremony in Renaissance*

France. Geneva: Droz.

—— 1985. Models of rulership in French royal ceremonial. In Sean Wilentz, ed., *Rites of Power*, pp. 41 – 64. Phiadelphia: University of Pennsylvania Press.

Gillespie, Joanna B. 1980. The Phenomenon of the public wife: An exercise in Goffman's impression management. *Symbolic Interaction* 3: 109 – 26.

Gilmore, David. 1975. *Carnaval* in Fuenmayor: Class conflict and social cohesion in an Andalusian town. *Journal of Anthropological Research* 31: 331 – 49.

—— 1987. *Aggression and Community: Paradoxes of Andalusian Culture*. New Haven: Yale University Press.

Gluckman, Max. 1962. *Les rites de passage*. In Max Gluckman, ed., *Essays on the Rituals of Social Relations*, pp. 1 – 52. Manchester: Manchester University Press.

—— 1963. *Order and Rebellion in Tribal Africa*. London: Cohen and West.

—— 1965. *Politics, Law and Ritual in Tribal Society*. Oxford: Blackwell.

Goffman, Erving. 1959. *Presentation of Self in Everyday Life*. Garden City, New York: Anchor.

Goldberg, Robert A. 1981. *Hooded Empire: The Ku Klux Klan in Colorado*. Urbana: University of Illinois Press.

Goldschlager, Alain. 1982. Towards a semiotics of authoritarian discourse. *Poetics Today* 3:11 – 20.

Goody, Jack. 1977. Against 'ritual': Loosely structured thoughts on a loosely defined topic. In Sally F. Moore and Barbara G. Myerhoff, eds., *Secular Ritual*, pp. 25 – 35. Assen: Van Gorcum.

Graham, Victor E., and W. McAllister Johnson. 1979. *The Royal Tour of France by Charles IX and Catherine de' Medici: Festivals and Entries, 1594 – 1566*. Toronto: University of Toronto Press.

Gramsci, Antonio. 1971. *Selections from the Prison Notebooks*.

Translated by Quintin Hoare and Geoffrey Smith. London: Lawrence and wishart.

Greisman, H. C., and Sharon S. Mayes. 1977. The social construction of unreality: The real American dilemma. *Dialectical Anthropology* 2:57–67.

Gronbeck, Bruce E. 1978. The rhetoric of political corruption: Sociolinguistic, dialectical, and ceremonial processes. *The Quarterly Journal of Speech* 64:155–72.

Grosvenor, Melville B. 1964. The last full measure. *National Geographic* 125:307–55.

Habermas, Jurgen. 1986. Defusing the past: A politico-cultural tract. In Geoffrey Hartman, ed., *Bitburg in Moral and Political Perspective*, pp. 43–51. Bloomington: Indiana University Press.

Hahn, Dan F. 1984. The rhetoric of Jimmy Carter, 1976–1980. *Presidential Studies Quarterly* 14:265–88.

Hall, Peter M. 1972. A symbolic interactionist analysis of politics. *Sociological Inquiry* 42:35–75.

—— 1979. The presidency and impression management. In Norman K. Denzin, ed., *Studies in Symbolic Interaction*, volume 2, pp. 283–305. Greenwich, Connecticut: JAI Press.

Hamill, Hugh M., Jr. 1966. *The Hidalgo Revolt*. Gainesville: University of Florida Press.

Hamilton, David L. 1981. Illusory correlation as a basis for stereotyping. In David L. Hamilton, ed., *Cognitive Process in Stereotyping and Intergroup Behavior*, pp. 117–45. Hillsdale, New Jersey: Erlbaum.

Hanley, Sarah. 1983. *Le Lit de Justice of the Kings of France: Constitutional Ideology in Legend, Ritual and Discourse*. Princeton: Princeton University Press.

Hardgrave, Robert L. 1979. *Essays on the Political Sociology of South India*. New Delhi: Usha Publications.

Hart, C. W. M., and Arnold R. Pilling. 1960. *The Tiwi of North Australia*. New York: Holt, Rinehart.

Hayes, Carlton J. 1960. *Nationalism: A Religion*. New York:

Macmillan.

Heider, Karl. 1970. *The Dugum Dani: A Papuan Culture in the Highlands of West New Guinea*. Chicago: Aldine.

Hicks, George L., and David I. Kertzer. 1972. Making a middle way: Problems of Monhegan identity. *Southwestern Journal of Anthropology* 28: 1–24.

Higgins, E. Tory, and Gillian King. 1981. Accessibility of social constructs: Information-processing consequences of individual and contextual variability. In Nancy Cantor and John F. Kihlstorm, eds., *Personality, Cognition and Social Interaction*, pp. 69–122. Hillsdale, New Jersey: Erlbaum.

Hilberg, Raul. 1986. Bitburg as symbol. In Geoffrey Hartman, ed., *Bitburg in Moral and Political Perspective*, pp. 15–26. Bloomington: Indiana University Press.

Hitler, Adolf. 1939. *Mein Kampf*. New York: Reynal & Hitchcock.

Hobsbawm, E. J. 1984. *Worlds of Labour: Further Studies in the History of Labour*. London: Wiedenfeld and Nicolson.

Hocart, A. M. 1927. *Kingship*. London: Oxford University Press.

Holtom, Daniel C. 1972. *The Japanese Enthronement Ceremonies with an account of the Imperial Regalia*. Reprint of 1928 edition. Tokyo: Sophia University.

Hooglund, Mary. 1980. One village in the revolution. *Middle East Research and Information Project Reports*, no. 87, pp. 7–12.

—— 1981. Ritual and revolution in Iran. In Myron J. Aronoff, ed., *Culture and Political Change*, *Political Anthropology*, volume 2, pp. 75–100. New Brunswick, New Jersey: Transaction.

Hunt, Eva. 1977. Ceremonies of confrontation and submission: The symbolic dimension of Indian-Mexican political interaction. In Sally F. Moore and Barbara G. Myerhoff, eds., *Secular Ritual*, pp. 124–47. Assen: Van Gorcum.

Hunt, Lynn, 1984. *Politics, Culture and Class in the French Revolution*. Berkeley: University of California Press.

Huxley, Julian. 1966. Introduction. *Philosophical Transactions of the Royal Society*, series B, 251:249–71.

Inden, Ronald. 1978. Ritual, authority and cyclic time in Hindu kingship. In J. F. Richards, ed., *Kingship and Authority in South Asia*, pp. 28–73. Madison: University of Wisconsin South Asian Studies.

Inglis, K. S. 1967–1969. Australia Day. *Historical Studies* 13:20–41.

Isaac, Rhys. 1976. Dramatizing the ideology of revolution: Popular mobilization in Virginia, 1774 to 1776. *William and Mary Quarterly* 33:357–85.

Jackson, Richard A. 1984. *Vive le roi! A History of the French Coronation from Charles V to Charles.* Chapel Hill: University of North Carolina Press.

Johnson, Willis. 1978. *The Year of the Longley*. Stonington, Maine: Penobscot Bay Press.

Jordan, Winthrop D. 1973. Family politics: Thomas Paine and the killing of the king, 1776. *Journal of American History* 60:294–308.

Kantorowitz, Ernst H. 1957. *The King's Two Bodies: A Study in Mediaeval Political Theology*. Princeton: Princeton University Press.

Kaplan, Temma. 1984. Civic rituals and patterns of resistance in Barcelona, 1890–1930. In Pat Thane, Geoffrey Crossick, and Roderick Floud, eds., *The Power of the Past*, pp. 173–93. Cambridge: Cambridge University Press.

Katz, Robert. 1980. *Days of Wrath, The Ordeal of Aldo Moro*. Garden City, New York: Doubleday.

Kelly, Raymond. 1977. *Etoro Social Structure*. Ann Arbor: University of Michigan Press.

Kertzer, David I. 1974. Politics and ritual: The Communist Festa in Italy. *Anthropological Quarterly* 47:374–89.

—— 1979. Gramsci's concept of hegemony: The Italian Church-Communist struggle. *Dialectical Anthropology* 4:321–28.

—— 1980. *Comrades and Christians: Religion and Political Struggle in Communist Italy*. Cambridge: Cambridge University Press.

—— and Dennis P. Hogan. n. d. *Social Dimensions of Demographic Change*: *The transformation of Nineteenth-Century Italy*. In preparation.

Kessler, Clive S. 1978. *Islam and Politics in a Malay Stat*. Ithaca: Cornell University Press.

Knauft Bruce M. 1985. Ritual form and permutation in New Guinea: Implications of symbolic process for socio-political evolution. *American Ethnologist* 12:321 - 40.

Kohn, Hans. 1967. *Prelude to Nation-States*: *The French and German Experience, 1789 - 1815*. Princeton: Van Nostrand.

Kowalewski, David. 1980. The protest uses of symbolic politics: The mobilization functions of protester symbolic resources. *Social Science Quarterly* 61:95 - 113.

Kuper, Hilda. 1972. The language of sites in the politics of space. *American Anthropologist* 74:411 - 25.

—— 1978. *Sobhuza II*: *Ngwenyama and King of Swaziland*. New York: Africana.

Kurtz, Donald V. 1978. The legitimation of the Aztec state. In H. Claessen and P. Skalnik, eds. , *The Early State*, pp. 169 - 89. The Hague: Mouton.

Laitin, David. 1986. *Hegemony and Culture*. Chicago: University of Chicago Press.

Lane, Christel. 1981. *The Rites of Rulers*. Cambridge: Cambridge University Press.

—— 1984. Legitimacy and power in the Soviet Union through socialist ritual. *British Journal of Political Science* 14:207 - 17.

Lanternari, Vittorio. 1963. *The Religions of the Oppressed*. Translated by Lisa Sergio. New York: Alfred A. Knopf.

Laughlin, Charles D, Jr. , John McManus, and Eugene G. d'Aquili. 1979. Introduction. In Eugene G. d'Aquili, Charles D. Laughlin, Jr. , and John McManus, eds, *The Spectrum of Ritual*: *A Biogenetic Structural Analysis*, pp. 1 - 50. New York: Columbia University Press.

Leach, Edmund. 1954. *Political Systems of Highland Burma*.

Boston: Beacon.

—— 1966. Ritualization in man in relation to conceptual and social development. *Philosophical Transactions of the Royal Society*, series B, 251:403-8.

Lee, Alfred M. 1980. Nonviolent agencies in the Northern Ireland struggle, 1969-1979. *Journal of Sociology and Social Welfare* 7:601-23.

Lerner, Max. 1941. *Ideas for the Ice Age*. New York: Viking.

Lévi-Strauss, Claude. 1966. *The Savage Mind*. Chicago: University of Chicago Press.

Lewis, Gillbert. 1980. *Day of Shining Red: An Essay on Understanding Ritual*. Cambridge: Cambridge University Press.

Lewis, Ioan M. 1977. Introduction. In Ioan M. Lewis, ed., *Symbols and Sentiments*, pp. 1-24. London: Academic.

Lex, Barbara W. The neurobiology of myth and ritual. In Eugene G. d'Aquili, Charles D. Laughiln, Jr., and John McManus, eds., *The Spectrum of Ritual: A Biogenetic Structural Analysis*, pp. 117-52. New York: Columbia University Press.

Light, Ivan H. 1969. The social construction of uncertainty. *Berkeley Journal of Sociology* 14:189-99.

Linton, Ralph. 1933. *The Tanala: A Hill Tribe of Madagascar*. Chicago: Field Museum of Natural History, Anthropological Series.

Lipsitz, Lewis. 1968. If, as Verba says, the state functions as a religion, what are we to do then to save our souls? *American Political Science Review* 62:527-53.

Lorenz, Konrad. 1964. Ritualized fighting. In J. D. Carthy and F. J. Ebling, eds., *The Natural History of Aggression*, pp. 39-50. London: Academic.

—— 1966. Evolution of ritualization in the biological and cultural spheres. *Philosophical Transactions of the Royal Society*, series B, 251:273-84.

Lowe, David. 1967. *Ku Klux Kian: The Invisible Empire*. New York: Norton.

Luke, Steven. 1975. Political ritual and social integration. *Sociology* 9: 289–308.

Mackenzie, W. J. M. 1967. *Politics and Social Science*. Baltimore: Penguin.

Malinpwski, Bronislaw. 1945. *Magic, Science, and Religion*. Glencoe: Free Press.

Manchester, William. 1967, *The Death of a President*. New York: Harper and Row.

Mann, Michael. 1970. The social cohesion of liberal democracy. *American Sociological Review* 35:423–39.

Margadant, Ted. 1979. *French Peasants in Revolt : The Insurrection of 1852*. Princeton: Princeton University Press.

Marriott, Mckim. 1966. The feast of love. In Milton Singer, ed., *Krishna : Myths, Rites, and Attitudes*, pp. 200–12. Honolulu: East-West Center Press.

Martin, Joanne. 1982. Stories and scripts in organizational settings. In Albert H. Hastorf and Alice M. Isen, eds., *Cognitive Social Psychology*, pp. 255–305. New York: Elsevier.

Mathiez, Alber. 1904. *Les origins des cultes révolutionnaires (1789 – 1792)*. Paris: Société Nouvelle de Librairie at d'Edition.

McDowell, Jennifer. 1974. Soviet civil ceremonies. *Journal for the Scientific Study of Religion* 13:265–79.

McGuire, William J., Claire V. McGuire, and Ward Winton. 1979. Effects of household sex composition on the salience of one's gender in the spontaneous self-concept. *Journal of Experimental Social Psychology* 15: 77–90.

McManus, John. 1979. Ritual and human social cognition. In Eugene G. d'Aquili, Charles D. Laughlin, Jr. And John McManus, eds., *The Spectrum of Ritual : A Biogenetic Structural Approach*, pp. 216–48. New York: Columbia University Press.

—— Charles D. Laughlin, Jr. and Eugene d' Aquili. 1979. Concepts, methods, and conclusions. In Eugene G. d'Aquili, Charles D. Laughlin, Jr.

and John McManus, eds., *The Spectrum of Ritual: A Biogenetic Structural Approach*, pp. 342-63. New York: Columbia University Press.

McPhee, Peter. 1977. Popular culture, symbolism and rural radicalism in nineteenth-century France. *Journal of Peasant Studies* 5: 238-53.

Mead, Margaret. 1973. Ritual and social crisis. In James D. Shaughnessy, ed., *The Roots of Ritual*, pp. 87-102. Grand Rapids, Michigan: Eerdmans.

Meeker, Michael E. 1972. The great family aghast of Turkey: A study of a changing political culture. In Richard Antoun and Iliya Harik, eds., *Rural Politics and Social Change in the Middle East*, pp. 237-66. Bloomington: Indiana University Press.

Mooney, James. 1965. *The Ghost-Dance Religion and the Sioux Outbreak of 1890*. Reprinted from 1896 edition. Chicago: University of Chicago Press.

Moore, Sally F. 1975. Epilogue: Uncertainties in situations, indeterminacies in culture. In Sally F. Moore and Barbara G. Myerhoff, eds., *Symbol and Politics in Communal Ideology*, pp. 210-39. Ithaca: Cornell University Press.

―― 1977. Political meetings and the simulation of unanimity: Kilimanjaro 1973. In Sally F. Moore and Barbara G. Myerhoff, eds., *Secular Ritual*, pp. 151-72. Assen: Van Gorcum.

―― and Barbara G. Myerhoff. 1977. Introduction: Secular ritual, forms and meanings. In Sally F. Moore and Barbara G. Myerhoff, eds., *Secular Ritual*, pp. 3-24. Assen: Van Gorcum.

Moss, David. 1981. The kidnapping and murder of Aldo Moro. *Archives Européennes de Sociologie* 22: 265-95.

Moose, George L. 1971. Caesarism, circuses, and monuments. *Journal of Contemporary History* 6:167-82.

―― 1975. *The Nationalization of the Masses*. New York: Fertig.

―― 1976. Mass politics and the political liturgy of nationalism. In Eugene Kamenka, ed., *Mass politics and the political liturgy of Nationalism*, pp. 38-54. New York: St. Martin's.

Muir, Edward. 1981. *Civic Ritual in Renaissance Venice*. Princeton: Princeton University Press.

Munn, Nancy D. 1973. Symbolism in ritual context: Aspects of symbolic action. In John J. Honigmann, ed. , *Handbook of Social and Cultural Anthropology*, pp. 579 – 612. Chicago: Rand McNally.

Myerhoff, Barbara. 1977. We don't wrap herring in a printed page: Fusion, fictions and continuity in secular ritual. In Sally F. Moore and Barbara G. Myerhoff, eds. , *Secular Ritual*, pp. 199 – 226. Assen: Van Gorcum.

—— 1984. A death in due time: Construction of self and culture in ritual drama. In John J. MacAloon, ed. , *Rite, Drama, Festival, Spectacle*, pp. 149 – 78. Philadelphia: ISHI.

Nadel, S. F. 1954. *Nupe Religion*. London: Routledge and Kegan Paul.

Needham, Rodney. 1963. Introduction. In Emile Durkheim and Marcel Mauss, *Primitive Classification*, pp. vii-xlviii. Translated by Rodney Needham. Chicago: University of Chicago Press.

Neisser, Uri. 1976. *Cognition and Reality*. San Francisco: Freeman.

Nelson Janet L. 1976. Symbols in context: Rulers' inauguration rituals in Byzantium and the West in the early Middle Ages. In Derek Maker, ed. , *The Orthodox Churches and the West*, pp. 97 – 119. Oxford: Blackwell.

Nieburg, H. L. 1973. Political socialization. In Jeanne N. Knutson, ed. , *Handbook of Political Psychology*, pp. 117 – 38. San Francisco: Jossey-Bass.

Nisbett, Richard, and Lee Ross. 1980. *Human Inference: Strategies and Shortcomings of Social Judgment*. Englewood Cliffs: Prentice-Hall.

Norbeck, Edward. 1963. African rituals of conflict. *American Anthropologist* 65:1254 – 79.

—— 1977. A sanction for authority: Etiquette. In Raymond D. Fogelson and Richard N. Adams, eds. , *The Anthropology of Power*, pp. 67 – 76. New York: Academic.

Norman, Ross. 1975. Affective-cognitive consistency, attitudes, conformity, and behavior. *Journal of Personality and Social Psychology*

32:83-91.

Novak, Michael. 1974. *Choosing Our King: Powerful Symbols in Presidential Politics*. New York: Macmillian.

Oberg, K. 1940. The kingdom of Ankole in Uganda. In Meyer Fortes and E. E. Evans-Pritchard, eds. , *African Political Systems*, pp. 121-62. London: Oxford University Press.

Olsen, Johan P. 1970. Local budgeting: Decision-making or a ritual act? *Scandinavian Political Studies* 5:85-118.

Ortner, Sherry B. 1973. On key symbols. *American Anthropologist* 75: 1338-46.

—— 1975. Gods' bodies, gods' food: A symbolic analysis of a Sherpa ritual. In Roy Willis, ed. , *The interpretation of Symbolism*, pp. 133-69. New York: Wiley.

—— 1978. *Sherpas through their Ritual*. Cambridge: Cambridge University Press.

Ozouf, Mona. 1975. Space and time in the festivals of the French Revolution. *Comparative Studies in Society and History* 17:372-84.

—— 1976. *La fête Révolutionnaire, 1789-1799*. Paris: Gallimard.

Packard, Randall. 1981. *Chiefship and Cosmology: An Historical Study of Political Competition*. Bloomington: Indiana University Press.

Patterson, Orlando. 1969. The cricket ritual in the West Indies. *New Society* 352:97-98.

Perrot, Michelle. 1984. The First of May 1890 in France: The birth of a working-class ritual. In Pat Thane, Geoffrey Crossick, and Roderick Floud, eds. , *The Power of the Past*, pp. 143-71. Cambridge: Cambridge University Press.

Peters, Emrys. 1963. Aspects of rank and status among Muslims in a Lebanese village. In Julian Pitt-Rivers, ed. , *Mediterranean Countrymen*, pp. 159-200. Paris: Mouton.

Pfaffenberger, Bryan. 1980. Social communication in Dravidian ritual. *Journal of Anthropological Research* 36:196-229.

Pfetter, Jeffrey. 1981. Management as symbolic action: The creation and maintenance of organization paradigms. In L. L. Cummings and Barry M. Staw, eds., *Research in Organizational Behavior*, volume 3, pp. 1 - 52. Greenwich, Connecticut: JAI Press.

Piven, Frances Fox. 1976. The social structuring of political protest. *Politics and Society* 6:297 - 326.

Pocock, J. G. A. 1964. Ritual, language, power: An essay on the apparent meanings of ancient Chinese philosophy. *Political Science* 16: 3 - 31.

Price, S. R. F. 1984. *Rituals and Power : The Roman Imperial Cult in Asia Minor*. Cambridge: Cambridge University Press.

Pythian-Adams, Charles. 1976. Ceremony and the citizen: The communal year at Coventry 1450 - 1500. In Peter Clark, ed., *The Early Modern Town*, pp. 106 - 28. London: Longman.

Radcliffe-Brown, A. R. 1940. Preface. In Meyer Fortes and E. E. Evans-Pritchard, eds., *African Political System*, pp. x-xxiii. London: Oxford University Press.

—— 1952. *Structure and Function in Primitive Society*. Glencoe: Free Press.

Ranger, Terrence. 1980. Making Northern Rhodesia Imperial: Variation on a royal theme. *African Affairs* 79:349 - 73.

Rappaport, Roy A. 1979. *Ecology, Meaning and Religion*. Richmond, California: North Atlantic Books.

Rasnake, Roger. 1986. Carnival in Yura: Ritual reflections on *ayllu* and state relations. *American Ethnologist* 13:662 - 80.

Rearick, Charles. 1977. Festival in modern France: The experience of the Third Republic. *Journal of Contemporary History* 12:435 - 60.

Reay, Marie. 1959. *The Kuma. Freedom and Conformity in the New Guinea Highlands*. Melbourne: Melbourne University Press.

Reynolds, Frank E. 1978. Legitimation and rebellion: Thailand's civic religion and the student uprising of October, 1973. In Bandwell L. Smith, ed., *Religion and Legitimation of Power in Thailand, Laos, and Burma*, pp. 134 - 46. Chambersburg, Penn: ANIMA Books.

Richards, Audrey I. 1940. The political system of the Bemba tribe, northeastern Rhodesia. In Meyer Fortes and E. E. Rvans-Pritchard, eds., *African Political System*, pp. 82-120. London: Oxford University Press.

Roberts, John M. 1965. Oaths, autonomic ordeals, and power. *American Anthropologist* 67:186-212.

Rockhill, William W. 1905. *Diplomatic Audiences at the Court of China*. London: Luzac.

Rodger, Ian. 1981. Rhetoric and ritual politics. The Durham Miners' Gala. In Robert Paine, ed., *Politically Speaking*, pp. 43-63. Philadelphia: ISHI.

Rosaldo, Renato I., Jr. 1968. Metaphors of hierarchy in a Mayan ritual. *American Anthropologist* 70:524-36.

Roscoe, J. 1911. *The Baganda*. London: Macmillan.

Rosenfeld, Alvin H. 1986. Another revisionism: Popular culture and the changing image of the Holocaust. In Geoffrey Hartman, ed., *Bitburg in Moral and Political Perspective*, pp. 90-102. Bloomington: Indiana University Press.

Ruiz, Teofilo F. 1985. Unsacred monarchy: The kings of Castile in the last Middles Ages. In Sean Wilentz, ed., *Rites of Power*, pp. 109-44. Philadelphia: University of Pennsylvania Press.

Sahlins, Marshall. 1981. *Historical Metaphors and Mythical Realities*. Ann Arbor: University of Michigan Press.

—— 1985. *Islands of History*. Chicago: University of Chicago Press.

Sanson, Rosemonde. 1973. La fête de Jeanne d'Arc en 1894: Controverse et célébration. *Revue d'Histoire Moderne e Contemporaine* 20: 444-63.

—— 1976. *Les 14 juillet : Fêtes et conscience nationale (1789-1975)*. Paris: Flammarion.

Schutz, Alfred. 1967(1932). *The Phenomenology of the Social World*. Translated by George Walsh and Frederick Lehner. Evanston: Northwestern University Press.

Scott, James. 1975. Exploitation in rural class relations: A victim's perspective. *Comparative Politics* 7:489 - 532.

Scribner, Bob. 1978. Reformation, carnival and the world turned upside down. *Social History* 3:303 - 29.

Scullard, H. H. 1981. *Festivals and Ceremonies of the Roman Republic*. Ithaca: Cornell University Press.

Seneviratne, H. L. 1978. *Rituals of the Kandyan State*. Cambridge: Cambridge University Press.

Senin-Artina, Giovanna. 1983. *Il Matrimonio tra enciclopedie giuridiche e prass sociale*. Seminari di storia delle istituzioni religiose e relazioni tra Stato e Chiesa, Facoltà di Scienze Politiche. Florence: Università degli Studi di Firenze.

Shafer, Boyd C. 1943. When patriotism became popular: A study of the festivals of federation in France in 1790. *The Historian* 5:2:77 - 96.

—— 1972. *Faces of Nationalism : New Realities and Old Myths*. New York: Harcount. Brace.

Shaw Peter. 1981. *American Patriots and the Rituals of Revolution*. Cambridge: Harvard University Press

Shils, Edward. 1996. Ritual and crisis. *Philosophical Transactions of the Royal Society*, series B, 251:447 - 50.

—— and Michael Young. 1953. The meaning of coronation. *Sociological Review* 1:63 - 81.

Siegel, James T. 1969. *The Rope of God*. Berkeley: University of California Press.

Silverman, Sydel. 1981. Rites of inequality: Stratification and symbol in centralItaly. In Gerald D. Berreman, ed. , *Social Inequality : Comparative and Development Approaches*, pp. 163 - 80. New York: Academic.

Singer, Milton B. 1982. Emblems of identity: A semiotic exploration. In Jacques Maquet, ed. , *On Symbols in Anthropology*, pp. 73 - 132. Malibu, California: Undena.

Skinner, Quentin. 1981. The world as a stage. *New York Review of Books* 26:6(16 April):35 - 37.

Smith, Bardwell L. 1978. Kingship, the Sangha, and the process of legitimation in Anuradhapura Ceylon. In Bardwell L. Smith, ed. , *Religion and Legitimation of Power in SRI LANKA*, pp. 73 - 95. Chambersburg, Penn: ANIMA Books.

　　Smith, W. John. 1979. Ritual and the ethology of communicating. In Eugene G. d' Aquili, Charles D, Laughlin, Jr. , and John McManus, eds. , *The Spectrum of Ritual : A Biogenetic Structural Analysis*, pp. 51 - 79. New York: Columbia University Press.

　　Smith, W. Robertson. 1907. *Lectures on the Religions of the Semites*. London: Adam and Charles Black.

　　Snyder, Louis L. 1976. *Varieties of Nationalism : A Comparative Study*. New York: Holt, Rinehart.

　　Snyder, Mark, and William B. Swann, Jr. 1976. When actions reflect attitudes: The politics of impression management. *Journal of Personality and Social Psychology* 34:1034 - 42.

　　Soboul, Albert. 1957. Sentiments religieux et cultes populaires pendant la révolution: Saintes patriotes et martyrs de la liberté. *Annales Historique de la Révolution Francais* 29:193 - 213.

　　Sperber, Daniel. 1975. *Rethinking Symbolism*. Cambridge: Cambridge University Press.

　　Sproull, Lee S. 1981. Beliefs in organizations. In Paul C. Nystrom and William H. Starbuck, eds. , *Handbook of Organizational Design*, vol. 2, pp. 203 - 24. London: Oxford University Press.

　　Srinivas, M. N. 1966. *Social Change in Modern India*. Berkley: University of California Press.

　　Starkey, David. 1977. Representation through intimacy: A study in the symbolism of monarchy and court office in early - modern England. In Ioan Lewis, ed. , *Symbols and sentiments*, pp. 187 - 224. London: Academic.

　　Strong, Roy. 1973. *Splendor at Court : Renaissance and the Theater of Power*. Boston: Houghton Mifflin.

　　―― 1984. *Art and Power: Renaissance Festivals*, 1450 - 1650. Berkeley: University of California Press.

　　Struve, Nikita. 1968. Pseudo-religious rites in the USSR. In Donald R.

Cutler, ed. , *The Religious Situation*, pp. 757 - 64. Boston: Beacon.

Supek, Olga. 1980. The meaning of Carnival in Croatia. *Anthropological Quarterly* 56:90 - 94.

Taylor, Lily Ross. 1931. *The Divinity of the Roman Emperor.* Middletown. Corn. : American Philological Association.

Taylor, Simon. 1981. Symbol and ritual under National Socialism. *British Journal of Sociology* 32:504 - 20.

Tedeschi, James T. , Barry R. Schenker, and Thomas V. Bonoma. 1971. Cognative dissonance: Private ratiocination or public spectacle? *American Psychologist* 26:685 - 95.

Terlinden, Vicomate. 1960. La politique italienne de Charles Quint et le 'Triomphe' de Bologne. In Jean Jacquot, ed. , *Fêtes et cérémonies au temps de Charles Quint*, pp. 29 - 43. Paris: Editions du Centre National de la Recherche Scientifique.

Tesser, Abraham. 1978. Self-generated attitude changes. In Leonard Berkowitz, ed. , *Advances in Experimental Psychology*, volume 11, pp. 290 - 338. New York: Academic.

Thompson, Leonard M. 1985. *The Political Mythology of Apartheid.* New Haven: Yale University Press.

Tonkin, Elizabeth. 1979. Masks and powers. *Man* 14:237 - 48.

Trexler, Richard. 1973. Ritual behavior in Renaissance Florence: The setting. *Medievalia et Humanistica* 4:125 - 44.

Trice, Harrison M. , James Belasco, and Joseph A. Alutto. 1969. The role of ceremonial in organizational behavior. *Industrial and Labor Relations Review* 23:40 - 51.

Tumarkin, Nina. 1983. *Lenin Lives! The Lenin Cult in Soviet Russia.* Cambridge: Harvard University Press.

Turner, Victor. 1957. *Schism and Continuity in an African Society.* Manchester: Manchester University Press.

—— 1967. *The Forest of Symbols.* Ithaca: Cornell University Press.

—— 1969. *The Ritual Process.* Chicago: Aldine.

—— 1974. *Dramas, Fields, and Metaphors.* Ithaca: Cornell University

Press.

─── 1985. *On the Edge of the Bush*. Tucson: University of Arizona Press.

Tversky, Amos, and Daniel Kahneman. 1974. Judgement under uncertainty: Heuristics and biases. *Science 185 : 4157 : 1124 - 31*.

Unger, Aryeh. 1974. *The Totalitarian Party : Party and People in Nazi Germany and Soviet Russia*. Cambridge: Cambridge University Press.

Valeri, Valerio. 1985. *Kingship and Sacrifice : Ritual and Society in Ancient Hawaii*. Translated by Paula Wissing. Chicago: University of Chicago Press.

van Genep, Arnold. 1960. *The Rites of Passage*. Translated by Monika Vizedom and Gabrielle Caffee. Chicago: University of Chicago Press.

Verba, Sidney. 1965. Conclusion: Comparative political culture. In Lucian W. Pye and Sidney Verba, eds. , *Political Culture and Political Development*, pp. 512 - 60. Princeton: Princeton University Press.

Vogt, Evon Z. , and Suzanne Abel. 1997. On political rituals in contemporaryMexico. In Sally F. Moore and Barbara G. Myerhoff, eds. , *Secular Ritual*, pp. 173 - 88. Assen: Van Gorcum.

Wagner-Pacifici, Robin E. 1986. *The Moro Morality Play : Terrorism as Social Drama*. Chicago: University of Chicago Press.

Walzer, Micheal. 1967. On the role of symbolism in political thought. *Political Science Quarterly* 82:191 - 205.

─── 1968. Politics in the welfare state. *Dissent* 15:26 - 40.

Warner, W. Lloyd. 1974 (1953). An American sacred ceremony. In Russell E. Richey and Donald G. Jones, eds. , *American Civil Religion*, pp. 88 - 111. New York: Harper & Row.

Weatherford, J. Mclver. 1981. *Tribes on the Hill*. New York: Rawson, Wade.

Weber, Eugen. 1977. Who sang the Marseillaise? In Jacques Beauroy, Marc Bertrand and Edward T, Gargan, eds. , *The Wolf and the Lamb : Popular Culture in France*, pp. 163 - 73. Saratoga, California: Anma Libri.

Weber, Max. 1968. *Max Weber on Charisma and Institution Building*.

Chicago: University of Chicago Press.

Wechsler, Howard J. 1985. *Offerings of Jade and Silk : Ritual and Symbol in the Legitimation of the T'ang Dynasty*. New Haven: Yale University Press.

Weinstein, Eugene A. 1957. Development of the concept of the flag and the sense of national identity. *Child Development* 28:167–74.

Wicklund, Robert A., and Jack W. Brehm. 1976. *Perspectives on Cognitive Dissonance*. Hillsdale, New Jersey: Erlbaum.

Wilder, David A. 1981. Perceiving persons as a group: Categorization and intergroup relations. In David L. Hamilton, ed., *Cognitive Processes in Stereotyping and intergroup Relations*, pp. 213–58. Hillsdale, New Jersey: Erlbaum.

Wilentz, Sean. 1985. Introduction. In Sean Wilentz, ed., *Rites of Power*, pp. 1–12. Philadelphia: University of Pennsylvania Press.

Winthrop, Robert C. 1857. Oration at the inauguration of Benjamin Franklin, in his native city, September 17, 1856. *North American Review* 175:334–63.

Wipper, Audrey. 1977. *Rural Rebels: A Study of two Protest Movements in Kenya*. Nairobi: Oxford University Press.

Wooley, Reginald M. 1915. *Coronation Rites*. Cambridge: Cambridge University Press.

Worsley, Peter. 1968. *The Trumpet Shall Sound*. Second edition. New York: Schocken.

Young, James E. 1986. Memory and monument. In Geoffrey Hartman, ed., *Bitburg in Moral and Political Perspective*, pp. 103–13, Bloomington: Indiana University Press.

译者后记

2006年,我在准备做博士论文《政治仪式:权力生产和再生产的政治文化分析》时,从大卫·科泽教授的这本著作中获益颇多,萌生了翻译该书的想法。2013年初,我作为南京大学人文与社会科学高级研究院的驻院学者,借助院里提供资助短期出国访学的机会,与科泽教授取得了联系,希望去布朗大学与他进行交流。他欣然表示欢迎,不仅为我办理了布朗大学人类学系访问学者的身份,并且体贴地考虑到我的学术背景和研究兴趣,推荐我到布朗大学沃森国际问题研究所(Watson Institute for International Studies)开展日常研究工作。科泽教授曾在2006年至2011年间担任布朗大学教务长一职,因此非常熟悉该校诸多学者的主要研究领域,积极向我推荐并帮我联系了一些与我研究领域相关的学者。同时,在短短一个月中,我们就政治仪式和政治象征等议题展开了多次讨论,我也开始着手进行翻译工作。

2013年8月,我以客座副教授身份重访布朗大学,在彭布鲁克女性教学和研究中心(Pembroke Center for Teaching and Research on Women)从事为期一年的研究工作。在此期间,我与科泽教授有了更多交流的机会,参加了他主持的"政治和象征"高级研讨课,对本书有了更深的理解。科泽教授作为普利策奖得主、美国国家图书奖决选者,生动的行文风格和高超的文法技巧时常令我在翻译时捉襟见肘。当我向他表示我的英文能力有限,可能无法精当地展现其原著风采时,科泽教授风趣地讲述了他早年翻译意大利文献时遇到过的种种困难,给予了我极大的信任和鼓励。此外,在我本人的研究工作上,科泽教授也时常不遗余力地给予种种提点和关心,他深厚的学识和大家风范令我深受其惠。因此,在历时一年左右完成本书译稿后,我谨向科泽教授表达由衷的谢意。

本书得以顺利出版,我要深深感谢江苏凤凰出版传媒集团出版部副主任杨建平先生和江苏人民出版社编辑戴亦梁女士。他们在本书的申报立项、版权事宜、编辑工作和最终出版等各项环节上一直都秉持认真负责的工作态度,总是在第一时间帮我解决各种问题。我也要感谢南京大学高研院的资助,周宪教授、何成洲教授、从丛教授和陈蕴茜教授等在我两年的驻院工作中给予了全方位的支持。同时,我也感谢布朗大学人类学系、沃森国际问题研究所和彭布鲁克中心的同行与工作人员的无私帮助。在此无法枚举他们的名字,但不能不提到的包括:东亚系王玲珍教授、沃森国际问题研究所中国项目负责人谢德华(Edward Steinfeld)教授、彭布鲁克中心主任 Kay Warren 教授和"社会主义与后社会主义"年度研讨会主持人 Linda Cook 教授等。

在本书的翻译过程中,我必须感谢一些和我最亲近的人,或许"感谢"一词在此过于轻盈而无法表达出这种情感的浓厚,他们包括我的导师张凤阳教授、师母赵枫女士以及我的父母和岳父母,他们的深切关爱和无私帮助令我永铭在心。和我所有的工作一样,本书的翻译也离不开我的妻子朱毅凯女士的帮助,她是我所有作品的第一审读人和"质量总监",在她口中获得好评永远不是一件容易的事情,而这正是我工作的最大动力和乐趣所在。

最后,在原著中用斜体表示强调的地方,在本书中皆用粗体。为方便读者检索书中引文的原始出处,脚注中保留了被引作者的外文姓名。当然,译作中一定存在着很多错谬和不当之处,一切归责于本人学有不逮,敬请读者谅解,也欢迎批评指正。

王海洲

于美国布朗大学

2014 年 3 月 24 日

译者补记

本书自 2015 年面世以来，得到了广大中国读者的喜爱和肯定，2016 年入选中国出版协会第十五届引进版优秀图书（共 78 种）；在国内学界也日益受到重视，根据"中文社会科学引文索引"（CSSCI）数据库统计，在 1998 年以来出版的数百种题含"仪式"的著作中，该书的被引频次排名已经在几年间升至第六位。承蒙江苏人民出版社惠允，有机会修正若干译笔瑕疵，并以全新的装帧设计敬奉读者；在此格外感谢修订版编辑曾偲女士的细心与慧心，也请读者继续不吝指教。

王海洲
于南京大学仙林校区圣达楼
2021 年 9 月 27 日